Neues Schuldrecht
und Bankgeschäfte
Wissenszurechnung
bei Kreditinstituten

Bankrechtstag 2002

BrV 20

Schriftenreihe der Bankrechtlichen Vereinigung

herausgegeben von

Walther Hadding, Mainz
Klaus J. Hopt, Hamburg
Herbert Schimansky, Karlsruhe

Band 20

De Gruyter Recht · Berlin

Neues Schuldrecht und Bankgeschäfte Wissenszurechnung bei Kreditinstituten

Bankrechtstag 2002

W DE G RECHT

2003
De Gruyter Recht · Berlin

∞ Gedruckt auf säurefreiem Papier, das die US-ANSI-Norm über Haltbarkeit erfüllt.

ISBN 3-89949-045-2

Bibliografische Information Der Deutschen Bibliothek

Die Deutsche Bibliothek verzeichnet diese Publikation in der Deutschen Nationalbibliografie; detaillierte bibliografische Daten sind im Internet über http://dnb.ddb.de abrufbar.

Printed in Germany
Druck und buchbinderische Verarbeitung: Werner Hildebrand, Berlin
Umschlaggestaltung: Angela Dobrick, Hamburg

Vorwort

Der jährliche Bankrechtstag der Bankrechtlichen Vereinigung – Wissenschaftliche Gesellschaft für Bankrecht e.V. hat 2002 in Leipzig stattgefunden. Behandelt wurden dort zwei besonders aktuelle Themen: Neues Schuldrecht und Bankgeschäfte sowie Wissenszurechnung bei Kreditinstituten. Das neue Schuldrecht hat auch erhebliche Auswirkungen auf das Recht der Bankgeschäfte, dort vor allem im allgemeinen Darlehensrecht, bei den Verbraucherdarlehen und Finanzierungshilfen und beim Finanzierungsleasing. Hinzu kommen eine ganze Reihe weiterer Bereiche wie Verjährungsrecht, Transparenzgebot, Banken-AGB, Zinslaufrecht und Sicherheitenverwertung. Ab Januar 2002 gilt auch das neue Recht der Überweisung. Dieser Themenkreis der I. Abteilung wurde von *M. Habersack*, *H. Schimansky* und *A. Weber* umfassend abgehandelt. Die II. Abteilung befasste sich mit der Wissenszurechnung bei Kreditinstituten, einem Thema, das schon auf dem Bankrechtstag 1995 im Zusammenhang mit dem Zweiten Finanzmarktförderungsgesetz aufgegriffen worden war. In der Zwischenzeit ist die Diskussion in Rechtsprechung, Literatur und Öffentlichkeit rasant weitergegangen. Zwar ist ein Grundkonsens über das Institut zu verzeichnen, aber die dogmatischen Streitfragen zu vielen Einzelpunkten und vor allem auch praktisch zur Reichweite der Wissenszurechnung bestehen fort – im unabhängigen und im Konzernunternehmen sowie im Zivil-, Gesellschafts- und Bankrecht. Diese Problematik wurde von *J. Drexl*, *G. Nobbe* und *J. Schröter* aus der Sicht der Wissenschaft, Rechtsprechung und Praxis sorgfältig aufgearbeitet.

Wie jedes Mal ist auch über den Bankrechtstag 2002 in Literatur und Presse ausführlich berichtet worden. Besonders hingewiesen sei auf die umfänglichen Berichte von *A. Bornemann*, ZBB 2002, 342-355, sowie *G. Thomas*, WM 2002, 1665-1673.

Die Druckvorbereitung dieses Bandes hat dankenswerterweise neben Herrn wiss. Assistent *Hans-Philipp Rühland* wiederum Frau *I. Stahl,* beide am Max-Planck-Institut für ausländisches und internationales Privatrecht, Hamburg, übernommen. Die Mitglieder der BrV erhalten den Tagungsband im Rahmen ihres Beitrag.

Allen, die zum Gelingen des Bankrechtstags 2002 mit beigetragen haben, vor allem auch Frau *W. Preis* vom Sekretariat der BrV in Frankfurt, sei von den Herausgebern herzlich gedankt.

Mainz, Hamburg, Marxell *Hadding, Hopt, Schimansky*
Im Dezember 2002

Inhaltsverzeichnis

I. Abteilung:
Neues Schuldrecht und Bankgeschäfte

Leitung: *Professor Dr. Wolfgang Wiegand*
Direktor des Instituts für Bankrecht der Universität Bern

Auswirkungen der Schuldrechtsmodernisierung auf das Recht der Bankgeschäfte

Professor Dr. *Mathias Habersack*, Universität Mainz

I. Einführung

Das Bankvertragsrecht stand, anders als etwa das Verjährungs- oder Leistungsstörungsrecht, nicht im Zentrum der die Schuldrechtsmodernisierung begleitenden Diskussion. Zwar war die Frage der Integration des AGB-Rechts und des Verbraucherschutzrechts in das BGB bekanntlich überaus umstritten;[1] doch ging es dabei nicht um spezifische Fragen des Bankrechts, sondern um die Grundsatzfrage, ob das sogenannte Sonderprivatrecht Bestandteil einer das allgemeine Bürgerliche Recht enthaltenden Kodifikation sein solle. Nachdem diese Diskussion der Vergangenheit angehört, gilt es nunmehr, die mit der Reform des Schuldrechts verbundenen Auswirkungen auf das Bankvertragsrecht zu erörtern. Das Thema ist bewusst weit gefasst, um verschiedene Aspekte (keineswegs sämtliche) des Bankvertragsrechts ansprechen zu können. Im Vordergrund stehen zwar die allgemeinen Vorschriften über das Darlehen sowie diejenigen über Verbraucherdarlehensverträge und Finanzierungshilfen. Doch sollen auch das Finanzierungsleasing und, nicht zuletzt aufgrund der „Heininger"-Entscheidung des EuGH[2] und der durch diese angestoßenen, am 1.8.2002 in Kraft getretenen Reparaturnovelle vom 23.7.2002,[3] das Recht der Haustürgeschäfte gestreift werden. Unberücksichtigt bleiben dagegen die Neuregelung des Verjährungsrechts und des Rechts der Leistungsstörungen, wiewohl auch diese für das Recht der Bankgeschäfte von großer Bedeutung sind.

---

1 Zu den Vor- und Nachteilen einer solchen Integration s. namentlich *Dörner*, in: Schulze/Schulte-Nölke (Hrsg.), Die Schuldrechtsreform vor dem Hintergrund des Gemeinschaftsrechts, 2001, S. 177; *Schmidt-Räntsch*, ebenda, S. 169 ff.; *Pfeifer*, in: Ernst/Zimmermann (Hrsg.), Zivilrechtswissenschaft und Schuldrechtsreform, 2001, S. 481 ff.; speziell zum AGBG *Ulmer* JZ 2001, 491 ff.; zum VerbrKrG *Artz*, in: Helms/Neumann/Caspers/Sailer/Schmidt-Kessel (Hrsg.), Jahrbuch Junger Zivilrechtswissenschaftler, 2001, S. 227 ff.; *Bülow*, in Schulze/ Schulte-Nölke, a.a.O., S. 153 ff.; *Köndgen*, WM 2001, 1637, 1644 ff. – §§ ohne Gesetzesangabe sind solche des BGB.

2 EuGH, Urt. v. 13.12.2001, Rs. C-481/99, WM 2001, 2434 = BKR 2002, 76.

3 Art. 25 des Gesetzes zur Änderung des Rechts der Vertretung durch Rechtsanwälte vor den Oberlandesgerichten vom 23. Juli 2002 (OLGVertrÄndG), BGBl. I, S. 2850; zum Inkrafttreten des am 31.7.2002 verkündeten Gesetzes s. Art. 34 Satz 1 OLGVertrÄndG. Zur Neuregelung des Widerrufsrechts s. insbesondere *Artz*, BKR 2002, 603 ff.; *Derleder*, ZBB 2002, 202 ff.; *Freckmann*, BKR 2002, 513 ff.; *Schmidt-Räntsch*, ZIP 2002, 1100 ff.

II. Allgemeines Darlehensrecht

1. Arten des Darlehensvertrags

Zu beginnen ist mit dem in §§ 488 bis 490 geregelten allgemeinen Darlehensrecht. Es ist nunmehr Teil des Titels 3 des 8. Abschnitts des Schuldrechts, der den sperrigen Titel „Darlehensvertrag; Finanzierungshilfen und Ratenlieferungsverträge zwischen einem Unternehmer und einem Verbraucher" trägt. Die genannten Vorschriften regeln den „Darlehensvertrag", verstehen darunter allerdings nur das Gelddarlehen. Sachdarlehensverträge sind dagegen in §§ 607 ff. geregelt, wobei der Wortlaut des § 607 „eine vereinbarte vertretbare Sache" zum Gegenstand des Vertrags erhebt. Zurückzuführen ist die Trennung zwischen Geld- und Sachdarlehen darauf, dass der Diskussionsentwurf vom 4.8.2000 das Sachdarlehen überhaupt nicht geregelt hatte, das federführende Bundesministerium der Justiz im Verlauf der Diskussion allerdings davon überzeugt werden konnte, dass das Sachdarlehen auch heute noch gewisse praktische Bedeutung hat.[4] Statt es nun bei der bisherigen Regelungssystematik zu belassen und das Darlehen als solches, also unabhängig von der Art des Vertragsgegenstandes, zu regeln, hat man sich zu einer Lösung durchgerungen, die unter ästhetischen und systematischen Gesichtspunkten mehr als unschön und unter dem Blickwinkel des Verbraucherschutzgedankens und des Gemeinschaftsrechts bedenklich ist: Es ist, um ein politisches Bonmot abzuwandeln, auseinandergerissen, was zusammengehört, und dabei aus dem Blick geraten, dass das VerbrKrG durchaus auf entgeltliche Sachdarlehensverträge Anwendung gefunden hat.[5] Namentlich Wertpapierdarlehensverträge[6] sind nunmehr dem Anwendungsbereich der verbraucherschützenden Vorschriften entzogen – ein Ergebnis,

---

4 Vgl. *Schmidt-Räntsch* (Fn. 1), S. 171, 175.

5 *Ulmer*, in Münchener Kommentar zum BGB, 3. Aufl., § 1 VerbrKrG Rdn. 52 m.w.N.

6 S. demgegenüber *Schmidt-Räntsch* (Fn. 1), S. 171, 175, der die mit Herausnahme des Sachdarlehens aus dem Anwendungsbereich der §§ 491 ff. verbundene Verkürzung des Verbraucherschutzes am Beispiel des „Flaschenpfandes" (das im übrigen kein Sachdarlehen und schon gar kein entgeltliches Darlehen ist, s. *Soergel/Habersack*, BGB, 13. Bearbeitung, § 1204 Rdn. 33 m.w.N.) und damit unter Ausblendung einschlägiger Fallgestaltungen erläutert.

dessen Vereinbarkeit mit der Richtlinie über den Verbraucherkredit[7] durchaus fraglich erscheint. Wie dem auch sei: §§ 491 ff. enthalten – im Grundsatz aus dem VerbrKrG stammende – Sondervorschriften für den „Verbraucherdarlehensvertrag", die auf Gelddarlehen beschränkt sind und auf die noch einzugehen sein wird.

Regelfall des Darlehens ist nun das entgeltliche Darlehen. Selbstverständlich bleibt aber auch, wie der Gesetzgeber durch den Wortlaut des § 488 Abs. 1 Satz 2 zum Ausdruck gebracht hat („einen" geschuldeten Zins), die Vereinbarung eines unentgeltlichen Darlehens möglich. Dieses unterliegt auch dann den § 488 ff. (und nicht den § 491 ff.), wenn der Darlehensnehmer Verbraucher ist. Gleichfalls nur den §§ 488 ff. unterliegt nach wie vor das reine Privatdarlehen, mag es entgeltlich oder unentgeltlich sein.

2. *Rechtsnatur und Leistungspflichten*

a) Die beiderseitigen Pflichten im Überblick

§ 488 Abs. 1 enthält, wie zuvor bereits § 1 Abs. 2 VerbrKrG, ein Bekenntnis zur Konsensualvertragslehre.[8] Konsequenterweise findet sich eine dem bisherigen § 607 Abs. 2 entsprechende Vorschrift über das Vereinbarungsdarlehen nicht mehr im Gesetz, was die Parteien freilich nicht daran hindert, auch künftig ein solches Darlehen zu begründen. Der Charakter des Darlehensvertrags als eines *Überlassungsvertrags* kommt im Wortlaut der den beiderseitigen Pflichten gewidmeten Basisnorm des § 488 Abs. 1 nur ansatzweise zum Ausdruck (wie überhaupt die systematische Stellung der §§ 488 ff. zwischen den Teilzeitwohnrechteverträgen und der Schenkung nicht zu befriedigen vermag). Das Gesetz betont vielmehr in § 488 Abs. 1 Satz 1 die Verpflichtung des Darlehensgebers, einen Geldbetrag zur Verfügung zu stel-

---

7 Richtlinie des Rates vom 22. Dezember 1986 zur Angleichung der Rechts- und Verwaltungsvorschriften der Mitgliedstaaten über den Verbraucherkredit (87/102/EWG), ABl. Nr. L 42/48 vom 12.2.1987; auch abgedruckt in Münchener Kommentar (Fn. 5), Anh. zu § 18 VerbrKrG.

8 Begr. RegE, BT-Drucks. 14/6040, S. 253; näher *Schäfer,* in: Haas/Medicus/Rolland/Schäfer/Wendtland, Das neue Schuldrecht, 2002, § 7 Rdn. 5; zu einigen mit dem Konsensualvertragsmodell verbundenen Konsequenzen s. *Mülbert,* WM 2002, 465, 469 ff.

len (was durch Übergabe von Geld, bargeldlos oder durch Einräumung einer Kreditlinie geschehen kann), und damit den Akt der *Darlehenshingabe.* Ausweislich der Materialien soll hiermit allerdings die Pflicht des Darlehensgebers zur „Verschaffung und Belassung" des Darlehens umschrieben sein,[9] so dass in der Sache die Qualifizierung des Gelddarlehens als Überlassungsvertrag nicht mehr zweifelhaft sein sollte.

§ 488 Abs. 1 Satz 2 unterstreicht dies, indem er die Zinszahlungspflicht des Darlehensnehmers in den Vordergrund stellt und ersichtlich den Zins als vom Darlehensnehmer geschuldetes Entgelt für die Belassung des Darlehens ansieht. Der verzinsliche Darlehensvertrag ist denn auch gegenseitiger Vertrag, wobei im Synallagma die – vom Gesetz als einheitliche Leistungspflicht verstandene – Pflicht des Darlehensgebers zur Gewährung (d.h. zur Hingabe und Belassung) des Darlehens und die Zinszahlungspflicht des Darlehensnehmers stehen.[10] Die gleichfalls in § 488 Abs. 1 Satz 2 geregelte Pflicht des Darlehensnehmers zur Rückgewähr des Darlehens ist dagegen, nicht anders als die in § 546 geregelte Pflicht des Mieters zur Rückgabe der Mietsache, *vertragliche*[11] *Nebenleistungspflicht*, die – eine wichtige Konsequenz konsensualvertraglichen Denkens – durch von der Hingabe des Darlehens befreiten Vertragsschluss entsteht und deshalb nicht künftiger, sondern *betagter* Natur ist.[12] Aus der Qualifizierung als (vertragliche) Nebenleistungspflicht ergibt sich unter anderem die Unanwendbarkeit der §§ 286 Abs. 3, 288 Abs. 2: „Entgeltforderung" im Sinne dieser Vorschriften ist zwar der Anspruch auf den Vertragszins (von dem allerdings nach § 289 Satz 1 Verzugs-

9 Begr. RegE, BT-Drucks. 14/6040, S. 253.

10 *Putzo*, in Palandt, BGB, 61. Aufl. 2002, vor § 607 Rdn. 6; *Mülbert*, AcP 192 (1992), 447, 455 ff.; a.A. – nur Belassung – MünchKomm-*Westermann* (Fn. 5), vor § 607 Rdn. 7; *Häuser*, in Soergel, BGB, 12. Aufl., § 607 Rdn. 109; *Hopt/ Mülbert*, in Staudinger, BGB, 12. Aufl., § 607 Rdn. 18.

11 Vgl. MünchKomm-*Westermann* (Fn. 5), § 607 Rdn. 54; für § 546 *Emmerich*, in Staudinger, BGB, 13. Bearbeitung, Stand 1994, § 556 Rdn. 1; allgemein *Larenz/ Canaris*, Methodenlehre der Rechtswissenschaft, Studienausgabe, 3. Aufl. 1995, S. 79; a.A. – für kraft Gesetzes entstehenden, „nicht etwa einen Bestandteil des darlehensvertraglichen Leistungsversprechens" bildenden Abwicklungsanspruch – *Mülbert*, WM 2002, 465, 469.

12 MünchKomm-*Westermann* (Fn. 5), vor § 607 Rdn. 9; a.A. *Mülbert*, WM 2002, 465, 469 (basierend auf der Prämisse, es handele sich um einen gesetzlichen Anspruch, s. Fn. 11); *Soergel/Häuser* (Fn. 10), § 607 Rdn. 151.

zinsen nicht zu entrichten sind), nicht dagegen der Anspruch auf Rückgewähr des Darlehens.[13] All dies gilt im übrigen auch für den nunmehr in § 607 ff. geregelten Sachdarlehensvertrag.

b) Die Pflicht zur Darlehenshingabe und –belassung im besonderen

Ein besonderes Augenmerk verdient die Hauptleistungspflicht des Darlehensgebers, nämlich die Pflicht, dem Darlehensnehmer einen Geldbetrag in der vereinbarten Höhe (also das Darlehen)[14] „zur Verfügung zu stellen". Hierzu heißt es in der Begründung des Regierungsentwurfs:[15] „Mit der Formulierung ‚zur Verfügung stellen' sollen die in der Rechtswirklichkeit vorkommenden unterschiedlichen Formen der Überlassung von Geld als Darlehen erfasst werden: Darunter lassen sich sowohl die Übergabe von Bargeld als auch die Formen des bargeldlosen Verkehrs wie die Überweisung, die Gutschrift, die Gewährung eines Kontokorrentkredits und in dessen Rahmen die Einräumung eines Überziehungskredits verstehen." Und auch der unbestimmte Artikel in § 488 Abs. 1 Satz 1 („einen") und die Bezeichnung des Darlehensgegenstands als „Geldbetrag" sind mit Bedacht gewählt. Denn hieraus soll hervorgehen, „dass der Darlehensgeber nicht zur Überlassung bestimmter Geldscheine oder -münzen, sondern lediglich zur wertmäßigen Verschaffung des Geldbetrags verpflichtet ist."[16]

Mülbert will in dem Wortlaut des § 488 Abs. 1 Satz 1 und den soeben wiedergegebenen Passagen der Regierungsbegründung eine „Entmateriali-

---

13 Auch die Richtlinie 2000/35/EG des Europäischen Parlaments und des Rates v. 29.6.2000 zur Bekämpfung von Zahlungsverzug im Geschäftsverkehr ABl. Nr. L 2000 v. 8.8.2000, S. 35) gebietet wohl keine hiervon abweichende Beurteilung; ihr Art. 1 (i.V.m. Erwägungsgrund 13) begrenzt den Anwendungsbereich vielmehr ausdrücklich auf „Entgeltzahlungen", und es sind auch keine Anhaltspunkte dafür ersichtlich, dass das Gemeinschaftsrecht hierunter etwas anderes als eine auf Geld gerichtete Gegenleistung versteht. – Was die Vorschrift des § 289 betrifft, so ist zwar deren Satz 1 unanwendbar; im Rahmen des – zweifelsohne anwendbaren – § 289 Satz 2 gelangen jedoch weiterhin die Grundsätze über die abstrakte Berechnung des Verzugsschadens zur Anwendung.

14 Vgl. Begr. RegE, BT-Drucks. 14/6040, S. 253.

15 Begr. RegE, BT-Drucks. 14/6040, S. 253.

16 Begr. RegE, BT-Drucks. 14/6040, S. 253.

sierung" des Gelddarlehensvertrags verwirklicht sehen, mit der der Gesetzgeber zugleich die Frage, unter welchen Voraussetzungen die Leistung von Buchgeld als Erfüllung im Sinne des § 362 Abs. 1 gelte,[17] für das Gelddarlehen (und zwar sowohl für die Überlassungspflicht des Darlehensgebers als auch für die Rückgewährpflicht des Darlehensnehmers) dahin entschieden habe, dass Erfüllung auch unabhängig vom Einverständnis des Vertragspartners eintrete.[18] „Angesichts der wertorientierten Vergeistigung des Gelddarlehens" sei zudem jede Form der Leistung von Buchgeld, also etwa auch die Überlassung einer mit entsprechender Verfügungsbefugnis aufgeladenen Geldkarte, zur Erfüllung geeignet.[19]

Solch' weitreichende Folgerungen scheinen mir indes nicht veranlasst. Zunächst einmal versteht es sich (und hieran will natürlich auch *Mülbert* nicht rütteln), dass ausdrückliche oder konkludente, etwa sich aus Rechtsnatur oder Bezeichnung des Darlehens ergebende Parteivereinbarungen Vorrang haben, die Frage, unter welchen Voraussetzungen Erfüllung eintritt, sich mithin nur bei Fehlen entsprechender Anhaltspunkte stellt. Im übrigen erscheint es mir keineswegs gewiss, dass sich der Gesetzgeber mit der Terminologie des § 488 Abs. 1 Satz 1 von den allgemeinen Grundsätzen über die Erfüllung der Geldschuld distanzieren wollte. Auch unter Berücksichtigung der wiedergegebenen Passagen der Amtlichen Begründung ist es vielmehr nahe liegend, dass der Wortlaut des § 488 Abs. 1 Satz 1 nur für die „in der Rechtswirklichkeit vorkommenden unterschiedlichen Formen der Überlassung von Geld als Darlehen"[20] geöffnet und dadurch eine zwar textliche, nicht aber sachliche Modernisierung des Darlehensrechts vollzogen werden sollte. In dem – in der Bankpraxis ohnehin kaum begegnenden – Fall, dass eine Vereinbarung über die Art der Erfüllung der sich aus § 488 Abs. 1 ergebenden Pflichten nicht getroffen ist, hat es deshalb bei den allgemeinen Grundsätzen der §§ 362 Abs. 1, 364 sein Bewenden.

---

17 Dazu eingehend *Olzen*, in Staudinger, BGB, 13. Bearbeitung, Stand 2001, vor § 362 Rdn. 34 ff.

18 *Mülbert*, WM 2002, 465, 468 f.; zustimmend *Schäfer* (Fn. 8), § 7 Rdn. 19.

19 *Mülbert*, WM 2002, 465, 468 f.

20 Begr. RegE, BT-Drucks. 14/6040, S. 253.

3. *Ordentliche Kündigung*

a) bei fehlender Laufzeitvereinbarung

Das Recht sowohl des Darlehensgebers als auch des Darlehensnehmers zur Kündigung eines auf unbestimmte Zeit geschlossenen Darlehensvertrags ist Gegenstand des § 488 Abs. 3. Sachliche Änderungen gegenüber der Regelung in § 609 Abs. 1, 2 a.F. sind nur insoweit zu verzeichnen, als nunmehr eine einheitliche, nicht mehr auf den Betrag des Darlehens abstellende Kündigungsfrist von drei Monaten vorgesehen ist. Was dagegen die Vereinbarkeit des in Ziffer 19 Abs. 2 Satz 1 der AGB-Banken[21] vorgesehenen Rechts der Bank zur Kündigung unbefristeter Kredite mit § 307 betrifft, gibt die Schuldrechtsreform keinen Anlass für eine Neubewertung.[22] Mit der schon bislang herrschenden Meinung[23] ist vielmehr davon auszugehen, dass das – durch Abs. 2 Satz 2, Abs. 5 der Ziffer 19 AGB-Banken nicht unerheblich eingeschränkte – Kündigungsrecht der Bank ABG-rechtlich unbedenklich ist.

b) des Darlehens mit vereinbarter Laufzeit

Die ordentliche Kündigung des Darlehens mit vereinbarter Laufzeit ist Gegenstand des § 489. Ein Kündigungsrecht steht, wie schon bislang nach § 609a a.F., allein dem Darlehensnehmer zu. Änderungen gegenüber § 609a a.F. sind nur insoweit zu verzeichnen, als Abs. 4 nunmehr immerhin auch den

---

21 Insoweit haben sich durch die zum 1.5.2002 vollzogene Neufassung der AGB-Banken (dazu *Wittig/Wittig*, WM 2002, 145, 149 f.; *Sonnenhol*, WM 2002, 1259 ff.; *Becher/Gößmann*, BKR 2002, 519 ff.) keine Änderungen ergeben.

22 So auch *Freitag*, WM 2001, 2370, 2375 f.; *Grundmann*, BKR 2001, 66, 69; *Wittig/Wittig*, WM 2002, 145, 147; zumindest tendenziell a.A. *Reiff*, in Dauner-Lieb/Heidel/Lepa/Ring, Anwaltkommentar Schuldrecht, 2002, § 488 Rdn. 9.

23 OLG Köln WM 1999, 1004; *Brandner*, in Ulmer/Brandner/Hensen, AGBG, 9. Aufl., 2001, Anh. §§ 9 – 11 Rdn. 178 m.w.N.; a.A. wohl *Köndgen*, in Ernst/ Zimmermann (Fn. 1), S. 457, 474, dessen Hinweis auf die (angebliche) asymmetrische Ausgestaltung des Kündigungsrechts durch das Gesetz außer Acht läßt, dass § 488 Abs. 3 auch die Kündigung durch den Darlehensnehmer betrifft, während § 489 Abs. 2 allein das Darlehen mit vereinbarter Laufzeit (und variablem Zins) betrifft und in diesem Fall (wie überhaupt in den Fällen des § 489) ausschließlich dem Darlehensnehmer ein ordentliches Kündigungsrecht gewährt.

Europäischen Gemeinschaften und ausländischen Gebietskörperschaften den Verzicht auf das Kündigungsrecht ermöglicht.[24] Umgekehrt sind Existenzgründer einem Verbraucher insoweit nicht gleichgestellt (§ 507 erklärt nur die §§ 491 ff. für entsprechend anwendbar), so dass ihnen das Kündigungsrecht nach § 489 Abs. 1 Nr. 2 nicht zusteht.

4. *Außerordentliche Kündigung*

a) durch den Darlehensgeber (§ 490 Abs. 1)

Die außerordentliche Kündigung durch den Darlehensgeber ist nunmehr in § 490 Abs. 1 geregelt, diejenige durch den Darlehensnehmer in § 490 Abs. 2. Ergänzend greifen, wie § 490 Abs. 3 klarstellt, die Grundsätze über die Störung der Geschäftsgrundlage (§ 313) und das allgemeine Kündigungsrecht aus § 314 ein.[25] Erfasst werden sowohl das valutierte als auch das noch nicht valutierte Darlehen; des Rückgriffs auf allgemeine Grundsätze über Dauerschuldverhältnisse bedarf es somit, anders als unter Geltung des auf das *nicht valutierte* Darlehen beschränkten § 610 a.F., nicht mehr.[26] Nunmehr kann der Darlehensgeber fristlos kündigen, „wenn in den Vermögensverhältnissen des Darlehensnehmers oder in der Werthaltigkeit einer für das Darlehen gestellten Sicherheit eine wesentliche Verschlechterung eintritt oder einzutreten droht, durch die die Rückerstattung des Darlehens, *auch unter Verwertung der Sicherheit*, gefährdet wird." Geregelt sind also zwei Kündigungstatbestände (drohende Verschlechterung in den Vermögensverhältnissen des Schuldners, Verschlechterung der Werthaltigkeit einer Sicherheit), die, wie sogleich zu zeigen sein wird, über eine gemeinsame Voraussetzung (Gefährdung der Rückführung des Kredits, und zwar auch unter Verwertung der Sicherheit) miteinander verzahnt sind.

---

24 Zu Recht weitergehende Dispositivität fordernd *Köndgen*, WM 2001, 1637, 1642.

25 Ein Sachverhalt, der ein Kündigungsrecht aus § 490 Abs. 1, 2 begründet, kann allerdings nicht zugleich im Rahmen der §§ 313, 314 berücksichtigt werden; s. hierzu sowie zu möglichen Anwendungsfällen der §§ 313 f. namentlich *Wittig/ Wittig*, WM 2002, 145, 149; *Mülbert*, WM 2002, 465, 473; *Freitag*, WM 2001, 2370, 2377.

26 Dazu sowie zur Abgrenzung gegenüber § 321 weiterführend *Grundmann*, BKR 2001, 66, 69; s. ferner *Köndgen*, WM 2001, 1637, 1642 f.

Dieses außerordentliche Kündigungsrecht besteht vor Auszahlung des Darlehens „im Zweifel stets, nach Auszahlung nur in der Regel". Letzteres, nämlich dass nach Auszahlung nur noch „in der Regel" gekündigt werden kann, ist ausweislich der Amtlichen Begründung im Sinne einer flexiblen, auf Zumutbarkeitserwägungen gestützten Betrachtungsweise zu verstehen. Auch weiterhin kann es also dem Darlehensgeber obliegen, sich auf eine (partielle) Tilgungsaussetzung oder auf eine Neubesicherung einzulassen.[27] Ausweislich der Materialien soll hierbei vor allem an den Fall zu denken sein, dass dem Darlehensnehmer die teilweise Rückführung des Darlehens möglich wäre, die Gesamtfälligstellung dagegen Insolvenz hervorrufen würde, ferner an den Fall der nur vorübergehenden Verschlechterung der Vermögensverhältnisse. Indes wird es im zuletzt genannten Fall typischerweise an einer – aus Sicht ex ante zu bestimmenden – relevanten Gefährdung des Rückzahlungsanspruchs und damit am Tatbestand des Kündigungsrechts fehlen.[28] Nichts anderes gilt für den erstgenannten Fall der drohenden Insolvenz durch Rückforderung des Darlehens in einer Summe:[29] Sieht sich der Darlehensnehmer zur vertragsgemäßen (nämlich ratenweisen) Rückführung des Darlehens imstande, so kann eine relevante Vermögensverschlechterung nicht schon darin gesehen werden, dass der Darlehensnehmer durch die vor Kündigung ohnehin nicht geschuldete Rückführung in einer Summe überfordert wäre. Und befindet sich der Darlehensnehmer bereits in Verzug, so greift, wie im weiteren Verlauf der Ausführungen näher darzulegen sein wird, ohnehin das auf § 314 gestützte Kündigungsrecht. Nach allem kommt dem „in der Regel"-Vorbehalt des § 490 Abs. 1 wohl keine allzu große praktische Relevanz zu.

Auch in der Sache ist das Kündigungsrecht, jedenfalls soweit es auch auf den Wertverfall einer Sicherheit abstellt, wenig durchdacht. Es geht zwar insoweit über das in Nr. 19 Abs. 3 AGB-Banken in der bis zum 30.4.2002 geltenden Fassung[30] geregelte Kündigungsrecht hinaus, als dort auf die

---

27 Begr. RegE, BT-Drucks. 14/6040, S. 254; s. dazu *Schäfer* (Fn. 8), § 7 Rdn. 11; zum alten Recht auch MünchKomm-*Westermann* (Fn. 5), § 607 Rdn. 13.

28 Zutr. *Mülbert*, WM 2002, 465, 474.

29 *Mülbert*, WM 2002, 465, 474.

30 Die seit 1.5.2002 geltende Neufassung der Nr. 19 Abs. 3 AGB-Banken (Fn. 21) entspricht nahezu wörtlich dem § 490 Abs. 1; aufrechterhalten worden ist das

(drohende) wesentliche Verschlechterung der Vermögenslage des Darlehensnehmers sowie darauf abgestellt wurde, dass der Darlehensnehmer seiner anderweitig geregelten Pflicht zur Verstärkung von Sicherheiten nicht nachkommt; künftig soll der Darlehensgeber also auch dann zur Kündigung berechtigt sein, wenn die bereits gestellte Sicherheit, auch diejenige eines *Dritten* (wie dies bei Personalsicherheiten ohnehin zwangsläufig der Fall ist), an Wert verliert und dadurch die Durchsetzung des Rückgewähranspruchs gefährdet ist. Allerdings gilt dies nur unter der allgemeinen Voraussetzung, dass die Rückführung des Kredits „auch unter Verwertung der Sicherheit" gefährdet ist. Gerät also der Bürge in wirtschaftliche Schwierigkeiten oder werden auf dem von einem Dritten verpfändeten Grundstück Bodenbelastungen entdeckt, so kann der Darlehensgeber daraus allein noch kein Kündigungsrecht herleiten, wenn der Darlehensnehmer solvent ist. Es bleibt dann gegebenenfalls bei dem vertraglich vorbehaltenen Anspruch auf *Sicherheitenverstärkung*. Bei Lichte betrachtet ist deshalb § 490 Abs. 1, soweit er ein Kündigungsrecht wegen Verschlechterung der Werthaltigkeit einer Sicherheit gewährt, weithin funktionslos:[31] Es kommt zumindest auch auf die Zahlungsfähigkeit des Schuldners an, mag man auch an dieselbe beim Ausfall von Sicherheiten strengere Anforderungen stellen dürfen.

Aber auch § 490 Abs. 1, 1. Fall (drohender oder bereits eingetretener Vermögensverfall des Darlehensnehmers) ist aus Sicht des Darlehensgebers nicht unproblematisch. Auch in diesem Fall kommt die Kündigung nur in Betracht, wenn die Rückführung des Kredits „auch unter Verwertung der Sicherheit" gefährdet ist. Anders gewendet bedeutet dies, dass der Kreditgeber auch bei Verzug des Darlehensnehmers nicht soll kündigen können, wenn das Darlehen noch hinreichend besichert ist.[32] Hiergegen lässt sich zwar nicht einwenden, dass der Zugriff auf die Sicherheit Eintritt der Verwertungsreife voraussetze, diese aber vor Kündigung nicht vorliege;[33] denn Verwertungsreife liegt auch dann vor, wenn der Darlehensnehmer mit einzelnen Raten in Verzug geraten ist. Indes obliegt es nun dem Kreditgeber,

---

auf unterlassene Bestellung oder Verstärkung von Sicherheiten gründende Kündigungsrecht (dazu sogleich im Text).

31 So auch *Freitag*, WM 2001, 2370, 2374 f.

32 So ausdrücklich Gegenäußerung der Bundesregierung, BT-Drucks. 14/6857, S. 64; Anwaltkommentar-*Reiff* (Fn. 22), § 490 Rdn. 2.

33 So aber *Freitag*, WM 2001, 2370, 2374.

vor Kündigung wegen Vermögensverfalls oder Zahlungsverzugs eine Neubewertung der Sicherheiten vorzunehmen und mit der Kündigung solange zuzuwarten, bis die Sicherheit soweit an Wert verloren hat oder der Rückstand zuzüglich des Verzugsschadens soweit gediehen ist, dass nunmehr die Gefahr einer Unterdeckung besteht.[34] Der Sache nach wird damit dem Darlehensnehmer eine nicht unbeträchtliche Schonfrist eingeräumt. Hierdurch wird allerdings keine „im Widerspruch zur Wertung des § 771" stehende „Zwangslage" begründet, indem der Darlehensgeber genötigt werde, die von einem Dritten gestellte Sicherheit in Anspruch zu nehmen.[35] Auch abgesehen davon, dass § 771 ohnehin nur auf die Bürgschaft Anwendung findet und auch dort – wie § 773 Abs. 1 Nr. 1 belegt – abbedungen werden kann,[36] regelt diese Vorschrift nämlich allein die *tatsächliche Inanspruchnahme* des Bürgen durch den Gläubiger. Demgegenüber geht es in § 490 Abs. 1 um die Frage, ob der Darlehensgeber eine Verschlechterung oder Gefährdung der Vermögensverhältnisse des Darlehensnehmers zum Anlass für eine Kündigung nehmen kann, wenn – ex ante betrachtet – sein Anspruch noch durch (vom Darlehensgeber oder) von dritter Seite gestellte Sicherheiten gedeckt ist. Indem das Gesetz dies verneint, wird zwar in der Tat das aus der Entwicklung des Schuldnervermögens begründete Gefährdungspotential auf den die Sicherung stellenden Dritten verlagert; indes muss dieser in jedem Fall mit einer gänzlichen Inanspruchnahme der Sicherheit rechnen, so dass man in § 490 Abs. 1 schwerlich eine mit den Prinzipien des Rechts der Kreditsicherheiten unvereinbare Wertentscheidung sehen kann.

Was folgt nun aus alledem? Zunächst einmal bezieht sich das das Kündigungsrecht einschränkende Tatbestandselement „auch unter Verwertung der Sicherheit" zweifelsohne auch auf den Fall einer von dritter Seite gestellten Sicherheit. Zudem wird man, da die genannte Kündigungsvoraussetzung den Schutz des Darlehensnehmers bezweckt, einer formularmäßigen Abbedingung jedenfalls dann mit Skepsis begegnen müssen,[37] wenn man mit der ganz

34 Zutr. *Freitag*, WM 2001, 2370, 2374; s. ferner *Becher/Gößmann*, BKR 2002, 519, 523 f.

35 So aber *Mülbert*, WM 2002, 465, 474.

36 Zur Vereinbarkeit mit dem ABG-Recht s. BGH ZIP 2001, 1190, 1193; Münch Komm-*Habersack* (Fn. 5), § 773 Rdn. 3 f. m.w.N.

37 Für Zulässigkeit einer formularvertraglichen Abweichung dagegen *Mülbert*, WM 2002, 465, 474.

herrschenden Meinung die Interessen Dritter grundsätzlich aus der durch § 307 gebotenen Interessenabwägung ausblendet.[38] Angesichts der aufgezeigten Ungereimtheiten wird man es aber dem Darlehensgeber gestatten müssen, bei *Verzug* des Darlehensnehmers von dem nunmehr in § 314 geregelten, in § 490 Abs. 3 ausdrücklich in Bezug genommenen und neben § 490 anwendbaren Recht zur Kündigung aus wichtigem Grund Gebrauch zu machen.[39] Hierfür spricht auch § 498, der dieses Recht für den Verbraucherdarlehensvertrag modifiziert und damit zugleich voraussetzt. In jedem Fall kann sich die Bank, wie dies auch in Nr. 19 Abs. 3 AGB-Banken n.F. geschehen ist, weiterhin einen Anspruch auf Nachbesicherung vorbehalten und bei dessen Nichterfüllung kündigen.[40] Auch bleibt es dem Darlehensgeber (Verzinslichkeit des Darlehens vorausgesetzt) unbenommen, die Unsicherheitseinrede des § 321 zu erheben,[41] was aus seiner Sicht insoweit von Vorteil ist, als die Geltendmachung dieser Einrede bei jeder Form der mangelnden Leistungsfähigkeit in Betracht kommt, mithin auch dann, wenn diese bereits bei Abschluss des Darlehensvertrags gegeben, dem Darlehensgeber indes nicht bekannt war.

Dass sich der Darlehensgeber schließlich ungeachtet des § 490 Abs. 1 auch weiterhin ein Recht zur außerordentlichen Kündigung vorbehalten kann, wenn der Darlehensnehmer unrichtige Angaben über seine Vermögensverhältnisse gemacht hat (diese mithin sich nicht verschlechtern, sondern von Anfang an unbefriedigend sind), sollte im Grundsatz nicht zweifelhaft sein. Fraglich ist indes, ob die Vorschrift des § 490 Abs. 1 insoweit auf das Kündigungsrecht wegen unrichtiger Angaben ausstrahlt, als die nach dem Wortlaut von Nr. 19 Abs. 3 AGB-Banken erforderliche „erhebliche Bedeutung“ nur bei Gefährdung der Rückerstattung des Darlehens im Sinne des § 490 Abs. 1 (und damit auch unter Einbeziehung von Sicherheiten) vorliegt, oder ob insoweit geringere Anforderungen zu stellen sind. Unter Berücksichtigung des Umstands, dass die Angabe unrichtiger Tatsachen zugleich als

---

38 Vgl. dazu nur *Brandner*, in *Ulmer/Brandner/Hensen* (Fn. 23), § 9 Rdn. 124 m.w.N.; a.A. – für Berücksichtigung von Drittinteressen auf seiten des Kunden – *Habersack*, Vertragsfreiheit und Drittinteressen, 1992, S. 172 ff.

39 So auch *Freitag*, WM 2001, 2370, 2374; *Mülbert*, WM 2002, 465, 473.

40 Die Änderung der AGB-Banken zum 1.5.2002 (Fn. 21) hat hieran nichts geändert.

41 So zu Recht Anwaltkommentar-*Reiff* (Fn. 22), § 490 Rdn. 18 ff.

Pflichtverletzung anzusehen ist, wird man einen wichtigen Grund auch im Vorfeld des in § 490 Abs. 1 umschriebenen Gefährdungstatbestands annehmen können.

b) durch den Darlehensnehmer (§ 490 Abs. 2)

§ 490 Abs. 2 greift die Rechtsprechung des BGH auf und gewährt dem Darlehensnehmer bei einem grundpfandrechtlich gesicherten Darlehen ein außerordentliches Kündigungsrecht,[42] wenn „seine berechtigten Interessen dies gebieten."[43] Ein solches Interesse soll insbesondere vorliegen, wenn der Darlehensnehmer ein Bedürfnis nach anderweitiger Verwertung des beliehenen Objekts hat. Während allerdings der BGH einen Anspruch auf Einwilligung in eine vorzeitige Darlehensablösung entwickelt hatte,[44] gewährt § 490 Abs. 2 dem Darlehensnehmer ein Kündigungsrecht. Dieses wurde noch im Regierungsentwurf von der Zahlung der Vorfälligkeitsentschädigung abhängig gemacht.[45] Nach der Gesetz gewordenen Fassung ist der Darlehensnehmer zwar weiterhin zur Zahlung der Vorfälligkeitsentschädigung verpflichtet; die Wirksamkeit der Kündigung hängt aber nicht mehr davon ab, dass die Entschädigung geleistet wird. Immerhin kann aber der Darlehensgeber die Freigabe von Sicherheiten nach § 273 von der Leistung der Entschädigung abhängig machen.

Wie nicht zuletzt § 122 zeigt, ist die Verknüpfung eines gesetzlichen Rechts des Schuldners mit der Verpflichtung zum Schadensersatz zwar unge-

---

42 Anders *Mülbert*, WM 2002, 465, 475, der – zu Unrecht (s. sogleich im Text) – mit Blick auf die kündigungsbedingte Schadensersatzpflicht des Darlehensnehmers in § 490 Abs. 2 einen „gesetzlich besonders vorgeprägten Fall der Vertragsanpassung" erblickt.

43 Zu den ökonomischen Zusammenhängen s. *Grundmann*, BKR 2001, 66, 70 f.; kritisch zur Neuregelung *Köndgen*, WM 2001, 1637, 1643 f.; *Reifner*, ZBB 2001, 193, 200.

44 BGHZ 136, 161 = ZIP 1997, 1641 mit Anm. *Köndgen*; näher dazu sogleich im Text.

45 Begr. RegE, BT-Drucks. 14/6040, S. 255; kritisch *Mankowski/Knöfel*, ZBB 2001, 335, 337 ff.; *Köndgen*, WM 2001, 1637, 1644 und Anwaltkommentar-*Reiff* (Fn. 22), § 490 Rdn. 16, die die Entwurfslösung mit Blick auf die vermeintliche (durch §§ 489 Abs. 3, 495 Abs. 2 Satz 1 freilich ohnehin relativierte) Bedingungsfeindlichkeit der Ausübung von Gestaltungsrechten kritisieren.

wöhnlich, aber durchaus denkbar.[46] Nachvollziehbar und zu begrüßen ist es im übrigen, dass sich der Gesetzgeber einer Regelung der Berechnung der Entschädigung enthalten hat.[47] Dagegen fragt sich nicht nur der unbefangene Leser des Gesetzes, ob das Kündigungsrecht abbedungen werden kann. Ein juristischer Reflex verleitet dazu, die Frage zu verneinen. Indes muss auffallen, dass zwar § 489 Abs. 4 die Abbedingung des ordentlichen Kündigungsrechts des Darlehensnehmers ausschließt, ferner, dass § 506 Abs. 1 die zwingende Geltung der §§ 491 bis 505 anordnet, dass es aber an einer Bestimmung, die auch § 490 Abs. 2 für unabdingbar erklärt, fehlt; dies ist zumal vor dem Hintergrund zu sehen, dass das Schrifttum zum Regierungsentwurf auf das Problem hingewiesen hat[48] und der Gesetzgeber gleichwohl von einer Vorschrift, die die zwingende Geltung des § 490 Abs. 2 anordnet, abgesehen hat. Andererseits hat es der Gesetzgeber etwa im Zusammenhang mit den §§ 355 – 359 betreffend das Widerrufsrecht und verbundene Verträge versäumt, deren halbzwingende Geltung anzuordnen, obschon dieselbe nicht ernsthaft bezweifelt werden kann.[49] Die Frage lautet also der Sache nach, ob wir es mit einem Fall einer gesetzgeberischen Nachlässigkeit oder mit einer bewussten Nichtregelung zu tun haben. Ich neige dazu, die Frage im zweitgenannten Sinne zu beantworten und die Möglichkeit von § 490 Abs. 2 abweichender Vereinbarungen im Grundsatz zu bejahen.[50] Die formularmäßige Abbedingung oder Erschwerung des Kündigungsrechts und die Höhe der geschuldeten Vorfälligkeitsentschädigung betreffende Klauseln sind jedoch zumindest in Verbraucherverträgen nach § 307 Abs. 2 Nr. 1 im

---

46 A.A. *Köndgen*, WM 2001, 1637, 1644 („systemwidrig"); *Mülbert*, WM 2002, 465, 475 (s. Fn. 42); kritisch gegenüber der Kündigungskonstruktion auch *Mankowski/Knöfel*, ZBB 2001, 335, 337 ff.

47 So auch *Wittig/Wittig*, WM 2002, 145, 149. – Zur Berechnung s. namentlich BGHZ 136, 161, 171 = WM 1997, 1747; BGH WM 2001, 20; *Rösler/Wimmer*, WM 2000, 164, 169 ff.; *v. Heymann/Rösler*, WM 2001, 441, 445 ff.

48 *Mankowski/Knöfel*, ZBB 2001, 335, 351, die sich für eine Regelung ausgesprochen haben, der zufolge das Kündigungsrecht in Verbraucherverträgen nicht abbedungen werden kann.

49 S. denn auch *Habersack*, in Münchener Kommentar zum BGB, 4. Aufl., Band 2a (Aktualisierungsband), § 358 Rdn. 22, § 359 Rdn. 7.

50 So – freilich auf unzutr. Prämisse basierend (s. Fn. 42) – auch *Mülbert*, WM 2002, 465, 475 f.; a.A. *Schäfer* (Fn. 8), § 7 Rdn. 12.

Zweifel unwirksam.[51] Gegenüber unternehmerischen Darlehensnehmern wird man wohl gegen die Anführung einzelner Tatbestände, bei deren Vorliegen der Vertrag unkündbar ist, nichts zu erinnern haben; der gänzliche Ausschluss des Kündigungsrechts und zum Nachteil des Darlehensnehmers gehende Vereinbarungen betreffend die zu leistende Entschädigung werden dagegen auch im Geschäftsverkehr mit Unternehmern kaum der Inhaltskontrolle stand halten.[52]

Sachliche Änderungen gegenüber der Rechtslage vor Inkrafttreten der Schuldrechtsreform sollen mit § 490 Abs. 2 nach Meinung der Entwurfsverfasser nicht verbunden sein.[53] Indes erscheint dies keineswegs gewiss. Nach der Rechtsprechung des BGH – Leitentscheidung ist BGHZ 136, 161 – zielte nämlich das Verlangen des Darlehensnehmers nach vorzeitiger Rückzahlung des Darlehens nicht auf Vertragsaufhebung oder Vertragsauflösung, sondern auf „eine Modifizierung des Vertragsinhalts ohne Reduzierung des Leistungsumfangs". Der Darlehensgeber sollte deshalb durch die vorzeitige Rückzahlung des Darlehens und die Zahlung der Vorfälligkeitsentschädigung so gestellt werden, wie er stünde, wenn das Darlehen für den ursprünglich vereinbarten Festschreibungszeitraum fortgeführt und mit Zinsen bedient worden wäre. Die vom Kreditnehmer in solchen Fällen angestrebte Änderung des Kreditvertrags erschöpfte sich danach in der Beseitigung der vertraglichen – zeitlich begrenzten – Erfüllungssperre, d.h. in einer Vorverlegung des Erfüllungszeitpunktes. Inhaltlich ging der Anspruch zwar auf Ersatz des Zinsmargenschadens (mithin des entgangenen Nettogewinns) sowie eines etwaigen Zinsverschlechterungsschadens, konstruktiv handelte es sich jedoch um einen modifizierten Erfüllungsanspruch. Demgegenüber gewährt § 490 Abs. 2 nunmehr einen Schadensersatzanspruch, so dass sich die Bank künftig möglicherweise ein Ersatzgeschäft, welches sie mit dem vorzeitig zurückgezahlten Kapital finanziert, anrechnen lassen muss. Klarheit wird hier erst der BGH schaffen. Immerhin lässt es sich mit Gewissheit ausschließen, dass

---

51 So auch *Mülbert*, WM 2002, 465, 475 f.

52 Und zwar ungeachtet des Umstands, dass § 490 Abs. 2 besser auf Verbraucherdarlehensverträge beschränkt worden wäre (zutr. *Köndgen*, WM 2001, 1637, 1641); weitergehend – für Wirksamkeit des gänzlichen Ausschlusses des § 490 Abs. 2 – *Mülbert*, WM 2002, 465, 476.

53 Begr. RegE, BT-Drucks. 14/6040, S. 254; dazu auch *Grundmann*, BKR 2001, 66, 70 f.

der Darlehensgeber dem kündigenden Darlehensnehmer zur Erstattung des Gewinns verpflichtet ist, der sich aus der vorzeitigen Rückführung des Darlehens trotz zwischenzeitlich gestiegener Zinsen ergibt; trotz Abkehr von der Entgeltlösung des BGH bewendet es vielmehr dabei, dass sich der Schaden des Darlehensgebers allenfalls auf Null reduziert.[54]

III. Verbraucherdarlehen und Finanzierungshilfen

1. Zielsetzung und generelle Konzeption der Reform

Die Integration des VerbrKrG in das BGB soll nach dem Willen des Gesetzgebers allein der Gefahr vorbeugen, dass sich das Verbraucherkreditrecht vom allgemeinen Darlehensrecht entfernt. So heißt es in der Amtlichen Begründung: „Mit der Integration des Verbraucherkreditgesetzes sind bis auf die seit langem überfällige Einführung einer Zinsschadenspauschale für grundpfandrechtlich gesicherte Darlehen in § 497 Abs. 1 RE keine inhaltlichen Änderungen verbunden.“[55] Tatsächlich ergeben sich aus der Neuregelung durchaus einige Änderungen im Detail;[56] dies gilt zumal unter Berücksichtigung der (unter 2.b), 4. und 5.c) darzustellenden) Reparaturnovelle vom Juli 2002. Zudem sind die *Regelungssystematik* des VerbrKrG aufgegeben und dessen Regelungsbestandteile neu geordnet worden, indem nunmehr innerhalb des Titels 3

- der Verbraucherdarlehensvertrag zusammen mit dem allgemeinen Darlehensvertrag den Gegenstand des Untertitels 1 über den *„Darlehensvertrag“* bildet,
- Zahlungsaufschub und sonstige Finanzierungshilfe in Untertitel 2 betreffend *„Finanzierungshilfen“* geregelt sind,

---

54 So auch *Köndgen*, WM 2001, 1637, 1644, der freilich davon auszugehen scheint („inhaltliche Konsequenz“ der Schadensersatzkonstruktion), dass hierfür die Neukonzeption der Kündigungsfolgen durch § 490 Abs. 2 verantwortlich sei.

55 Begr. RegE, BT-Drucks. 14/6040, S. 253.

56 Ausführlich zum Folgenden bereits *Habersack*, BKR 2001, 72 ff.; ferner *Wittig/Wittig*, WM 2002, 145, 150 ff.

- die bislang in § 2 VerbrKrG geregelten Verträge den Gegenstand des Untertitels 3 über „Ratenlieferungsverträge zwischen einem Unternehmer und einem Verbraucher" bilden und
- Untertitel 4 die Unabdingbarkeit und Anwendbarkeit der §§ 491 ff. auf Existenzgründer regeln.

Die bisherigen §§ 15 ff. VerbrKrG über den Kreditvermittlungsvertrag gehen dagegen in den §§ 655a ff. über den „Darlehensvermittlungsvertrag zwischen einem Unternehmer und einem Verbraucher"[57] auf; die Vermittlung von Finanzierungshilfen wird von ihnen nicht mehr erfasst.[58]

Der das VerbrKrG und die Richtlinie über den Verbraucherkredit[59] prägende Begriff des Kreditvertrags ist eliminiert, sieht man von dem – nunmehr in § 493 geregelten – „Überziehungskredit" ab. Soweit letzterer im Gesetzestext (anders als in der amtlichen Überschrift) auch insoweit als Darlehensvertrag qualifiziert wird, als es um die geduldete Überziehung geht, ist dies im übrigen mit der Neukonzeption des Darlehensvertrags in § 488 schwerlich vereinbar,[60] denn konstruktiv handelt es sich bei dem geduldeten Überziehungskredit des § 493 Abs. 2 um ein Handdarlehen.[61]

2. *Persönlicher und sachlicher Anwendungsbereich*

a) Persönlicher Anwendungsbereich

Hinsichtlich des persönlichen Anwendungsbereichs bleibt es im Grundsatz bei dem Verbraucherbegriff des § 13. Was *Existenzgründer* betrifft, so gelten nach §§ 507 die §§ 491 bis 506 auch für natürliche Personen, die sich ein Darlehen, einen Zahlungsaufschub oder eine sonstige Finanzierungshilfe für

---

57 § 655a S. 1 BGB-E in der Fassung des Regierungsentwurfs (BT-Drucks. 14/6040, S. 32, 269) sollte auf die entgeltliche Vermittlung eines Darlehensvertrags anwendbar sein; in der Gegenäußerung der Bundesregierung ist der Anwendungsbereich auf die Vermittlung von Verbraucherdarlehensverträgen im Sinne des § 491 Abs. 1 Satz 1 BGB beschränkt worden, s. BT-Drucks. 14/6857, S. 65.

58 Dazu sowie zur davon abweichenden Rechtslage unter Geltung des VerbrKrG s. *Habersack,* BKR 2001, 72, 73.

59 S. Fn. 7.

60 Zutr. *Köndgen,* WM 2001, 1637, 1641 (Fn. 40).

61 MünchKomm-*Ulmer* (Fn. 5), § 5 VerbrKrG Rdn. 31.

die Aufnahme einer gewerblichen oder selbständigen beruflichen Tätigkeit gewähren lassen oder zu diesem Zweck einen Ratenlieferungsvertrag schließen, es sei denn, der Nettodarlehensbetrag oder Barzahlungspreis übersteigt 50.000 Euro. Mit der Neuregelung geht eine nicht unwesentliche, mit Blick auf § 13 und die dort getroffene Beweislastverteilung freilich sachgerechte[62] Änderung hinsichtlich der Darlegungs- und Beweislastverteilung einher: Nunmehr ist es Sache des Existenzgründers, darzulegen und zu beweisen, dass das Darlehen für die Aufnahme seiner gewerblichen oder beruflichen Tätigkeit bestimmt war und nicht seiner bereits ausgeübten Tätigkeit diente.[63] Unverändert ist dagegen, dass das Kündigungsrecht des § 489 Abs. 1 Nr. 2 nur dem Verbraucher i.S.d. § 13, nicht dagegen dem Existenzgründer zusteht.

b) Ausnahmen vom sachlichen Anwendungsbereich im Allgemeinen

Auch hinsichtlich der bislang in § 3 VerbrKrG geregelten generellen oder partiellen Bereichsausnahmen sowie der bislang in § 2 VerbrKrG geregelten Verträge verdienen einige Punkte Hervorhebung:

- So stellt § 499 Abs. 1 nunmehr klar, dass der bislang in § 3 Abs. 1 Nr. 3 VerbrKrG geregelte Ausnahmetatbestand nur den (kurzfristigen) Zahlungsaufschub, nicht dagegen Darlehen und sonstige Finanzierungshilfe erfasst.
- Nicht gänzlich geglückt ist der Verweis in § 499 Abs. 3 auf die den Darlehensvertrag betreffenden Ausnahmetatbestände des § 491 Abs. 2 und 3. Für Teilzahlungsgeschäfte stellt nunmehr zwar § 499 Abs. 3 Satz 2 klar, dass an die Stelle des in § 491 Abs. 2 Nr. 1 genannten Nettodarlehensbetrags der Barzahlungspreis tritt. Für Ratenlieferungsverträge ist nach § 505 Abs. 1 Satz 3 auf die Summe der vom Verbraucher bis zum frühestmöglichen Kündigungsrecht zu entrichtenden Teilzahlungen abzustellen.[64] Gänzlich unbestimmt ist die Rechtslage weiterhin bei den sons-

62 Zutr. Gegenäußerung der Bundesregierung, BT-Drucks. 14/6857, S. 65 (zu Nr. 112, 113).
63 *Wittig/Wittig*, WM 2002, 145, 151.
64 Eingefügt auf Empfehlung des Rechtsausschusses, s. BT-Drucks. 14/7052, S. 62, 203.

tigen Finanzierungshilfen, mithin vor allem beim Finanzierungsleasing; insoweit ist der Anschaffungswert maßgebend.[65]

- § 505 Abs. 1 Satz 2 bestimmt, dass die Ausnahmetatbestände des § 491 Abs. 2 und 3 auch auf die – bislang in § 2 VerbrKrG geregelten – Ratenlieferungsverträge, etwa auf den Erwerb eines in mehreren Bänden erscheinenden Kommentars oder das Abonnement einer Zeitschrift, Anwendung finden. Dies ist zwar in der Sache einleuchtend, weicht aber (ohne dass dies gesehen oder gar begründet wird) von der bislang herrschenden Meinung[66] ab.
- Nach herrschender Meinung bedarf § 500, soweit er die entsprechende Geltung zahlreicher Vorschriften über Verbraucherdarlehensverträge ausschließt, im Zusammenhang mit Finanzierungsleasingverträgen, die ein Erwerbsrecht des Leasingnehmers vorsehen, der einschränkenden Auslegung; auf solche Verträge finden die §§ 492 ff. nämlich zumindest insoweit Anwendung, als sie auf Vorgaben der Richtlinie über den Verbraucherkredit beruhen.[67] Leider hat es der Gesetzgeber versäumt, dies klarzustellen, so dass auch insoweit ein – vom BGH zwar im Wege der richtlinienkonformen Auslegung beseitigtes, gleichwohl unschönes – Umsetzungsdefizit zu konstatieren ist.

c) Immobiliardarlehensverträge im Besonderen

Die Reparaturnovelle vom 23.7.2002[68] hat schließlich die zunächst in § 3 Abs. 2 Nr. 2 VerbrKrG und sodann in § 491 Abs. 3 Nr. 1 geregelte Bereichsausnahme für Realkreditverträge gestrichen und damit im Grundsatz die Widerruflichkeit auch dieser Darlehensverträge eingeführt. Diese Neuregelung ist bekanntlich darauf zurückzuführen, dass der EuGH[69] in seiner Heininger-

---

65 Näher MünchKomm-*Ulmer* (Fn. 5), § 3 VerbrKrG Rdn. 11; *Staudinger/Kessal-Wulf*, BGB, 13. Bearbeitung (2001), § 3 VerbrKrG Rdn. 10; *Bülow*, Verbraucherkreditgesetz, 4. Aufl., § 3 Rdn. 37, 45.

66 BGHZ 128, 156, 164.

67 BGH ZIP 2001, 1992, 1995.

68 Art. 25 des OLGVertrÄndG (Fn. 3).

69 Fn. 2; dazu *Edelmann*, BKR 2002, 80 ff.; *Frisch*, BKR 2002, 84 ff.; *Hoffmann*, ZIP 2002, 145 ff.; *Piepenbrock/Schulze*, WM 2002, 521 ff.; *Hochleitner/Wolf/Großerichter*, WM 2002, 529 ff.; *Habersack/Mayer*, WM 2002, 253 ff.

Entscheidung vom 13.12.2001 festgestellt hat, dass Darlehensverträge im allgemeinen und Realkreditverträge im besonderen in den Anwendungsbereich der Richtlinie über Haustürgeschäfte[70] fallen und auch die vom BGH[71] erwogene analoge Anwendung des § 7 Abs. 2 Satz 3 VerbrKrG und damit eine Befristung des Widerrufsrechts des nicht ordnungsgemäß belehrten Verbrauchers auf ein Jahr mit Art. 5 der besagten Richtlinie unvereinbar ist. Hierauf konnte im Rahmen der Schuldrechtsreform keine Rücksicht mehr genommen werden, weshalb der Gesetzgeber mit Blick auf die andernfalls drohende Staatshaftung[72] bestrebt sein musste, die Heininger-Entscheidung spätestens mit Auslaufen der Sechsmonatsfrist des § 355 Abs. 3 Satz 1 a.F. legislativ umzusetzen, und zwar in der Weise, dass § 355 Abs. 3 n.F. auf sämtliche Haustürgeschäfte (und damit auch auf „an der Haustüre" angebahnte Realkreditverträge)[73] anzuwenden ist, die nach dem 31.12.2001 abgeschlossen worden sind und deshalb nach § 355 Abs. 3 a.F. zumindest bis zum 1.7.2002 widerrufen werden können. Durch das besagte Gesetz vom 23.7. 2002 hat der Gesetzgeber das zunächst Versäumte (wenn auch mit gewisser Verspätung) nachgeholt, dies freilich in einer Weise, die deutlich über die Vorgaben der Haustürgeschäfterichtlinie und des EuGH-Urteils hinausgeht[74] und jedenfalls nicht durchweg zu überzeugen vermag.

Die Reparaturnovelle setzt bei der Vorrangregel des § 312a und bei den Vorschriften der §§ 491 ff. über Verbraucherdarlehensverträge an. § 312, der im wesentlichen dem § 1 HWiG a.F. entspricht und den Tatbestand des Haustürgeschäfts regelt, ist dagegen unverändert geblieben; insbesondere hat es der Gesetzgeber unterlassen, das Erfordernis einer entgeltlichen Leistung zu streichen und die Frage der Anwendbarkeit des § 312 auf Bürgschaftsverträge zu regeln. Statt dessen ist, wie bereits erwähnt, die Bereichsaus-

---

70 Richtlinie des Rates vom 20.12.1985 betreffend den Verbraucherschutz im Falle von außerhalb von Geschäftsräumen geschlossenen Verträgen (85/577/EWG), ABl. Nr. L 372/31 v. 31.12.1985; auch abgedruckt in MünchKomm (Fn. 5), Anh. HausTWG.

71 Vorlagebeschluss vom 29.11.1999, WM 2000, 26; dazu *Habersack*, WM 2000, 981 ff.

72 Dazu *Habersack/Mayer*, WM 2002, 253, 258.

73 Zur Nichtanwendbarkeit des § 312a a.F. s. BGH ZIP 2002, 1075 mit Anm. *Ulmer*; zu den Folgen der Entscheidung für Altfälle s. auch *Hoffmann*, ZIP 2002, 1066 ff.; *Schleicher*, BKR 2002, 609 ff.; *Wolf*, BKR 2002, 614 ff.

74 Zu den Mindestvorgaben s. im einzelnen *Habersack /Mayer*, WM 2002, 253 ff.

nahme des § 491 Abs. 3 Nr. 1 a.F. gestrichen worden. Die sich hieraus ergebende Widerruflichkeit sämtlicher Realkreditverträge, d.h. auch solcher, die nicht „an der Haustüre“ angebahnt worden sind, wird einstweilen, nämlich befristet auf den 1.7.2005,[75] durch § 506 Abs. 3, 4 relativiert. Danach kann das Widerrufsrecht nach § 495 bei Immobiliardarlehensverträgen, die keine Haustürgeschäfte sind, durch besondere schriftliche Vereinbarung, die unter der Voraussetzung deutlicher Hervorhebung auch in die Vertragserklärung aufgenommen werden kann, ausgeschlossen werden. Zudem kann der bislang in § 495 Abs. 2 vorgesehene, nunmehr entfallene *gesetzliche Vorbehalt* der Rückzahlung des Darlehens binnen zwei Wochen nach Erklärung des Widerrufs gemäß § 506 Abs. 2, 4 durch schriftliche Vereinbarung begründet werden, allerdings nicht im Fall verbundener Verträge und bei Haustürgeschäften und zudem gleichfalls nur bis zum 1.7.2005. Ergänzt wird diese Neuregelung, deren Sinnhaftigkeit, was ihre Befristung betrifft, sich aus den Materialien nicht ohne weiteres erschließt und durch die zu Recht sichergestellt wird, dass das Widerrufsrecht im Fall eines „an der Haustüre“ angebahnten Verbraucherdarlehensvertrags ohne jede Einschränkung, insbesondere ohne den Vorbehalt des § 495 Abs. 2 a.F., und unabdingbar besteht, durch die Einführung des ad infinitum-Widerrufsrechts durch § 355 Abs. 3 Satz 3 n.F. Dieses soll freilich nicht nur für Haustürgeschäfte gelten, sondern immer dann, wenn es an der ordnungsgemäßen Erteilung einer gesetzlich vorgeschriebenen Widerrufsbelehrung fehlt; hierauf ist zurückzukommen.[76]

Die Vorrangregel des § 312a schließlich[77] ist dahin präzisiert worden, dass das Widerrufsrecht aus § 312 nur dann ausscheidet, wenn dem Verbraucher zugleich nach Maßgabe anderer Vorschriften ein Widerrufsrecht nach den §§ 355, 356, nach §§ 11, 15h AuslInvestmG oder nach § 23 KAGG *zusteht*, also tatsächlich gegeben ist. Ist also das in § 495 geregelte Widerrufsrecht nach § 491 Abs. 2 oder 3 ausgeschlossen, bleibt das Widerrufsrecht nach § 312 erhalten. Nach Streichung des § 491 Abs. 3 Nr. 1 ist dies allerdings für Verbraucherdarlehensverträge nur noch im Zusammenhang mit den generellen Bereichsausnahmen des § 491 Abs. 2 von Relevanz; insoweit aber war

---

75 Art. 25 Abs. 2 iVm. Art. 34 Satz 3 OLGVertrÄndG (Fn. 3).

76 S. unter 4.

77 Weitere Änderungen betreffen insbesondere §§ 492, 494, 497, 498, 502, 505; sie sind jedoch im wesentlichen redaktioneller Art und vorliegend nicht näher darzustellen.

es seit jeher herrschende Meinung, dass die Vorrangregel den Rückgriff auf die Vorschriften über Haustürgeschäfte nicht sperrt.[78]

3. *Vollmacht*

a) Überblick

Nach § 492 Abs. 4 gelten die Formvorschriften des § 492 Abs. 1 und 2, mithin das allgemeine Schriftformerfordernis und die Mindestangabeerfordernisse, auch für die Vollmacht, die ein Darlehensnehmer zum Abschluss eines Verbraucherdarlehensvertrags erteilt. Ausgenommen sind die Prozessvollmacht und die notariell beurkundete Vollmacht. Hieran anknüpfend bestimmt § 494, dass eine nicht formgerecht erteilte Vollmacht unwirksam ist. Für die auf Vereinbarung eines Zahlungsaufschubs oder einer sonstigen Finanzierungshilfe gerichtete Vollmacht soll dies zwar nicht gelten; § 499 Abs. 1 erklärt nur § 492 Abs. 1 bis 3 für entsprechend anwendbar. Der Abschluss eines Verbraucherdarlehens dagegen ist künftig, von den genannten Ausnahmefällen und den Tatbeständen gesetzlicher Vertretungsmacht abgesehen, faktisch ein höchstpersönliches, insoweit der Eheschließung vergleichbares Rechtsgeschäft. Unerheblich ist, ob die Vollmacht widerruflich oder unwiderruflich ist.

Die Vorschrift ist erst auf Empfehlung des Rechtsausschusses in das Gesetz aufgenommen worden,[79] mithin in einem sehr späten Stadium des ohnehin hektischen Gesetzgebungsverfahrens. Sie versteht sich als Reaktion auf die jüngste Rechtsprechung des BGH, wonach die nunmehr in § 492 Abs. 1 Satz 5 geregelten *Mindestangabeerfordernisse* auf die Vollmacht keine Anwendung finden sollten; dagegen hatte der BGH die Frage, ob das allgemeine Schriftformerfordernis eingreift, stets offen lassen können.[80] Das Kuriose an der Vorschrift des § 492 Abs. 4 ist nun, dass der Gesetzgeber mit ihr die Rechtsprechung korrigieren wollte, dabei aber übersehen hat, dass es der BGH durchweg mit notariell beurkundeten Vollmachten zu tun hatte.

---

78 MünchKomm-*Ulmer* (Fn. 5), § 5 HWiG Rdn. 15.

79 S. zum Folgenden Beschlussempfehlung des Rechtsausschusses, BT-Drucks. 14/7052, S. 201.

80 BGH ZIP 2001, 911, 913; BGH ZIP 2001, 1669, 1670 ff.; dazu insbesondere *Ulmer*, BB 2001, 1365 ff.

Indem nun gerade für notariell beurkundete Vollmachten eine Ausnahme gemacht worden ist, ist exakt die bisherige Rechtslage festgeschrieben worden: Für den finanzierten Immobilienerwerb, der bislang und – vorbehaltlich der sich aus dem Rechtsberatungsgesetz ergebenden Schranken[81] – wohl auch künftig mit notariell beurkundeten Vollmachten arbeitet, wird alles beim alten bleiben:[82] Ein besonderer Inhalt der Vollmacht ist nicht vorgeschrieben. Ob die im Zuge der Reparaturnovelle vom 23.7.2002 erfolgte Ergänzung des § 17 Abs. 2a BeurkundungsG, der zufolge der Notar künftig darauf hinzuwirken hat, dass die rechtsgeschäftlichen Erklärungen des Verbrauchers von diesem persönlich oder durch eine Vertrauensperson vor dem Notar abgegeben werden und der Verbraucher ausreichend Gelegenheit erhält, sich vorab mit dem Gegenstand der Beurkundung auseinander zu setzen, die Praxis der notariell beurkundeten Bevollmächtigung eines Treuhänders spürbar zurückdrängen wird, bleibt abzuwarten.

b) Nicht beurkundete Vollmacht

Für nicht notariell beurkundete Vollmachten gilt es dagegen zu berücksichtigen, dass nach Ansicht des Rechtsausschusses die Heilungsvorschrift des § 494 Abs. 2 Satz 1 auf die Vollmacht keine Anwendung findet, die formunwirksame Vollmacht also dadurch, dass der Darlehensnehmer das Darlehen empfängt oder in Anspruch nimmt, nicht schon nach § 494 Abs. 2 Satz 1 wirksam wird.[83] Es soll in diesem Fall vielmehr bei Geltung der §§ 177 ff. bleiben; insbesondere soll eine zumindest konkludente Genehmigung durch den Darlehensnehmer darin liegen, dass dieser selbst den Darlehensbetrag erhält. Im Wortlaut des § 494 Abs. 2 Satz 1, der allgemein von einem Mangel des Verbraucherdarlehensvertrags nach Abs. 1 spricht und damit auch den auf der Grundlage einer formunwirksamen Vollmacht geschlossenen Vertrag erfasst, findet diese Einschränkung zwar keine Grundlage. Das dahinter stehende Bestreben, eine Heilung nicht schon in der Auszahlung des Darlehens an den Vertreter zu sehen, ist indes berechtigt. Ihm kann freilich auch

---

81 Dazu BGHZ 145, 265; BGH BKR 2001, 143; *Derleder*, ZfIR 2002, 1 ff.; *Rösler/Lang*, in Lang/Assies/Werner, Schuldrechtsmodernisierung in der Bankpraxis, 2002, S. 216 ff.

82 S. bereits *Habersack*, BKR 2001, 72, 74; *Wittig/Wittig*, WM 2002, 145, 152.

83 BT-Drucks. 14/7052, S. 202; Anwaltkommentar-*Reiff* (Fn. 22), § 494 Rdn. 14.

dadurch Rechnung getragen werden, dass man § 494 Abs. 2 Satz 1, der den Eintritt der Heilungswirkung von dem Empfang oder der Inanspruchnahme des Darlehens durch den Verbraucher abhängig macht, zumindest im vorliegenden Zusammenhang restriktiv und unter Ausklammerung von Leistungen an den Bevollmächtigten auslegt. Ein vergleichbares Problem stellt sich im Zusammenhang mit § 655c Satz 1, dem zufolge der Vergütungsanspruch des Darlehensvermittlers erst mit Leistung des Darlehens an den Darlehensnehmer entsteht; auch insoweit entspricht es der herrschenden Meinung, dass die Auszahlung an den Vermittler nicht genügt.[84] Von der in den Materialien favorisierten Genehmigungslösung unterscheidet sich der hier unterbreitete Vorschlag vor allem dadurch, dass die Heilung auch in denjenigen Fällen eintritt, in denen das Darlehen auf Rechnung des Verbrauchers an einen Dritten, insbesondere an den Partner eines finanzierten Vertrags, ausgezahlt wird.[85]

In der Begründung der Beschlussempfehlung des Rechtsausschusses nicht angesprochen ist die weitere Frage nach der entsprechenden Anwendung des § 494 Abs. 2 Satz 2 bis 6. Sie stellt sich allein für den Fall, dass der vom Bevollmächtigten namens des Verbrauchers geschlossene Darlehensvertrag seinerseits formwirksam ist (andernfalls finden die genannten Vorschriften zweifelsohne Anwendung), und ist wohl zu bejahen;[86] andernfalls bliebe die Missachtung des § 492 Abs. 2, 4 ohne jede Sanktion.

4. *Widerrufsrecht*

Das Widerrufsrecht des Verbrauchers folgt nunmehr aus § 495; seine Ausgestaltung im Einzelnen ergibt sich aus § 355. Der Gesetzgeber belässt es bei der Konzeption des bisherigen § 361a, d.h. bei der „schwebenden Wirksamkeit" des widerruflichen Vertrags, sowie bei der Regelwiderrufsfrist von zwei Wochen. Dagegen ist die Widerrufsfrist für den Fall der unterbliebenen oder nicht ordnungsgemäßen Belehrung zunächst allgemein und damit sowohl für Verbraucherkredit- als auch für Haustürgeschäfte auf ein halbes Jahr verkürzt

---

84 *Staudinger/Kessal-Wulf* (Fn. 65), § 16 VerbrKrG Rdn. 4; MünchKomm-*Habersack* (Fn. 5), § 16 VerbrKrG Rdn. 11.
85 MünchKomm-*Ulmer* (Fn. 5), § 6 VerbrKrG Rdn. 29.
86 Zustimmend *Schäfer* (Fn. 8), § 7 Rdn. 35.

worden. Die Reparaturnovelle vom Juli 2002 hat sodann einen neuen § 355 Abs. 3 Satz 3 eingefügt, dem zufolge das Widerrufsrecht überhaupt nicht erlischt, wenn der Verbraucher nicht ordnungsgemäß über sein Widerrufsrecht belehrt worden ist. Dieses ad infinitum-Widerrufsrecht soll dem Verbraucher unabhängig von der Art des Geschäfts und der legislativen Grundlage des Widerrufsrechts zustehen, mithin auch insoweit, als das Gemeinschaftsrecht ein Widerrufsrecht überhaupt nicht vorsieht (so im Fall des nicht an der Haustüre zustande gebrachten Verbraucherdarlehensvertrags) oder eine Befristung ausdrücklich erlaubt (so im Fall der Fernabsatzgeschäfte). Maßgebender Grund hierfür war das Bestreben des Gesetzgebers, die einheitliche Regelung des Widerrufsrechts und der Rechtsfolgen nicht ordnungsgemäßer Belehrung beizubehalten; sachliche Erwägungen, etwa der Art, dass ein gänzlich unbefristetes Gestaltungsrecht innerhalb des allgemeinen Zivilrechts ein Fremdkörper ist und sich der Schutzzweck eines jeden Widerrufsrechts mit dem Lauf der Zeit erledigt, sind – zumindest ausweislich der Materialien und bedauerlicherweise – nicht angestellt worden.

Eine weitere wichtige Änderung folgt aus § 357 Abs. 3 Satz 1, wonach der Verbraucher unter den dort genannten (in der Gegenäußerung der Bundesregierung präzisierten)[87] Voraussetzungen eine durch die bestimmungsgemäße Ingebrauchnahme der Sache entstandene Wertminderung zu ersetzen und zudem für die Verschlechterung und den Untergang der Sache einzustehen hat. Soweit die Vereinbarkeit dieser Vorschrift mit Gemeinschaftsrecht in Zweifel gezogen wird,[88] betrifft dies allein Fernabsatzverträge; für den Bereich des Verbraucherkredits bestehen entsprechende Zweifel dagegen schon deshalb nicht, weil die diesbezügliche Richtlinie[89] ein Widerrufsrecht des Verbrauchers gar nicht vorsieht. In der Sache ist der Neuregelung zuzustimmen: Der entsprechend belehrte Verbraucher hat es in der Hand, die Ersatzpflicht zu vermeiden.

---

87 BT-Drucks. 14/6857, S. 58.
88 Für Vereinbarkeit Begr. RegE, BT-Drucks. 14/6040, S. 199; kritisch dagegen *Hager*, in Ernst/Zimmermann (Fn. 1), S. 429, 447 f.; *Rott*, VuR 2001, 78, 85 f.
89 S. Fn. 7.

5. *Verbundene Verträge*

Neuerungen und Ungereimtheiten sind auch im Zusammenhang mit den verbundenen Geschäften zu verzeichnen.

a) Tatbestand verbundener Verträge und Widerrufsdurchgriff

aa) § 358 fasst die bislang in § 9 Abs. 1 und 2 VerbrKrG, § 4 FernAbsG und § 6 TzWrG geregelten Tatbestände des Widerrufsdurchgriffs zu einer allgemeinen, für etwaige weitere Widerrufsrechte offenen Vorschrift zusammen, die regelt, welche Folgen der Widerruf eines der miteinander verbundenen Geschäfte auf das andere hat. Dabei sind die Fälle des § 4 FernAbsG, § 6 TzWrG, die durch die Widerruflichkeit des finanzierten Geschäfts gekennzeichnet sind, in § 358 Abs. 1 geregelt, während sich der Fall des § 9 Abs. 2 VerbrKrG, bei dem das Finanzierungsdarlehen widerrufen wird, in § 358 Abs. 2 findet. § 358 Abs. 3 enthält eine Legaldefinition verbundener Geschäfte. Die Rückabwicklung nach erfolgtem Widerruf und die besonderen Anforderungen an die Widerrufsbelehrung sind Gegenstand des § 358 Abs. 4 und 5.

§ 358 Abs. 1 erfasst auch *verbundene Haustürgeschäfte*. Aufgrund des grundsätzlichen Vorrangs des auf den *Darlehensvertrag* bezogenen Widerrufsrechts gemäß § 312a kommt dem für das *Finanzierungsdarlehen* nur insoweit Bedeutung zu, als dieses nach § 491 Abs. 2 und 3 unwiderruflich ist; mit Blick auf die seit 1.8.2002 bestehende Widerruflichkeit von Immobiliardarlehensverträgen bleiben insoweit allein die Tatbestände des § 491 Abs. 2, Abs. 3 Nr. 2 von praktischer Relevanz. Von der Vorrangregel des § 312a unberührt bleibt im übrigen der Widerruf des *finanzierten Geschäfts*; die Möglichkeit dieses Widerrufs ist dem Verbraucher wohl mit Blick auf die Richtlinie über Haustürgeschäfte zu gewähren.[90]

---

90 Näher *Habersack* in Hadding/Nobbe, Bankrecht 2000, RWS-Forum 17, 2000, S. 235, 247 f., dort auch zu der – nach der Systematik des nationalen Rechts durchaus überzeugenden – h.M. (BGH ZIP 1999, 103, 104; MünchKomm-*Ulmer* [Fn. 5], § 1 HWiG Rdn. 14a), der zufolge der Verbraucher auch in diesem Fall darauf verwiesen ist, seine auf den Darlehensvertrag bezogene Willenserklärung nach § 495 zu widerrufen und über § 358 Abs. 2 die Unwirksamkeit des finanzierten Haustürgeschäfts herbeizuführen.

Was den Tatbestand verbundener Geschäfte betrifft, so ist dieser in § 358 Abs. 3 Satz 1 in sachlicher Übereinstimmung mit § 9 Abs. 1 VerbrKrG, § 4 FernAbsG, § 6 TzWrG definiert. § 358 Abs. 3 Satz 2 stellt klar, dass verbundene Verträge auch bei Identität von Unternehmer und Darlehensgeber vorliegen können;[91] § 358 Abs. 3 Satz 3 enthält eine Sonderdefinition für den finanzierten Grundstückserwerb. Lässt man letztere zunächst außer Betracht (dazu unter c), so fragt sich im Zusammenhang mit § 358 Abs. 2[92] vor allem, ob der Widerrufsdurchgriff schon dann eröffnet ist, wenn der Verbraucherdarlehensvertrag nach § 495 Abs. 1 widerrufen werden kann und dieser und das finanzierte Geschäft eine wirtschaftliche Einheit bilden, oder ob zusätzlich auf *Inhalt und Rechtsnatur des finanzierten Geschäfts* abzustellen ist. Für letzteres spricht an sich der Wortlaut des § 358 Abs. 2, der einen „Vertrag über die Lieferung einer Ware oder die Erbringung einer anderen Leistung" voraussetzt.[93] Bedenkt man allerdings, dass die Schaffung des § 358 „keine Änderung der geltenden Rechtslage" bewirken sollte,[94] so muss es insoweit entscheidend auf die Rechtslage unter Geltung des § 9 VerbrKrG ankommen. Dessen Abs. 4 bestimmte ausdrücklich die entsprechende Geltung der Grundsätze über verbundene Geschäfte für „Kredite, die der Finanzierung des Entgelts für eine andere Leistung als die Lieferung einer Sache gewährt werden." Von der seinerzeit herrschenden Meinung ist dies zu Recht in dem Sinne verstanden worden, dass Inhalt und Rechtsnatur des finanzierten Geschäfts gänzlich unbeachtlich seien und es allein auf das Vorliegen einer wirtschaftlichen Einheit ankomme.[95] Für § 358 Abs. 2 kann dies nur bedeuten, dass mit dem Erfordernis eines „Vertrags über die Lieferung einer Ware oder die Erbringung einer anderen Leistung" allein der offene Cha-

---

91 Zur entsprechenden Rechtslage unter Geltung des § 9 VerbrKrG s. Münch Komm-*Habersack* (Fn. 5), § 9 VerbrKrG Rdn. 45 ff. m.w.N.

92 Im Rahmen des § 358 Abs. 1 ergibt sich eine vergleichbare Problematik nicht. Dort beurteilt es sich vielmehr nach dem das Widerrufsrecht begründenden Tatbestand (etwa § 312, 312 d, 485), ob das finanzierte Geschäft widerrufen werden kann; soweit dies der Fall ist, erstreckt § 358 Abs. 1 den Widerruf auf den verbundenen Verbraucherdarlehensvertrag.

93 So denn auch *Köndgen*, WM 2001, 1637, 1646 („Damit sind finanzierte Immobilienanlagen unzweideutig ausgenommen").

94 Begr. RegE, BT-Drucks. 14/6040, S. 200.

95 Eingehend MünchKomm-*Habersack* (Fn. 5), § 9 VerbrKrG Rdn. 15 f. (Beteiligungen, Immobilien), 139 ff. (sonstige).

rakter des § 358 als einer bloßen Erstreckungsnorm zum Ausdruck gebracht, nicht aber der Widerrufsdurchgriff materiell eingeschränkt werden soll. Vorbehaltlich des § 491 Abs. 3 Nr. 2 betreffend den finanzierten Erwerb von Wertpapieren u.ä. kommt es deshalb auch im Rahmen des § 358 Abs. 2 auf Inhalt und Rechtsnatur des finanzierten Geschäfts nicht an; hierfür spricht nun auch der neue § 358 Abs. 3 Satz 3. Ein Widerrufsdurchgriff ist deshalb auch im Zusammenhang mit finanzierten Grundstücksgeschäften, dem finanzierten Beitritt zu einer Gesellschaft und dem finanzierten Anteilserwerb denkbar, und zwar auch dann, wenn der Verbraucher, etwa weil er mit der Kapitalanlage steuerliche Vergünstigungen anstrebt, über das Aufspaltungsrisiko aufgeklärt ist.[96] Voraussetzung ist allein, dass der Verbraucherdarlehensvertrag widerrufen werden kann, was nach § 506 Abs. 3 auch im Fall von Immobiliardarlehensverträgen zumindest insoweit möglich ist, als es sich bei diesen um Haustürgeschäfte handelt. Was den finanzierten Beitritt zu einer Personengesellschaft betrifft, so gelangen freilich auch im Rahmen des § 358 die Grundsätze über die fehlerhafte Gesellschaft zur Anwendung; § 358 Abs. 2 Satz 1 hat deshalb allein die Beendigung der Mitgliedschaft mit Wirkung ex nunc und die Entstehung des Abfindungsanspruchs zur Folge.[97]

---

96 Näher dazu sowie zur entsprechenden Rechtslage betreffend den Einwendungsdurchgriff MünchKomm-*Habersack* (Fn. 49), § 358 Rdn. 25, § 359 Rdn. 18, 20; *Staudinger/Kessal-Wulf* (Fn. 65), § 9 VerbrKrG Rdn. 45.

97 BGH NJW 2000, 3558, 3559 = WM 2000, 1685; BGH WM 2000, 1687, 1689; OLG Stuttgart ZIP 2001, 692, 696 f.; für die mittelbare (über einen Treuhandkommanditisten vermittelte) Beteiligung BGH ZIP 2001, 1364 = JZ 2002, 247 mit zust. Anm. *Schäfer* (der zu Recht auf Maßgeblichkeit des Verkehrswertes hinweist); näher zum Ganzen *Krohn/Schäfer* WM 2000, 112, 115 ff.; *Westermann*, ZIP 2002, 240, 241 ff.; *Habersack* (Fn. 90), S. 242 f.; *ders.*, ZIP 2001, 327, 328 f.; MünchKomm-*ders.* (Fn. 49), § 358 Rdn. 14; *Edelmann*, DB 2001, 2434, 2435 f.; a.A. – die Anwendbarkeit der Grundsätze über den fehlerhaften Beitritt ablehnend oder nicht erörternd – BGHZ 133, 254, 263 f. = NJW 1996, 3414, OLG Stuttgart ZIP 2001, 322, 326, jeweils die mittelbare Beteiligung betreffend; ferner BGH NJW 1997, 1069; OLG Stuttgart WM 1999, 2305, 2310; *Staudinger/Kessal-Wulf* (Fn. 65), § 9 VerbrKrG Rdn. 45. – Zur Berücksichtigung der Lehre von der fehlerhaften Gesellschaft im Rahmen des Einwendungsdurchgriffs s. MünchKomm-*Habersack* (Fn. 49), § 359 Rdn. 17; näher zur Lehre von der fehlerhaften Gesellschaft im allgemeinen und vom fehlerhaften Beitritt im besonderen MünchKomm-*Ulmer* (Fn. 5), § 705 Rdn. 243 ff., 282 ff.

Kollisionen zwischen Abs. 1 und Abs. 2 Satz 1 des § 358 werden durch § 358 Abs. 2 Satz 2 vermieden, wonach immer dann, wenn die auf Abschluss des *finanzierten Geschäfts* gerichtete Willenserklärung widerrufen werden kann, allein § 358 Abs. 1 zur Anwendung gelangt; dies entspricht der bislang in §§ 7 Abs. 4 Satz 2, 8 Abs. 2 VerbrKrG getroffenen Regelung. Diese aus sich heraus verständliche Konkurrenzregel ist im Zuge der Gegenäußerung der Bundesregierung[98] um die Vorschrift des § 358 Abs. 2 Satz 3 ergänzt worden, der zufolge der Widerruf des Verbraucherdarlehensvertrags als Widerruf des verbundenen Vertrags gemäß Abs. 1 gilt. Begründet hat dies die Bundesregierung damit, dass § 358 Abs. 2 Satz 1 und 2 – angeblich – „so verstanden werden kann, dass der Verbraucher zu einem doppelten Widerruf gezwungen sein kann, wenn er den Darlehensvertrag widerruft, obwohl er nach der Regelung das finanzierte Geschäft widerrufen muss."[99] Damit ist nun freilich verkannt worden, dass § 358 Abs. 1 und 2 im Zusammenhang mit der vom Darlehensgeber geschuldeten Widerrufsbelehrung zu sehen ist. Diese hat nicht nur nach § 355 Abs. 2 darüber aufzuklären, welcher Vertrag Gegenstand des Widerrufsrechts ist; wie bislang § 9 Abs. 2 Satz 2 VerbrKrG verlangt vielmehr auch § 358 Abs. 5, dass die Belehrung darauf hinzuweisen hat, dass der Verbraucher mit Erklärung des Widerrufs auch an den verbundenen Vertrag nicht mehr gebunden ist. Weshalb es angesichts dieser klaren und unter Geltung des § 9 VerbrKrG erprobten[100] Rechtslage zusätzlich einer Fiktion nach Art des § 358 Abs. 2 Satz 3 bedarf, bleibt unerfindlich.

Speziell für verbundene Verbraucherdarlehensverträge verdient Hervorhebung, dass die Ausnahmetatbestände des § 3 Abs. 2 Nr. 3 und 4 VerbrKrG zunächst[101] nahezu unverändert in § 491 Abs. 3 Nr. 1 – 3 eingestellt worden sind; erst die Reparaturnovelle hat mit der durch sie erfolgten Streichung des § 491 Abs. 3 Nr. 1 betreffend den Realkreditvertrag für eine gewichtige Neuerung gesorgt. Im übrigen bleibt es auch künftig dabei, dass die gerichtlich protokollierten und notariell beurkundeten Darlehensverträge nicht widerruflich sind. Nicht unwichtig ist im übrigen, dass der bisher in § 3

98 BT-Drucks. 14/6857, S. 58 (zu Nr. 81).

99 BT-Drucks. 14/6857, S. 58 (zu Nr. 81).

100 Vgl. BGHZ 131, 66, 70 f.; MünchKomm-*Habersack* (Fn. 5), § 9 VerbrKrG Rdn. 56; kritisch zu § 358 Abs. 2 Satz 3 auch *Schäfer* (Fn. 8), § 7 Rdn. 39.

101 Zur Streichung des § 491 Abs. 3 Nr. 1 s. noch unter IV. 2.

Abs. 2 Nr. 4 VerbrKrG und bis einschließlich 31.7.2002 in § 491 Abs. 3 Nr. 3 und sodann in § 491 Abs. 3 Nr. 2 geregelte Ausnahmetatbestand betreffend finanzierte Spekulationsgeschäfte eine nicht unerhebliche Ausweitung erfahren hat.[102] Galt dieser bislang nur für finanzierte Wertpapier-, Devisen- und Edelmetallgeschäfte, so werden nunmehr auch Darlehensverträge, die der Finanzierung des Erwerbs von *Derivaten* dienen, erfasst. Diese Änderung, deren Reichweite sich wohl nach § 2 Abs. 2 WpHG bemisst, ist zwar in der Sache durchaus zu begrüßen. Sie hätte jedoch eine Erwähnung in der Amtlichen Begründung verdient. Wenn es dort statt dessen heißt, dass § 491 Abs. 3 „bis auf redaktionelle Anpassungen an die Diktion des Darlehensrechts und die Anpassung von Verweisungen – dem bisherigen § 3 Abs. 2 VerbrKrG" entspreche, so kann man dies nur mit Verwunderung zur Kenntnis nehmen.

Schließlich fällt auf, dass die §§ 358 f. auch in §§ 499, 500, 501 in Bezug genommen werden, was nichts anderes bedeutet, als dass die Vorschriften über verbundene Verträge auch auf Finanzierungshilfen im allgemeinen sowie auf Finanzierungsleasingverträge und Teilzahlungsgeschäfte im besonderen Anwendung finden sollen. Nun ist die Frage, ob § 9 VerbrKrG auf Finanzierungsleasingverträge anzuwenden ist, bekanntlich sehr umstritten; nach zutreffender und wohl herrschender Meinung ist sie grundsätzlich und vorbehaltlich des Abschlusses eines Kaufvertrags mit Leasingfinanzierungsklausel durch den Verbraucher zu verneinen.[103] Nicht ernsthaft vertreten lässt sich dagegen, dass der Zahlungsaufschub und damit auch das Teilzahlungsgeschäft unter die Kategorie der verbundenen Verträge zu fassen seien, ist es hier doch gerade der Lieferant oder Erbringer der Leistung, der unter Verzicht auf die Hinzuziehung eines Finanzierers das Entgelt stundet und damit den Kredit gewährt. Ausweislich der Amtlichen Begründung zu §§ 499, 500, 501 hat der Gesetzgeber die Problematik nicht reflektiert, was

---

102 Auf Vorschlag des Bundesrates hat sich die Bundesregierung in ihrer Gegenäußerung dafür ausgesprochen, § 358 Abs. 1 BGB-E aus der Verweisung in § 491 Abs. 2 Nr. 3 BGB-E zu streichen (BT-Drucks. 14/6857, S. 65, zu Nr. 114), so dass der Widerruf des finanzierten Geschäfts nunmehr zur Unwirksamkeit des Finanzierungsdarlehens führt. Angesichts des § 312b Abs. 3 Nr. 3 (= § 1 Abs. 3 Nr. 3 FernAbsG) kommt dem freilich keine nennenswerte Bedeutung zu.

103 Näher *Habersack* (Fn. 5), § 9 VerbrKrG Rdn. 143 ff. m.w.N.

auch durch §§ 358, 359 selbst bestätigt wird, wo ungeachtet des allgemeinen Charakters dieser Vorschriften durchweg vom „Darlehensvertrag“ und nicht von Finanzierungshilfen die Rede ist. Zurückzuführen ist die Bezugnahme auf §§ 358 f. in §§ 499 ff. vielmehr darauf, dass § 9 VerbrKrG (die Vorgängervorschrift zu §§ 358 f.) zwar gleichfalls nur auf Finanzierungsdarlehen anwendbar war, diese Beschränkung indes in seinem Wortlaut nicht zum Ausdruck brachte; dieser sprach vielmehr allgemein von einem mit dem Kaufvertrag verbundenen „Kreditvertrag“, was dem Gesetzgeber der Schuldrechtsmodernisierung in seinem Bestreben, das Verbraucherkreditgesetz ohne sachliche Änderungen, aber mit neuer Systematik in das BGB einzustellen, Anlass gab, die Geltung der §§ 358 f. für sämtliche Kreditverträge, mithin auch für Finanzierungshilfen, anzuordnen. Auch für das Finanzierungsleasing kann dieser Befund nur bedeuten, dass der Gesetzgeber den Streit hinsichtlich der Anwendbarkeit der Regeln über verbundene Verträge nicht entscheiden wollte.[104]

b) Einwendungsdurchgriff

Der bislang in § 9 Abs. 3 VerbrKrG geregelte Einwendungsdurchgriff findet sich nun in § 359. Auch künftig handelt es sich bei dem Einwendungsdurchgriff um ein spezifisches Problem des Verbraucherdarlehens, weshalb er besser im Kontext der §§ 491 ff. geregelt worden wäre.[105] Der Anwendungsbereich des § 359 beurteilt sich nach § 491 Abs. 1 bis 3; wie im Rahmen des § 358 kommt es auf den Inhalt des finanzierten Geschäfts nicht an.[106] In inhaltlicher Hinsicht sind drei Änderungen gegenüber § 9 VerbrKrG zu verzeichnen. Die erste betrifft die in § 359 Satz 3 geregelte partielle Subsidiarität des Einwendungsdurchgriffs; sie ist an die Neukonzeption des

104 Zustimmend *Schäfer* (Fn. 8), § 7 Rdn. 52.
105 So auch *Köndgen,* WM 2001, 1637, 1646.
106 Zum Einwendungsdurchgriff in den Fällen des finanzierten Beitritts zu einer Personengesellschaft s. BGH NJW 2000, 3558, 3560 = WM 2000, 1685; BGH WM 2000, 1687, 1689; OLG München DB 2000, 2588, 2589 mit Anm. *Edelmann*; OLG Stuttgart ZIP 2001, 692, 697; LG Stuttgart WM 2001, 140, 143 f.; näher MünchKomm-*Habersack* (Fn. 49), § 359 Rdn. 17, dort auch dazu, dass sich etwaige Schadensersatzansprüche des Anlegers regelmäßig nur gegen die Initiatoren richten und schon deshalb keine Einwendung (im Sinne des § 359) gegenüber der Gesellschaft zu begründen vermögen.

Kaufrechts angepasst worden und als solche unproblematisch. Die zweite Änderung bezieht sich auf den Ausnahmetatbestand des § 359 Satz 2, dem zufolge auf nachträglicher Vereinbarung zwischen Verbraucher und Verkäufer basierende Einwendungen dem Darlehensgeber nicht entgegengehalten werden können.[107] Er soll auch den Fall erfassen, dass Erbringer der finanzierten Leistung und Darlehensgeber identisch sind.[108] Dies leuchtet freilich nicht ohne weiteres ein: Lässt sich der Verkäufer im nachhinein auf eine zu seinen Lasten gehende Änderung des Kaufvertrags ein, so ist nicht einzusehen, weshalb der Verbraucher die aus der Vertragsänderung resultierende Einrede nicht auch dem Anspruch des – mit dem Darlehensgeber identischen – Verkäufers auf Rückzahlung des Darlehens entgegenhalten können soll. Die dritte Änderung schließlich resultiert aus der zum 1.8.2002 erfolgten Ergänzung des in § 358 Abs. 3 geregelten Tatbestands verbundener Geschäfte um einen Sondertatbestand für finanzierte Grundstücksgeschäfte; auf ihn ist sogleich zurückzukommen.

Auch im Zusammenhang mit dem Einwendungsdurchgriff des § 359 ist auf ein gesetzgeberisches Missgeschick hinzuweisen. § 359 stellt nämlich allgemein auf das Vorliegen eines Verbraucherdarlehensvertrags ab. Verbraucherdarlehensverträge sind aber auch die in § 491 Abs. 2 und 3 genannten Verträge. Während allerdings § 491 Abs. 3 Nr. 2 (n.F.) ausdrücklich die Nichtgeltung des § 359 vorsieht, fehlt es hinsichtlich der Verträge des § 491 Abs. 2 an einer entsprechenden Klarstellung. Auch insoweit hilft allein eine historische, das VerbrKrG und dessen Systematik einbeziehende Auslegung. Zu berücksichtigen ist nämlich, dass § 3 Abs. 1 VerbrKrG als Vorgängervorschrift zu § 491 Abs. 2 die Unanwendbarkeit des gesamten VerbrKrG und damit auch der Regeln über verbundene Geschäfte bestimmt hat. Da mit der Verortung des an die Stelle des § 9 Abs. 3 VerbrKrG getretenen § 359 in das Allgemeine Schuldrecht keine sachliche Änderung einher gehen sollte, muss davon ausgegangen werden, dass die frühere Rechtslage auch insoweit nicht angetastet werden sollte. Zudem wäre es wertungswidersprüchlich, § 359

107 Näher zu telos und Reichweite dieses Ausnahmetatbestands MünchKomm-*Habersack* (Fn. 5), § 9 Rdn. 98.

108 S. Stellungnahme des Bundesrates, BT-Drucks. 14/6857, S. 24 (zu Nr. 83); Gegenäußerung der Bundesregierung, BT-Drucks. 14/6857, S. 58 (zu Nr. 83).

zwar nicht auf die Verbraucherdarlehensverträge des § 491 Abs. 3 Nr. 2, wohl aber auf diejenigen des § 491 Abs. 2 anzuwenden.[109]

§ 359 enthält eine in jeder Hinsicht abschließende Regelung. Ausgeschlossen ist deshalb zunächst die Ausdehnung des Einwendungsdurchgriffs auf Unternehmer, und zwar sowohl mittels Analogie zu § 359 als auch auf der Grundlage von Aufklärungspflichten betreffend das Aufspaltungsrisiko.[110] Ausgeschlossen ist des weiteren der vor allem in der instanzgerichtlichen Rechtsprechung[111] erwogene Rückgriff auf den vermeintlich aus § 242 herzuleitenden „allgemeinen" Einwendungsdurchgriff in Fällen, in denen § 359 nach § 491 Abs. 3 Nr. 1 a.F. nicht anwendbar ist oder die besonderen Voraussetzungen des § 358 Abs. 3 Satz 3 nicht vorliegen;[112] ihm steht entgegen, dass § 359 (ebenso wie bereits § 9 VerbrKrG) *an die Stelle* des zuvor durch die Rechtsprechung entwickelten Einwendungsdurchgriffs getreten ist und dessen Voraussetzungen und Rechtsfolgen im übrigen nicht unwesentlich modifiziert hat.[113] Die Ergänzung des § 358 Abs. 3 um den schon erwähnten, sogleich unter c) näher darzustellenden Sondertatbestand des finanzierten Grundstückserwerbs hat indes immerhin dieses Konkurrenzproblem entschärft. Schließlich ist § 359 auch insoweit abschließender Natur, als es um die

---

109 Für Unanwendbarkeit des § 359 auf die in § 491 Abs. 2 genannten Verträge auch *Palandt/Heinrichs*, BGB, 61. Aufl., Ergänzungsband, 2002, § 359 Rdn. 2.

110 MünchKomm-*Habersack* (Fn. 49), § 359 Rdn. 20; für abschließenden Charakter des § 9 VerbrKrG auch *Lieb* WM 1991, 1540 ff.; *Scholz*, Verbraucherkreditverträge, Rdn. 377; *Staudinger/Kessal-Wulf* (Fn. 65), § 9 VerbrKrG Rdn. 46; a.A. *Canaris*, ZIP 1993, 401, 411 f.; *Reinking*, FLF 1993, 174, 175; *Dürbeck*, Der Einwendungsdurchgriff nach § 9 Abs. 3 VerbrKrG, 1994, S. 109 ff.; *Bülow* (Fn. 65), § 9 VerbrKrG Rdn. 11; *Emmerich*, in: Graf v. Westphalen/Emmerich/v. Rottenburg § 9 VerbrKrG Rdn. 62; *Mülbert*, ÖBA 1993, 186, 188, 189.

111 Geprüft etwa von OLG Köln WM 2002, 118, 122 und WM 1994 197; OLG Hamm WM 1998, 1230, 1233 und WM 1999, 1056, 1057; OLG Braunschweig WM 1998, 1223, 1226; LG München BKR 2002, 230, 233; LG Ulm WM 2000, 825; LG Stuttgart WM 1999, 1822, 1827; weitergehend und ohne jede Prüfung des § 9 VerbrKrG auch BGH NJW 2000, 3065, 3066.

112 Wie hier auch *Staudinger/Kessal-Wulf* (Fn. 65), § 9 VerbrKrG Rdn. 46; *Pfeiffer*, ZBB 1996, 304, 319 f.

113 Insbesondere scheitert der Einwendungsdurchgriff nach § 359 weder an der auf Steuervermeidung gerichteten Motivation noch an der Aufklärung des Verbrauchers (s. die Nachw. in Fn. 96); bezeichnenderweise sieht denn auch die in Fn. 111 zitierte Rechtsprechung die Voraussetzungen des „allgemeinen" Einwendungsdurchgriffs genau aus diesen Gründen als nicht gegeben an.

Ausnahmetatbestände geht; insbesondere ist es nicht möglich, dem Verbraucher in Fällen, in denen verbundene Verträge, nicht aber die Voraussetzungen des § 491 Abs. 3 Nr. 2 vorliegen, den Einwendungsdurchgriff deshalb zu versagen, weil er über das Aufspaltungsrisiko aufgeklärt ist.[114]

c) Finanzierte Grundstücksgeschäfte im Besonderen

aa) Überblick

Die wohl gewichtigste, erst durch die Reparaturnovelle geschaffene Neuerung ist in der Ergänzung des § 358 Abs. 3 um einen neuen Satz 3 zu sehen. Danach ist bei einem finanzierten Erwerb eines Grundstücks oder eines grundstücksgleichen Rechts eine wirtschaftliche Einheit immer, aber auch nur dann anzunehmen, wenn der Darlehensgeber selbst das Grundstück oder das grundstücksgleiche Recht verschafft oder wenn er über die Zurverfügungstellung von Darlehen hinaus den Erwerb des Grundstücks oder grundstücksgleichen Rechts durch Zusammenwirken mit dem Unternehmer in der in § 358 Abs. 3 Satz 3 beschriebenen Weise fördert. Die Folgen dieser Neuregelung sind beträchtlich. Liegen ihre Voraussetzungen vor, so hat der Widerruf des (nach §§ 495, 506 n.F. grundsätzlich widerruflichen, s. unter 2. c), 4.) Immobiliardarlehensvertrags zunächst zur Folge, dass der Verbraucher nach § 358 Abs. 2 Satz 1 auch an das verbundene Grundstücksgeschäft nicht mehr gebunden ist. Dies gilt ungeachtet des Umstands, dass das finanzierte Geschäft in aller Regel notariell beurkundet ist und deshalb *als solches* nach § 312 Abs. 3 Nr. 3 selbst dann nicht widerrufen werden kann, wenn es sich um ein Haustürgeschäft handelt. Zusätzlich gelangt der in § 359 geregelte Einwendungsdurchgriff zur Anwendung, so dass der Verbraucher Einwendungen und Einreden aus dem verbundenen Erwerbsgeschäft und damit insbesondere die Mangelhaftigkeit des Bauwerks mit Fehlschlagen der Nacherfüllung auch dem Darlehensgeber einredeweise entgegenhalten kann.

Es verdient Hervorhebung, dass die Neuregelung in § 358 Abs. 3 Satz 3 weder durch die Richtlinie über Haustürgeschäfte noch durch diejenige über den Verbraucherkredit vorgegeben ist. In seiner Abschlussentscheidung in Sachen Heininger hat denn auch der *XI. Zivilsenat* des BGH zu Recht ausgeführt, dass der Widerruf des Realkreditvertrags nach der unmissverständ-

114 S. Nachw. in Fn. 96.

lichen Regelung in § 3 Abs. 2 Nr. 2 VerbrKrG, die ihrerseits auf eine ständige Rechtsprechung des BGH zum finanzierten Abzahlungskauf zurückgeht, nicht auf das finanzierte Grundstücksgeschäft durchschlägt: „Denn bei einem Immobilienkauf weiß auch der rechtsunkundige und geschäftsunerfahrene Laie, dass Kreditgeber und Immobilienverkäufer in der Regel verschiedene Personen sind."[115] Mit der neuen Vorschrift des § 358 Abs. 3 Satz 3 hat sich der Gesetzgeber von dieser Prämisse zumindest partiell verabschiedet. Freilich ging der Ausschluss des Widerrufs- und Einwendungsdurchgriffs durch § 3 Abs. 2 Nr. 2 VerbrKrG, § 491 Abs. 3 Nr. 1 a.F. schon immer mit einer ständigen Rechtsprechung einher, der zufolge der Darlehensgeber auch im Fall der Finanzierung von Grundstücksgeschäften insbesondere dann unter dem Gesichtspunkt der Verletzung von Aufklärungspflichten haftbar sein kann, wenn er über einen Wissensvorsprung über spezielle Risiken des zu finanzierenden Vorhabens verfügt oder er seine Kreditgeberrolle überschreitet, indem er sich offen in die unternehmerische Planung, Werbung oder Durchführung des Projekts einschaltet.[116] Just an diese Relativierung des Trennungsprinzips lehnt sich die Neuregelung an, wenn es in den Materialien heißt, dass es für das Vorliegen eines verbundenen Grundstücksgeschäfts zwar nicht genüge, wenn sich der Darlehensgeber bei Abschluss des Darlehensvertrags in irgendeiner Form der Mitwirkung des Veräußerers bediene, dass die Durchgriffshaftung indes dann unter dem Gesichtspunkt des Förderns des Immobilienerwerbs gerechtfertigt sei, wenn sich der Darlehensgeber in die Planung und/oder Durchführung des finanzierten Projekts einschaltet und dadurch seine Rolle als Kreditgeber verlässt.[117]

---

115 BGH ZIP 2002, 1075, 1080; s. dazu aber auch *Ulmer*, ZIP 2002, 1080, 1083; *Hoffmann*, ZIP 2002, 1066 ff.

116 S. etwa BGH NJW 2000, 3358, 3359; 1999, 2032; 2000, 2352; OLG Frankfurt/M. WM 2002, 549, 550 ff.; OLG Bamberg WM 2002, 537, 541 ff.; OLG Karlsruhe BKR 2002, 128, 129 ff.; OLG Köln WM 2002, 117, 120 ff.; ZIP 2002, 607; zu weiteren Nachweisen und sonstigen Tatbeständen eigener Aufklärungspflichten der Bank in Bezug auf das finanzierte Geschäft s. *Nobbe*, Bankrecht – Aktuelle ober- und höchstrichterliche Rechtsprechung, 1999, Rdn. 464 ff.

117 BT-Rechtsausschuß, BT-Drucks. 14/9266, S. 46 f.

bb) Der Tatbestand des finanzierten Grundstücksgeschäfts

Die Vorschrift des § 358 Abs. 3 Satz 3 enthält eine *Einschränkung* des Tatbestands der wirtschaftlichen Einheit für den Sonderfall des finanzierten Erwerbs eines Grundstücks oder eines grundstücksgleichen Rechts. Danach bilden der Verbraucherdarlehensvertrag und das finanzierte Grundstücksgeschäft nur dann eine wirtschaftliche Einheit, wenn der Darlehensgeber selbst das Grundstück verschafft oder durch Zusammenwirken mit dem Unternehmer den Erwerb der Immobilie fördert. Dies ist vor dem Hintergrund zu sehen, dass die schon erwähnte zeitgleiche Aufhebung des § 491 Abs. 3 Nr. 1 a.F. die generelle Widerruflichkeit von Immobiliardarlehensverträgen begründet hat und diese Verträge damit an sich auch den Vorschriften über verbundene Verträge unterfallen. Mit Blick auf die Eigenarten der Immobilienfinanzierung[118] erschien es dem Gesetzgeber indes geboten, den Tatbestand des verbundenen Grundstücksgeschäfts eigenständig zu regeln und dadurch sicherzustellen, dass Widerrufs- und Einwendungsdurchgriff nur unter besonderen Voraussetzungen eröffnet sind. Demgemäß handelt es sich bei Abs. 3 Satz 3 um eine abschließende Regelung, die sowohl die Tatbestände des Abs. 3 Satz 2 als auch den Grundtatbestand des Abs. 3 Satz 1 verdrängt. Die Folge ist, dass weder ein arbeitsteiliges Zusammenwirken von Unternehmer und Darlehensgeber i.S.d. Abs. 3 Satz 2 noch der Ausschluss des Verbrauchers von der freien Verfügung über das Darlehen die erforderliche wirtschaftliche Einheit zu begründen vermag; Widerrufs- und Einwendungsdurchgriff sind vielmehr nur bei Identität von Unternehmer und Darlehensgeber sowie bei einer relevanten Absatzförderung durch den Darlehensgeber eröffnet.

Auch der Tatbestand des finanzierten Grundstücksgeschäfts setzt zunächst voraus, dass das Darlehen der Finanzierung des Erwerbsgeschäfts dient. Zusätzlich müssen die besonderen Voraussetzungen des Abs. 3 Satz 3 vorliegen. So muss der finanzierte Vertrag auf den Erwerb eines Grundstücks oder eines *grundstücksgleichen Rechts* gerichtet sein. Neben der Finanzierung des Er-

118 Der BT-Rechtsausschuss (BT-Drucks. 14/9266, 46) weist u.a. darauf hin, dass speziell die in der Immobilienfinanzierung tätigen Kreditinstitute in der Mehrzahl der Fälle darauf angewiesen sind, sich in irgendeiner Form der Mitwirkung des Veräußerers zu bedienen (etwa dadurch, dass der Veräußerer dem Erwerber eine Finanzierungsvollmacht zur Belastung des Grundstücks erteilt).

werbs von Grundeigentum (sei es in Form von Allein- oder von Miteigentum) ist demnach auch der Erwerb eines dem Eigentum ähnlichen Rechts an einem Grundstück erfasst. Hierzu zählen das Erbbaurecht und das Teilzeit-Wohnrecht i.S.d. §§ 481 ff., nicht dagegen die Dienstbarkeiten i.S.d. §§ 1018 ff., ferner die Mitgliedschaft in einer Gesellschaft, und zwar auch dann nicht, wenn das Gesellschaftsvermögen im wesentlichen aus Grundstücken besteht.[119] Bei dem Darlehensvertrag muss es sich des weiteren, ohne dass dies im Wortlaut des Abs. 3 Satz 3 zum Ausdruck kommt, um einen *Immobiliardarlehensvertrag* i.S.d. § 492 Abs. 1a Satz 2 handeln, mithin um einen Verbraucherdarlehensvertrag, bei dem die Zurverfügungstellung des Darlehens von der Sicherung durch ein Grundpfandrecht abhängig gemacht wird (oder bei dem gemäß § 7 Abs. 3 bis 5 BauSpkG von einer entsprechenden Sicherung abgesehen wird) und zu Bedingungen erfolgt, die für grundpfandrechtlich abgesicherte Darlehensverträge und deren Zwischenfinanzierung üblich sind.

Hinsichtlich des Merkmals der wirtschaftlichen Einheit als zentraler Voraussetzung eines finanzierten Grundstücksgeschäfts lehnt sich § 358 Abs. 3 Satz 3 zwar an die in § 358 Abs. 3 Satz 2 geregelten Tatbestände an, modifiziert aber den Tatbestand des arbeitsteiligen Zusammenwirkens von Darlehensgeber und Unternehmer nicht unerheblich. Ohne sachliche Änderung übernommen ist dagegen der Tatbestand der *Identität von Darlehensgeber und Unternehmer;* das Verschaffen des Grundstücks[120] durch den Darlehensgeber entspricht mit anderen Worten der in Abs. 3 Satz 2 geregelten Finanzierung der Gegenleistung durch den Unternehmer.[121] Maßgebend ist die rechtliche Identität von Unternehmer und Darlehensgeber; bei gesellschaftsrechtlich begründeter oder wirtschaftlicher Verflechtung beider kann die wirtschaftliche Einheit demnach allein auf die Absatzförderung durch den Darlehensgeber gegründet werden.

Was das arbeitsteilige Zusammenwirken von Darlehensgeber und Unternehmer betrifft, so wählt Abs. 3 Satz 3 einen gegenüber Abs. 3 Satz 2 gänzlich anderen Ansatz: Während Abs. 3 Satz 2, geprägt durch das klassische B-Geschäft, darauf abstellt, dass der Unternehmer den Abschluss auch des Darlehensvertrags fördert, verlangt Abs. 3 Satz 3, dass der Darlehensgeber

---

119 Zum finanzierten Beitritt s. MünchKomm-*Habersack* (Fn. 49), § 358 RdNr. 14.
120 Ihm gleich steht ein grundstücksgleiches Recht, s. soeben im Text.
121 Vgl. BT-Rechtsausschuss, BT-Drucks. 14/9266, S. 46.

seinerseits den *Erwerb der Immobilie durch Zusammenwirken mit dem Unternehmer fördert* und dadurch seine Rolle als Kreditgeber überschreitet. Ein solchermaßen *rollenwidriges Verhalten* ist nach der schlussendlich Gesetz gewordenen[122] Fassung des Abs. 3 Satz 3 nur unter der Voraussetzung gegeben, dass der Darlehensgeber sich die Veräußerungsinteressen des Unternehmers ganz oder teilweise zu eigen macht, bei der Planung, Werbung oder Durchführung des Projekts Funktionen des Veräußerers übernimmt oder den Veräußerer einseitig begünstigt. Mit den genannten Tatbeständen greift Abs. 3 Satz 3 gezielt wichtige Fallgruppen der bereits erwähnten Rechtsprechung zu den Aufklärungspflichten des Darlehensgebers auf.[123] Durch die Neuregelung und den durch sie eröffneten Widerrufs- und Einwendungsdurchgriff hat sich diese Rechtsprechung erledigt, und zwar auch in Fällen, in denen der ordnungsgemäß belehrte Verbraucher von seinem Widerrufsrecht keinen Gebrauch gemacht hat und die verbundenen Verträge bindend geworden sind; Aufklärungspflichten des Darlehensgebers lassen sich mit anderen Worten nicht mehr aus einem – nunmehr von Abs. 3 Satz 3 erfassten – rollenwidrigen Verhalten des Darlehensgebers, sondern nur noch aus anderen Gründen[124] herleiten.

Die in Abs. 3 Satz 3 eigens hervorgehobenen Tatbestände des Zusammenwirkens von Unternehmer und Darlehensgeber verstehen sich als abschließende Konkretisierungen des allgemeinen Tatbestands der Absatzförderung; verbundene Verträge liegen mit anderen Worten nur dann vor, wenn der Darlehensgeber den Erwerb der Immobilie in der in Abs. 3 Satz 3 genannten, durch Rückgriff und Fortentwicklung der Rechtsprechung zu den Aufklärungspflichten zu konkretisierenden Weise fördert. Allein in der „Zurverfügungstellung von Darlehen" kann eine relevante Absatzförderung im übrigen auch dann nicht gesehen werden, wenn der Darlehensgeber sowohl den Unternehmer als auch den Verbraucher finanziert oder zu finanzieren beabsichtigt.[125]

---

122 § 358 Abs. 3 Satz 3 ist im Vermittlungsverfahren nicht unerheblich geändert worden, s. BR-Drucks. 614/02; zu der zunächst vorgeschlagenen Fassung s. BT-Drucks. 14/9266, BR-Drucks. 503/02 und dazu *Derleder,* ZBB 2002, 202, 210 f.

123 S. die Nachw. in Fn. 116.

124 S. die Nachw. in Fn. 116.

125 BT-Rechtsausschuss, BT-Drucks. 14/9266, S. 47.

Das Fördern des Erwerbs des Grundstücks muss stets im *Zusammenwirken mit dem Unternehmer* erfolgen. Erforderlich ist also, dass sich der Darlehensgeber im Einvernehmen mit dem Unternehmer in der beschriebenen Art und Weise in den Vertrieb der Immobilie einschaltet. Im übrigen bewendet es auch für Grundstücksgeschäfte dabei, dass das Vorliegen verbundener Verträge ausschließlich anhand des Tatbestands des Abs. 3 Satz 3 und in typisierender Betrachtung zu ermitteln ist. Auch soweit die wirtschaftliche Einheit darauf gründet, dass der Darlehensgeber bei der Planung, Werbung oder Durchführung des Projekts Funktionen des Veräußerers übernimmt, kommt es also auf die davon zu unterscheidende Frage, ob der Verbraucher über das Aufspaltungsrisiko aufgeklärt ist, nicht an.

6. Verzug des Verbrauchers

Die Rechtsfolgen des Verzugs des Verbrauchers sind nun in §§ 497 f. geregelt. Während § 498 betreffend die Gesamtfälligstellung, von redaktionellen Anpassungen abgesehen, dem bisherigen § 12 VerbrKrG entspricht, weist § 497 gegenüber § 11 VerbrKrG zwei inhaltliche Änderungen auf.[126] So regelt § 497 Abs. 1 Satz 2 nunmehr[127] auch den Regelverzugsschaden bei *Realkrediten* und beziffert diesen auf zweieinhalb Prozentpunkte über dem Basiszinssatz. Des weiteren war § 11 Abs. 3 Satz 3 VerbrKrG an die Neuregelung des *Verjährungsrechts* anzupassen.

IV. Finanzierungsleasing

1. Überblick

Auch nach seiner Reform wird das BGB, von dem schon erwähnten, der richtlinienkonformen Auslegung bedürftigen § 500 abgesehen, keine Rege-

---

126 Näher zu diesen *Wittig/Wittig*, WM 2002, 145, 153 f., 155; *Habersack*, BKR 2001, 72, 77.

127 Zur Rechtslage unter Geltung des VerbrKrG s. *Bruchner*, in: Schimansky/Bunte/Lwowski, Bankrechts-Handbuch, 2. Aufl., 2001, § 80 Rdn. 26 ff.; ferner *Bülow* (Fn. 65), § 3 Rdn. 101; *Staudinger/Kessal-Wulf* (Fn. 65), § 11 VerbrKrG Rdn. 15.

lung des Finanzierungsleasingvertrags enthalten. Gleichwohl ist das Finanzierungsleasing durch die Reform substantiell betroffen. Dies gilt zunächst hinsichtlich der Verwertung des Leasinggutes durch den Leasinggeber oder den sich an den Ablauf der Grundlaufzeit anschließenden Erwerb des Leasinggegenstands durch den Leasingnehmer; insoweit bereitet insbesondere die in § 475 vorgesehene Unabdingbarkeit der Mängelhaftung bei Veräußerung an einen Verbraucher Probleme.[128] Aber auch das eigentliche Leasingverhältnis ist betroffen. Da nämlich dem Leasingnehmer durch die Ausgestaltung des Leasingvertrags und dessen Verzahnung mit dem Kaufvertrag zwischen Leasinggeber und Lieferant eine zumindest käuferähnliche Stellung eingeräumt wird, schlagen die Änderungen des Kaufrechts auf das Rechtsverhältnis zwischen Leasinggeber und Leasingnehmer durch. Von herausragender Bedeutung sind insoweit die Verlängerung der Gewährleistungsfrist und die Ausweitung des Begriffs des Sachmangels, ferner die Ausgestaltung der Sachmangelfreiheit als Leistungspflicht des Verkäufers. Die Vermutung des § 476, wonach ein Mangel bereits bei Gefahrübergang vorhanden war, und die Vorschrift des § 475 betreffend die zwingende Geltung wesentlicher Teile des allgemeinen Kaufrechts finden dagegen auf das Verhältnis zwischen Leasinggeber und Lieferant keine Anwendung.[129] Hieran vermag auch die „Abtretungskonstruktion" nichts zu ändern.[130]

2. *Auswirkungen eines Sachmangels auf den Leasingvertrag*

Die Neuregelung des Kaufrechts wirft vor allem die Frage auf, unter welchen Voraussetzungen Mängel des Leasinggutes die Zahlungspflicht des Leasingnehmers in Wegfall bringen. Unter Geltung des alten Kaufrechts war dies bekanntlich erst mit gerichtlichem oder außergerichtlichem Vollzug der Wandelung der Fall; sie sollte den Wegfall der Geschäftsgrundlage des Leasingvertrags mit Wirkung ex tunc zur Folge haben.[131] Mit Ersetzung des Rechts

128 Dazu *Assies*, in Lang/Assies/Werner (Fn. 81), S. 229 f.; *Graf v. Westphalen*, ZGS 2002, 89 ff.

129 Verkannt von *Assies*, BKR 2002, 317.

130 S. dazu noch unter 3.

131 BGHZ 68, 118, 126 = NJW 1977, 848; BGHZ 114, 57, 61 = NJW 1991, 1746; im wesentlichen zustimmend MünchKomm-*Habersack* (Fn. 5), Leasing Rdn. 84 f. m.w.N.

auf Wandelung durch das Rücktrittsrecht des § 437 Nr. 2 wird man die nämliche Wirkung nicht der Rücktrittserklärung des Leasingnehmers,[132] sondern dem der Klage auf Rückzahlung des Kaufpreises stattgebenden Urteil zusprechen können.[133] Entsprechendes gilt für das aus § 320 folgende Leistungsverweigerungsrecht des Leasingnehmers; es entsteht nicht schon mit Rücktrittserklärung (und schon gar nicht mit Geltendmachung des Anspruchs auf Nacherfüllung), sondern – in sachlicher Übereinstimmung mit dem bislang geltenden Recht – mit klagweiser Geltendmachung des Rückzahlungsanspruchs,[134] wobei es dem Leasinggeber erlaubt ist, den Leasingnehmer zur Hinterlegung oder Sicherung der bis zur Rechtskraft des Urteils anfallenden Raten zu verpflichten.[135]

Hieran schließt sich die weitere Frage an, ob unter Geltung des neuen § 313 die Vorstellung eines rückwirkenden Wegfalls der Geschäftsgrundlage aufrechterhalten werden kann, bestimmt doch dessen Abs. 3 Satz 2, dass bei einem Dauerschuldverhältnis – und um ein solches handelt es sich bei dem Leasingvertrag – an die Stelle des im allgemeinen bei Unmöglichkeit der Vertragsanpassung bestehenden Rücktrittsrechts das Recht zur Kündigung und damit ein nur für die Zukunft wirkender Rechtsbehelf tritt.[136] Indes erschöpft sich die Begründung des Regierungsentwurfs zu § 313 Abs. 3 Satz 2 in der Feststellung, dass mit der Ersetzung des Rücktritts- durch ein Kündigungsrecht „die bereits jetzt bestehende allgemeine Auffassung in das Gesetz übernommen" werde. Sachliche Änderungen des Rechts des Finanzierungsleasing gehen also mit § 313 Abs. 3 Satz 2 nicht einher: Wie bereits unter dem alten Schuldrecht wird es wohl auch unter Geltung des § 313 dabei bewenden, dass der Leasingnehmer mit erfolgreicher Geltendmachung des

---

132 So aber *Graf v. Westphalen*, ZIP 2001, 2258 f., 2261; dagegen auch *Assies*, BKR 2002, 317, 318; *Zahn*, DB 2002, 985, 987.

133 Vorbehaltlich eines kollusiven Verhaltens ist dem Urteil wohl das Eingeständnis des Verkäufers hinsichtlich der Rücktrittsberechtigung gleichzustellen; s. zum alten Recht MünchKomm-*Habersack* (Fn. 5), Leasing Rdn. 78 f.

134 A.A. *Graf v. Westphalen*, ZIP 2001, 2258 f., freilich die Pflicht des Verkäufers gegenüber dem Leasinggeber und die – abbedungene – Pflicht des Leasinggebers gegenüber dem Leasingnehmer vermengend; dagegen zu Recht *Assies*, BKR 2002, 317, 318; *Zahn*, DB 2002, 985, 986 f.

135 *Assies*, BKR 2002, 317, 318.

136 Für Abwicklung mit Wirkung ex nunc denn auch *Arnold*, DStR 2002, 1049, 1053 f.

gegen den Lieferanten gerichteten Anspruchs auf Rückzahlung des Kaufpreises an den Leasinggeber Anspruch auf Rückzahlung der bereits geleisteten Raten hat. Die weitere Entwicklung bleibt allerdings abzuwarten. Auch mag § 313 Abs. 3 Satz 2 der Rechtsprechung Anlass geben, als Grundlage des Rückgewähranspruchs nicht mehr § 812, sondern – entsprechend einem zum alten Recht ergangenen Vorschlag – § 326 Abs. 4 (= § 323 Abs. 3 a.F.) iVm. § 346 heranzuziehen.[137]

3. *Der kaufvertragliche Anspruch auf Nacherfüllung im Besonderen*

Die Gefahr schließlich, dass die Neukonzeption des Kaufrechts, insbesondere die Ausgestaltung der Mangelfreiheit als Teil der Verkäuferpflicht und die damit einhergehende Nacherfüllungspflicht, das wirtschaftliche Eigentum des Leasinggebers und damit die steuerliche Attraktivität des Leasing beseitigt, scheint mir entgegen der Ansicht *Graf v. Westphalens*[138] nicht zu bestehen. Denn es kommt für das wirtschaftliche Eigentum des Leasinggebers entscheidend darauf an, dass dem Herausgabeanspruch nach Beendigung des Leasingvertrags noch wirtschaftlicher Wert zukommt; durch eine Verschärfung des Mängelhaftungsrechts wird dies aber eher gefördert denn vereitelt. Der Umstand, dass der Leasingnehmer nunmehr infolge der „Abtretungskonstruktion" nach § 439 Abs. 1 nicht nur Beseitigung des Mangels, sondern auch Lieferung einer mangelfreien Sache verlangen kann, vermag daran nichts zu ändern. Der Anspruch auf Neulieferung ist modifizierter Erfüllungsanspruch, mithin ein Anspruch, dessen Grundlage der ursprüngliche Kaufvertrag zwischen Leasinggeber und Lieferant ist und dessen Geltendmachung zwar die Rückgabe der mangelhaften Sache an den Leasinggeber zur Folge hat, als solche indes weder den Bestand des Kaufvertrags noch den des Leasingvertrags berührt.[139]

---

137 MünchKomm-*Habersack* (Fn. 5), Leasing Rdn. 85 f.

138 *Graf v. Westphalen*, DB 2001, 1291 ff.; *ders.*, ZIP 2001, 2258, 2263; ablehnend *Assies*, in Lang/Assies/Werner (Fn. 81), S. 226, 230.

139 So zu Recht *Assies* (Fn. 81), S. 226, 230; *Oetker/Maultzsch*, Vertragliche Schuldverhältnisse, 2002, S. 704 (Fn. 136); allgemein zur Einordnung des Anspruchs als modifizierter Erfüllungsanspruch *Huber*, in: Huber/Faust, Schuldrechtsmodernisierung, 2002, § 13 Rdn. 45; *ders.*, NJW 2002, 1004, 1005.

Nicht zu verkennen ist allerdings, dass der kaufvertragliche Nacherfüllungsanspruch, soweit er auf die Lieferung einer mangelfreien Sache gerichtet ist, mit dem den Finanzierungsleasingvertrag kennzeichnenden Prinzip der Vollamortisation[140] in Konflikt geraten kann.[141] Da nämlich der Leasinggeber dem Lieferanten, nachdem der Leasingnehmer Neulieferung gewählt hat, gemäß §§ 439 Abs. 4, 346 Abs. 2 Nr. 1 Nutzungsersatz schuldet, der Leasingnehmer indes auch in der Zwischenzeit die Weiterzahlung der Leasingraten schuldet,[142] kann der Leasinggeber seine Nutzungsentschädigungspflicht nicht auf den Leasingnehmer abwälzen.[143] Die Folge ist, dass Vollamortisation nicht garantiert und damit die Verwirklichung eines wesentlichen Vertragszwecks gefährdet ist. Abhilfe kann insoweit nur eine Vereinbarung zwischen dem Leasinggeber und dem Lieferanten schaffen, der zufolge ersterer als Käufer zwar (neben seinen Rechten aus § 437 Nr. 2 und 3) ein Recht auf Beseitigung des Mangels und damit auf Nachbesserung, nicht dagegen ein Recht auf Lieferung einer mangelfreien Sache hat; mit Blick auf die „Abtretungskonstruktion“ hieße dies nämlich, dass auch die Rechte des Leasingnehmers entsprechend beschränkt wären. Einer solchen Lösung stehen nun sicher nicht die in § 475 für den Verbrauchsgüterkauf angeordnete zwingende Geltung der §§ 437, 439 ff. und die Richtlinie über den Verbrauchsgüterkauf[144] entgegen; denn der Leasingnehmer ist nun einmal nicht Käufer, sondern Partei eines Leasingvertrags.[145] Schranken setzt allein das Recht der AGB. Auch insoweit sollte es allerdings nicht zu beanstanden sein, dass der Leasingnehmer als Zessionar der kaufvertrag-

---

140 Näher zu ihm MünchKomm-*Habersack* (Fn. 5), Leasing Rdn. 4, 26, 95 ff.

141 Eingehend *Zahn,* DB 2002, 985, 987 ff.

142 S. unter 2.

143 So zutr. *Zahn,* DB 2002, 985, 987; a.A. *Godefroid*, BB 2002, Beil. 5 zu Heft 27, S. 2, 6 f., und *Jaggy*, ebenda, S. 14, 18 f., sofern der Leasingnehmer an dem erhöhten Nettoerlös bei der späteren Verwertung angemessen beteiligt wird oder ihm das Recht eingeräumt wird, eine Verlängerung der Laufzeit des Leasingvertrags zu verlangen.

144 Richtlinie 1999/44/EG des Europäischen Parlaments und des Rates vom 25. Mai 1999 zu bestimmten Aspekten des Verbrauchsgüterkaufs und der Garantien für Verbrauchsgüter, ABl. EG Nr. L 171/12; auch abgedruckt in NJW 1999, 2421.

145 So auch *Zahn,* DB 2002, 985, 990 ff.; s. ferner für den umgekehrten Fall BGHZ 110, 130, 140 ff. = NJW 1990, 1290 (Geltung der handelsrechtlichen Rügeobliegenheit im Verhältnis Lieferant/Leasinggeber auch dann, wenn der Leasingnehmer kein Kaufmann ist).

lichen Rechte des Leasinggebers neben den Rechten aus § 437 Nr. 2 und 3 nur den eigentlichen Nachbesserungsanspruch hat. Der Inhaltskontrolle sollte die leasingvertragliche Drittverweisungsklausel vielmehr immer dann Stand halten, wenn dem Leasingnehmer Mängelansprüche eingeräumt werden, die zumindest dem Standard des § 309 Nr. 8 lit. b) entsprechen;[146] danach aber ist zwar die Beschränkung des Verbrauchers auf Nacherfüllung unter Ausschluss von Rücktritt und Schadensersatz, nicht aber der Ausschluss des Anspruchs auf Neulieferung unter Anerkennung von Rücktrittsrecht und Schadensersatzanspruch zu beanstanden.

V. Resümee

Zieht man Bilanz, so lässt sich festhalten, dass die Auswirkungen der Schuldrechtsreform auf das Recht der Bankgeschäfte zwar spürbar, aber nicht nachhaltig sind. Dementsprechend moderat war denn auch der Änderungsbedarf hinsichtlich der einschlägigen Klauselwerke. Damit ist indes noch kein Urteil über die Qualität der Schuldrechtsreform gesprochen. Insoweit kann für das *allgemeine Darlehensrecht* festgehalten werden, dass sich der Gesetzgeber mit seinem ausdrücklichen Bekenntnis zur Konsensualvertragslehre und der textlichen Abkehr vom Modell der baren Zahlung zwar um eine gewisse Modernität bemüht, andererseits wirkliche Neuregelungen nicht getroffen hat. Die Ausgestaltung des außerordentlichen Kündigungsrechts des Darlehensgebers ist wenig geglückt, diejenige des Kündigungsrechts des Darlehensnehmers enthält eine – wohl nicht beabsichtigte und in ihren Folgen noch nicht einzuschätzende – Abkehr von der Rechtsprechung des BGH. Nicht viel anders fällt der Befund hinsichtlich des *Verbraucherkreditrechts* aus. Zwar ist die Vereinheitlichung der Regeln über das Widerrufsrecht und die Folgen fehlerhafter Belehrung im Grundsatz und vorbehaltlich des neuen § 355 Abs. 3 Satz 3 durchaus zu begrüßen. Andererseits sind dem Gesetzgeber bei der Integration des VerbrKrG in das BGB einige Fehler unterlaufen,[147] die darauf zurückzuführen sind, dass die bisherige

146 Zum alten Recht s. MünchKomm-*Habersack* (Fn. 5), Leasing Rdn. 72.

147 Nämlich der Verweis auf §§ 358 f. in §§ 499 ff. und die unterbliebene Klarstellung, dass §§ 358 f. in den Fällen des § 491 Abs. 2 unanwendbar sind; s. unter III. 5.

Konzeption, nämlich der Darlehensverträge und Finanzierungshilfen gleichermaßen erfassende Ansatz des VerbrKrG, aufgegeben wurde. Einige Neuerungen, vor allem die Einbeziehung der Derivate in den Katalog des § 491 Abs. 3 Nr. 2 n.F. und die Geltung der Ausnahmetatbestände des § 491 Abs. 2 und 3 auch für die Ratenlieferungsverträge des § 505, sind zwar zu begrüßen, hätten aber eine Erwähnung in den Materialien bedurft. Doppelt missglückt ist die Einbeziehung der Vollmacht in das Schriftformerfordernis des § 492, und zwar zum einen wegen ihres überschießenden, auch widerrufliche Vollmachten betreffenden Charakters, zum anderen wegen der generellen Ausnahme für notarielle Verträge, mit der die den Anlass für die Neuregelung bildenden Sachverhalte dem Schutzbereich des § 492 entzogen sind. Zu bedauern ist weiter, dass es der Gesetzgeber nicht verstanden hat, das lange bekannte Umsetzungsdefizit betreffend Finanzierungsleasingverträge, die auf den Sacherwerb durch den Leasingnehmer zielen, zu beseitigen; statt dessen hat er mit der Herausnahme des Sachdarlehens aus dem Anwendungsbereich der §§ 491 ff. wohl ein weiteres Umsetzungsdefizit geschaffen. Die am 1.8.2002 in Kraft getretene Reparaturnovelle schließlich schießt in weiten Teilen deutlich über das Ziel hinaus. Dies gilt namentlich für die Verallgemeinerung des ad infinitum-Widerrufsrechts und die Befristung des § 506 Abs. 2 bis 4. Der Tatbestand des finanzierten Grundstücksgeschäfts ist dagegen in Anlehnung an die Rechtsprechung zu den Aufklärungspflichten des seine Kreditgeberrolle überschreitenden Darlehensgebers ausgeformt worden und birgt als solcher keine allzu großen zusätzlichen Haftungsrisiken; dies gilt freilich nur unter der Prämisse, dass sich die tatsächliche Handhabung des Tatbestands an der bisherigen Rechtsprechung zu den Aufklärungspflichten orientiert und Widerrufs- und Einwendungsdurchgriff nur in den Fällen eines rollenwidrigen Verhaltens eröffnet werden.

Das Recht der Überweisung ab 1. Januar 2001

Herbert Schimansky, Vors. Richter am BGH a.D., Marxzell

I. Einführung

Seit dem 1. Januar 2002 gilt in Deutschland ein neues – scheinbar einheitliches, in Wahrheit aber dreigeteiltes – Überweisungsrecht. Wir haben erstmals ein gesetzlich geregeltes Rahmenrecht, von dem es je nach dem Bestimmungsort der Überweisung und der Höhe des Überweisungsbetrages unterschiedliche Ausnahmeregelungen durch AGB gibt. Auszugehen ist von einer Grobeinteilung in Inlandsüberweisungen, Überweisungen in Länder der EU sowie des EWR[1] und Überweisungen in andere Staaten (sog. Drittstaatenüberweisungen) – Grobeinteilung deshalb, weil sowohl Inlands- als auch EU/EWR-Überweisungen je nach Höhe und Währung unterschiedlich behandelt werden.

---

1 Zum EWR gehören Liechtenstein, Norwegen und Island.

Anlass für diese Rechtszersplitterung war ausnahmsweise nicht der immer wieder beklagte sog. „Reformstau", sondern eine EG-Richtlinie.[2] Diese Richtlinie sollte Missstände im grenzüberschreitenden Überweisungsverkehr (schleppende Ausführung zu hohen Preisen) wenigstens für den europäischen Wirtschaftsraum beseitigen und darüber hinaus dem Überweisenden in dem von ihm beauftragten Kreditinstitut einen Anspruchsgegner im Inland für sämtliche Ansprüche aus Pflichtverletzungen irgendeiner Bank in der Überweisungskette schaffen. Der Überweisende sollte also der Notwendigkeit enthoben werden, seine Ansprüche im – wenn auch europäischen – Ausland geltend machen zu müssen. Das von ihm beauftragte Institut sollte sich dann bei der Bank erholen können, die den Pflichtenverstoß zu verantworten hatte. Für diesen Regress sieht die Richtlinie von den Mitgliedstaaten zu schaffende einheitliche Anspruchsvoraussetzungen vor. Diese aus Zeitgründen stark vereinfacht dargestellte Richtlinien-Regelung[3] ist ausdrücklich beschränkt auf Überweisungen in einer Währung der Mitgliedstaaten oder in Euro bis zum Gegenwert von 50.000 Euro.

Wäre die Richtlinie „1:1" umgesetzt worden, so hätte für diesen räumlich und gegenständlich beschränkten Bereich grenzüberschreitender Überweisungen ein Sonderrecht gegolten. Für alle anderen Überweisungsvorgänge wäre es beim bisherigen – durch die Rechtsprechung entwickelten und durchaus befriedigenden – Rechtszustand geblieben. Eine solche unterschiedliche Behandlung von Überweisungen war indes in den Augen unseres Gesetzgebers unerträglich. Er beseitigte deshalb die in der Richtlinie aus wohlerwogenen Gründen sogar für den kleinen Bereich der EU-/EWR-Überweisungen gewählte Differenzierung, brach statt dessen mit einer Jahrhunderte andauernden kontinuierlichen Rechtsentwicklung und schuf ein deutsches Sonderrecht, das den äußeren Anschein einer einheitlichen Regelung erweckt. Die europarechtliche Bindung an die Richtlinienvorgabe einerseits, andererseits aber das erstaunliche Unvermögen des deutschen Gesetzgebers, sich mit der Dogmatik des deutschen Bankrechts und der praktischen Abwicklung einer Überweisung vertraut zu machen, haben zu einer Regelung

---

2 Richtlinie 97/5/EG des Europäischen Parlaments und des Rates über grenzüberschreitende Überweisungen (Überweisungsrichtlinie) vom 27. Januar 1997 – ABl Nr. L 43/25 vom 14. Februar 1997.

3 Zu den Einzelheiten vgl. *Schimansky*, Das neue Überweisungsrecht, Bankrecht 2000 (RWS-Forum 17), S. 1 ff.

geführt, die so wenig sachgerecht ist, dass ein höchst kompliziertes System von zulässigen Abweichungen durch AGB-Regelungen eingeführt werden musste.

Man kann in der zur Verfügung stehenden kurzen Zeit nicht die gesamte Umsetzung der Richtlinie durch das Überweisungsgesetz darstellen. Ich verzichte deshalb insbesondere auf die Darstellung des umfangreichen Kundeninformations-Teils und konzentriere mich statt dessen auf das neue System der Bankenhaftung bei Leistungsstörungen sowie auf die unabhängig von der Überweisungsrichtlinie eingeführte gesetzliche Regelung des Rechts des Kunden zum Widerruf des Überweisungsauftrags. Auch insoweit muss davon abgesehen werden, die teilweise recht perfektionistische (weitgehend durch die Richtlinie vorgeschriebene) Detailregelung des Leistungsstörungsrechts in allen Einzelzeiten darzustellen. Nicht behandelt wird auch die relativ unproblematische Rückgriffsregelung im Interbankenverhältnis (§§ 676d, 676e BGB).

II. Ausgewählte Probleme des neuen Überweisungsrecht

Das Verständnis der Neuregelung in den §§ 676a – 676g BGB erschließt sich am besten, wenn man von den Vorgaben der Überweisungsrichtlinie ausgeht.

1. Vorgaben bezüglich der Bankenhaftung bei Leistungsstörungen durch die Überweisungsrichtlinie

Ihr Kernstück ist die sog. money-back-Garantie[4]. Danach haftet die Erstbank dafür, dass der Überweisungsbetrag „ankommt". „Ankommen" bedeutet nach der Richtlinie die Buchung auf einem Konto der Empfänger*bank*. Die Gutschrift auf dem Konto des *Empfängers* gehört nicht mehr zum Überweisungsvorgang, sie ist Sache der Empfängerbank und betrifft allein das Innenverhältnis zwischen ihr und dem Kontoinhaber – dem Überweisungsempfänger. Diese Trennung der Verantwortungsbereiche ist sachgerecht. Sie verträgt sich im übrigen sehr gut mit der von mir schon in der ersten Auflage des

4 Art. 6 Abs.1 und 8 Abs. 1 der Richtlinie.

Bankrechts-Handbuchs[5] vertretenen Auffassung über den Zeitpunkt der Tilgung im Valutaverhältnis, wenn der geschuldete Betrag zulässigerweise auf ein Konto des Gläubigers überwiesen wird.

Die Beendigung des Überweisungsvorgangs bereits im Zeitpunkt des Eingangs der Deckung bei der Empfängerbank war also für die deutsche Neuregelung vorgegeben. Bis zu diesem Zeitpunkt haftet die Erstbank für den Eingang in doppelter Hinsicht.

a) Zum einen hat sie dafür einzustehen, dass der Überweisungsbetrag überhaupt bei der Empfängerbank ankommt. Bei Scheitern der Überweisung sieht die Richtlinie eine auf den Höchstbetrag von 12.500 Euro begrenzte Garantiehaftung der Bank des Überweisenden diesem gegenüber vor. Berücksichtigt man, dass die Richtlinie lediglich für Überweisungen im Gegenwert von bis zu 50.000 Euro gilt, so bedeutet das im Extremfall eine Begrenzung der Garantie auf 25 Prozent des Überweisungsbetrages. Schon daraus ergibt sich, dass es sich dogmatisch nicht um das Einstehen für einen werkvertraglich geschuldeten Erfolg handeln kann.

aa) Der deutsche Gesetzgeber hat das bei der Umsetzung wie folgt formuliert: Nach der gesetzlichen Neuregelung in § 676b Abs. 3 BGB kann der Überweisende die „Erstattung des Überweisungsbetrags bis zu einem Betrag von 12.500 Euro (Garantiebetrag) zuzüglich bereits für die Überweisung entrichteter Entgelte und Auslagen verlangen", wenn die Überweisung nicht bis zu einem bestimmten Zeitpunkt „bewirkt" worden ist. Der volle Überweisungsbetrag – nicht nur der Garantiebetrag – ist in diesem Fall vom Beginn der Ausführungsfrist, auf die ich noch eingehen werde, bis zur Gutschrift des Garantiebetrages mit fünf Prozentpunkten über dem Basiszinssatz[6] zu verzinsen. Mit dem Erstattungsverlangen des Kunden, das man nach der gesetzlichen Konstruktion als konstitutiv für das Entstehen des Anspruchs ansehen muss, beginnt eine Nachfrist von 14 Bankgeschäftstagen. Nach Ablauf dieser Frist, innerhalb der die Bank versuchen kann, den Eingang des Überweisungsbetrages bei der Empfängerbank doch noch zu erreichen, gilt der Über-

5 Dort § 49 Rdn. 48.
6 Zum alten und neuen Basiszinssatz vgl. *Petershagen*, NJW 2002, 1455.

weisungsvertrag als gekündigt (§ 676b Abs. 3 Satz 3 BGB).[7] Die Bank kann allerdings, etwa wenn sie Bemühungen um die Auffindung des Betrages innerhalb der zur Verfügung stehenden Zeit als aussichtslos betrachtet und deshalb den Zeitraum für die Verzinsung des Überweisungsbetrages abkürzen will, den Überweisungsvertrag von sich aus kündigen.

Der Überweisungsvertrag scheidet damit in jedem Fall als Grundlage für den Erstattungsanspruch aus. Es handelt sich vielmehr um einen gesetzlichen Anspruch, den man kaum als „Inhalt des fortdauernden Giroverhältnisses"[8] qualifizieren kann, denn der Überweisungsvertrag setzt weder nach altem noch nach neuem Recht ein Giroverhältnis voraus.[9] Ob ein Girovertrag besteht, ist lediglich von Bedeutung für die Beantwortung der Frage, ob die Bank die Ausführung ablehnen oder an Bedingungen knüpfen kann.

bb) Diese verschuldensunabhängige[10] – nur für den Fall höherer Gewalt[11] ausgeschlossene – Garantiehaftung gilt nun, anders als in der Richtlinie, nach der deutschen Regelung für alle Arten von Überweisungen. Die durch die Doktrin der Einheitlichkeit des Überweisungsrechts erzwungene gesetzestechnische Gleichbehandlung sämtlicher Überweisungen ohne Rücksicht auf ihre Höhe und ihren Bestimmungsort konfrontierte den Gesetzgeber allerdings alsbald mit Ergebnissen, die auch ihm unangemessen erscheinen mussten. Da die Richtlinie nur auf EU-/EWR-Überweisungen bis zum Gegenwert von 50.000 Euro anwendbar ist, sind einheitliche Regressregelungen für die haftende Erstbank für Überweisungen bis zu dieser Höhe und auch nur in ihrem räumlichen Geltungsbereich gewährleistet. Sieht man einmal von den Inlandsüberweisungen ab, für die ja entsprechende nationale Rückgriffsregelungen geschaffen worden sind, bleiben vor allem die Drittstaaten- und Fremdwährungsüberweisungen, aber auch alle grenzüberschreitenden Überweisungen im Gegenwert von mehr als 50.000 Euro ohne richtlinienkonforme Rückgriffsvorschriften im Ausland.

Diese Erkenntnis führte dann zu den bereits erwähnten Ausnahmeregelungen: Nach § 676c Abs. 3 BGB kann – naturgemäß vor allem durch AGB –

---

7 Auf die unsinnige Umbenennung des Überweisungsauftrags in einen Überweisungsvertrag will ich hier nicht eingehen.

8 So z.B. *Hadding*, WM 2000, 2465, 2470.

9 Vgl. *Schimansky*, Bankrechts-Handbuch, 2. Aufl., § 49 Rdn. 1.

10 § 676c Abs. 1 BGB regelt das überflüssigerweise noch einmal ausdrücklich.

11 § 676b Abs. 4 BGB.

die Garantiehaftung u.a. für Überweisungen von mehr als 75.000 Euro und für Überweisungen auf ein Konto außerhalb des EU-/EWR-Gebietes ausgeschlossen werden.

Damit weicht die deutsche Regelung in mehrfacher Hinsicht von den Vorgaben der Richtlinie ab:

(1) Die Richtlinie ist – wie erwähnt – auf Überweisungen bis zum Höchstbetrag von 50.000 Euro beschränkt. Die Einbeziehung von Überweisungen bis zu 75.000 Euro in den Bereich der nicht ausschließbaren Garantiehaftung bedeutet, dass für alle Überweisungen zwischen 50.000 und 75.000 Euro im räumlichen Geltungsbereich der Richtlinie keine Regressvorschriften existieren. Dies gilt wohlgemerkt nicht für den Differenzbetrag von 25.000 Euro, sondern für den vollen Überweisungsbetrag. Nach der Begründung des dafür verantwortlichen Rechtsausschusses[12] soll die nachträgliche Erhöhung der Nichtausschließbarkeitsgrenze „lückenlos" sicherstellen, „dass eine Freizeichnung bei Verbraucherverträgen nicht möglich ist". Die sich aus der abweichenden Richtlinienregelung ergebende Regresslücke wird mit keinem Wort erwähnt.

(2) Art. 1 der Richtlinie schließt auch Überweisungen aus, die nicht in Währungen der Mitgliedstaaten oder in ECU (jetzt Euro) ausgeführt werden sollen. § 676c Abs. 3 BGB erlaubt ein Abweichen von der Garantiehaftungsregelung für Überweisungen, die den „Betrag von 75.000 Euro" übersteigen. Da kaum anzunehmen ist, dass der Gesetzgeber die Begriffe EWU und EWR verwechselt oder aber den Ausschluss der Garantiehaftung für EU/EWR-Überweisungen in anderen Gemeinschaftswährungen – etwa britischen £ – für unangemessen gehalten hat, wird man das Wort „Betrag" durch „Gegenwert" ersetzen müssen. Damit ist andererseits offen, ob – wie dies einige der neuen „Sonderbedingungen für den Überweisungsverkehr" vorsehen – die Garantiehaftung auch für Überweisungen ausgeschlossen werden kann, „die weder auf Euro noch auf eine andere Währung eines EU- oder EWR-Mitgliedstaates lauten". Angesichts der Tatsache, dass sich aus den Gesetzesmaterialien keine Anhaltspunkte für die Annahme ergeben, der Gesetzgeber habe auch insoweit über die Richtlinie hinausgehen wollen, wird man von einem weiteren Redaktionsversehen ausgehen müssen und die erwähnten AGB-Regelungen für Fremdwährungsüberweisungen für zulässig halten.

---

12 BT-Drucks. 14/1301, S. 17 zu § 676c.

cc) Der notwendige Blick über die BGB-Regelung hinaus in die „Sonderbedingungen für den Überweisungsverkehr" ergibt also für die verschuldensunabhängige money-back-Garantie folgendes Bild: Sie gilt nur für Überweisungen in Euro oder in einer anderen Währung von Mitgliedstaaten der EU oder des EWR bis zum Gegenwert von 75.000 Euro und nicht für Überweisungen in Drittstaaten.

b) Eines der großen Ärgernisse im grenzüberschreitenden Überweisungsverkehr war der erstaunliche Schwund, dem der Überweisungsbetrag auf seinem Weg zum Empfänger unterworfen war, weil die zwischengeschalteten Kreditinstitute einen Teil als Entgelt für ihre Bemühungen einbehielten. Nach Art. 7 der Richtlinie haftet deshalb die Bank des Überweisenden auch dafür, dass der *volle* Überweisungsbetrag auf dem Konto der Bank des Überweisungsempfängers ankommt. Etwas anderes gilt nur für den Fall, dass der Überweisungsempfänger nach den Anweisungen des Auftraggebers einen Teil oder alle Kosten der Überweisung zu tragen hat (sog. SHARE- oder BEN-Überweisungen). Die Umsetzungsregelung findet sich in § 676b Abs. 2 BGB. Danach ist die Bank des Überweisenden[13] verpflichtet, von ihr oder von zwischengeschalteten Kreditinstituten entgegen dem Überweisungsvertrag einbehaltene Beträge nach Wahl des Überweisenden entweder ihm zu erstatten oder dem Begünstigten zu überweisen. Sie darf dafür weder Entgelte noch Auslagen verlangen. Auch diese verschuldensunabhängige Haftung kann für die bereits genannten Fälle gemäß § 676c Abs. 3 BGB ausgeschlossen werden. Dies ist durch die Sonderbedingungen der Kreditinstitute geschehen. Auch hier gilt also wieder, dass Drittstaatenüberweisungen, Fremdwährungsüberweisungen sowie Überweisungen im Gegenwert von mehr als 75.000 Euro von der Haftungsregelung ausgenommen sind.

2. *Weitergehende Reform der Bankenhaftung bei Leistungsstörungen durch den deutschen Gesetzgeber*

Damit wäre die Umsetzung der Richtlinie, soweit sie sich mit der Garantiehaftung der Erstbank für die ungekürzte Gutschrift auf einem Konto der

13 Das Gesetz verwendet die Legaldefinition „überweisendes Kreditinstitut" (§ 676a Abs. 1 Satz 1 BGB).

Empfängerbank befasst, an sich beendet gewesen. Der deutsche Gesetzgeber hatte aber den Ehrgeiz, das nationale Überweisungsrecht insgesamt zu reformieren.

a) Die verschuldensunabhängige Haftung war auch dem bisher geltenden deutschen Recht nicht fremd. Hielt sich ein Kreditinstitut nicht genau an die Weisungen des Auftraggebers und scheiterte deshalb die ordnungsgemäße Ausführung, so erwarb es nach der Rechtsprechung keinen Auslagenerstattungsanspruch, hatte also den Überweisungsbetrag seinem Auftraggeber – also dem Überweisenden oder dem vorgehenden Institut in der Überweisungskette – in voller Höhe zu erstatten; auf ein Verschulden kam es nicht an.[14] Ein solcher verschuldensunabhängiger, betragsmäßig unbegrenzter Herausgabeanspruch kollidierte nach der Auffassung des Gesetzgebers – insbesondere wegen der noch zu erörternden Umgestaltung des Überweisungsvertrages in einen Werkvertrag – mit der der Höhe nach limitierten Garantiehaftung. Er soll deshalb durch die gesetzliche Neuregelung beseitigt werden.

Nach § 676c Abs. 1 Satz 2 BGB lässt die verschuldensunabhängige Haftung der Erstbank nach § 676b BGB „andere Ansprüche, die ein Verschulden voraussetzen, sowie Ansprüche aus ungerechtfertigter Bereicherung" unberührt. Diese Formulierung ist nach der Gesetzesbegründung[15] gewählt worden, um die ebenfalls verschuldensunabhängigen Ansprüche aus § 667 BGB auszuschließen. Solche Ansprüche scheiden nun aber – nimmt man den ausdrücklich gewollten Ausschluss ernst – selbst dann aus, wenn der Überweisungsbetrag die Erstbank gar nicht verlassen hat oder ihr die Deckung wieder zugeflossen ist. Diese Ungereimtheit ist im Laufe des Gesetzgebungsverfahrens denn auch vom Bundesrat moniert worden. Der Gesetzgeber hat sich dadurch aber nicht beeindrucken lassen. In ihrer Gegenäußerung[16] hielt die Bundesregierung eine „besondere Regelung" für nicht erforderlich, da sich die Erstattungspflicht aus § 675 i.V.m. § 667 BGB ergebe. Es bleibt der dogmatischen Phantasie überlassen, wie man diese erstaunliche gesetzgeberische Fehlleistung in der Praxis repariert. Dass sie eliminiert werden muss, steht jedenfalls außer Zweifel.

---

14 Vgl. *Schimansky*, Bankrechts-Handbuch, 2. Aufl., § 49 Rdn. 22.

15 BT-Drucks 14/745, S. 23 re. Sp.

16 BT-Drucks. 14/1067, S. 10 (zu Nummer 35).

b) Wie bereits erwähnt, geht nach der Konzeption der Überweisungsrichtlinie die Verantwortung für den Überweisungsbetrag auf die Empfängerbank über, sobald er ihr gutgeschrieben worden ist. Die Gutschrift auf dem Konto des Begünstigten ist allein ihre Sache. Aus dieser Regelung des „Gefahrenübergangs" hat der deutsche Gesetzgeber den (unzutreffenden) Schluss gezogen, dass die Richtlinie eine „Einstandspflicht" für zwischengeschaltete Institute vorsehe[17] und die erstbeauftragte Bank deshalb den Erfolg – die Gutschrift auf dem Konto des Empfängerinstituts und damit die Schaffung eines Anspruchs des Begünstigten auf Gutschrift gegen seine Bank – auch im überbetrieblichen Überweisungsverkehr schulde. Diese Werkvertragskonstruktion ist nunmehr in § 676a Abs. 1 Satz 2 BGB ausdrücklich niedergelegt.

Besteht mit der Empfängerbank keine direkte Kontoverbindung, muss sich die erstbeauftragte Bank, um diesen von ihr geschuldeten Erfolg herbeizuführen, zwischengeschalteter Kreditinstitute bedienen. Diese werden nach der neuen gesetzlichen Regelung als ihre Erfüllungsgehilfen behandelt. Allerdings geschieht das nicht durch eine Verweisung auf § 278 BGB, sondern durch eine eigene Regelung in § 676c Abs. 1 Satz 3 BGB. Danach hat „das überweisende Kreditinstitut" ein Verschulden, das einem zwischengeschalteten Kreditinstitut zur Last fällt, wie eigenes Verschulden zu vertreten.[18] Die Formulierung lässt nicht nur den § 278 BGB unerwähnt, sondern vermeidet auch das Wort „Erfüllungsgehilfe". Damit verbietet sich schon formal eine ergänzende Heranziehung der einschlägigen Grundsätze. Insbesondere also gilt § 278 Satz 2 BGB nicht, der bekanntlich § 276 Abs. 2 BGB ausschließt und so eine Haftungsfreizeichnung selbst für vorsätzliches Handeln von Erfüllungsgehilfen erlaubt. Das würde freilich nur für – in diesem Bereich ausscheidende – Individualvereinbarungen gelten, denn nach § 309 Abs. 1 Nr. 7b BGB n.F. (bisher § 11 Nr. 7 AGBG) ist ein Ausschluss der Haftung für Vorsatz und grobe Fahrlässigkeit von Erfüllungsgehilfen durch AGB ohnehin unwirksam. Aber auch hier hat sich der Gesetzgeber wenig um Widerspruchsfreiheit und Rechtseinheit gekümmert und auch insoweit für das Überweisungsrecht eine Insellösung geschaffen: Es gelten höchst komplizierte Ausnahmevorbehalte.

---

17 BT-Drucks. 14/745, S. 23 re. Sp.

18 Falls dieses zwischengeschaltete Institut nicht vom Überweisenden vorgegeben war.

aa) Zunächst einmal kann die Haftung für das Verschulden zwischengeschalteter Institute u.a. völlig ausgeschlossen werden für Überweisungen im Gegenwert von mehr als 75.000 Euro sowie für Drittstaaten- und Fremdwährungsüberweisungen (§ 676c Abs. 3 BGB).

bb) Für Auslandsüberweisungen – d.h. für grenzüberschreitende Überweisungen in EU-, EWR- und in Drittstaaten – kann die Haftung für andere Kreditinstitute betragsmäßig auf 25.000 Euro begrenzt werden (§ 676a Abs. 1 Satz 4 BGB). Praktisch wird das allerdings wegen der in den Sonderbedingungen für den Überweisungsverkehr wahrgenommenen umfassenden Freizeichnungsmöglichkeit für Drittstaatenüberweisungen nach § 676c Abs. 3 BGB (oben unter aa) lediglich für EU-/EWR-Überweisungen im Gegenwert von bis zu 75.000 Euro. Ob man diese Möglichkeit der betragsmäßigen Limitierung auf das Verschulden ausländischer Zwischenbanken beschränken muss,[19] weil in der Gesetzesbegründung[20] die mangelnde Absicherung des Rückgriffs ihnen gegenüber als ratio legis genannt ist, erscheint mir höchst zweifelhaft. Im Gesetzeswortlaut findet dieses bloße Motiv für die auch nach der Begründung unterschiedslose Möglichkeit der Haftungsbegrenzung jedenfalls keinen hinreichenden Ausdruck. Ich halte deshalb die in den Sonderbedingungen niedergelegte generelle Limitierung bei grenzüberschreitenden Überweisungen im EU-/EWR-Raum für wirksam. Man sollte die ohnehin sehr unübersichtliche gesetzliche Regelung nicht noch weiter komplizieren, um tatsächlichen oder vermeintlichen Absichten des Gesetzgebers Geltung zu verschaffen. Es wäre ihm unschwer möglich gewesen, eine gewollte Einschränkung zum Ausdruck zu bringen.

c) Lediglich der Vollständigkeit halber sei darauf hingewiesen, dass die Haftung der Bank für eigenes und für das Verschulden von Zwischenbanken sich auch auf *Folge*schäden aus der Nichtausführung von Überweisungen bezieht. Insoweit sieht § 676c Abs. 1 Satz 5 BGB eine (wiederum recht unübersichtliche) Möglichkeit der Haftungslimitierung für einfache Fahrlässigkeit auf 12.500 Euro vor.

---

19 So etwa *Gößmann/van Look*, WM SdBeil 1/2000, S. 42.
20 BT-Drucks. 14/745, S. 23.

3. *Beschleunigung des grenzüberschreitenden Überweisungsverkehrs durch Strafzins*

Der zweite Schwerpunkt der Überweisungsrichtlinie liegt in der Beschleunigung des grenzüberschreitenden Überweisungsverkehrs durch Einführung von „strafzinsbewehrten" Ausführungsfristen. Die Richtlinie enthält insoweit strikte Vorgaben, die der deutsche Gesetzgeber in nationales Recht umzusetzen hatte. Er ist auch insoweit dem Prinzip gefolgt, die entsprechende Regelungen für alle Arten von Überweisungen einheitlich zu treffen und lediglich die Länge der Fristen zu variieren.

a) Mit Ablauf des Tages, an dem ein Überweisungsformular mit allen für die Ausführung erforderlichen Angaben bei der Erstbank eingereicht wird, beginnt die sog. „Ausführungsfrist". Voraussetzung ist, dass sich auf dem Konto des Überweisenden ausreichende Deckung befindet (§ 676a Abs. 2 Satz 3 BGB). Die Höchstdauer der Frist ist gesetzlich festgelegt und wird in Bankgeschäftstagen angegeben. Sie beträgt nach § 676a Abs. 2 Satz 2 BGB:

- für EU-/EWR-Überweisungen in einer Währung der Mitgliedstaaten: 5 Tage,
- für außerbetriebliche Inlandsüberweisungen in Euro: 3 Tage,
- für institutsinterne Inlandsüberweisungen in Euro: 2 Tage,
- für Inlandsüberweisungen in Euro innerhalb einer Haupt- oder Zweigstelle: einen Tag.

Während bei den letzten drei Fristen durch den Zusatz „längstens" zweifelsfrei klargestellt ist, dass eine vertragliche Verlängerung nicht in Betracht kommt, ist die Fünftagefrist mit der Einschränkung versehen „soweit nichts anders vereinbart ist". Dies entspricht Art. 6 Abs. 1 der Überweisungsrichtlinie, der in erster Linie auf eine Fristvereinbarung abstellt und nur für den Fall ihres Fehlens eine Dauer von fünf Bankgeschäftstagen vorsieht. Für die in der Aufstellung nicht genannten Überweisungen, insbesondere also Drittstaaten- und Fremdwährungsüberweisungen sowie für Inlandsüberweisungen in ausländischer Währung, bestehen keine gesetzlichen Ausführungsfristen. Für Überweisungen im Gegenwert von mehr als 75.000 Euro kann im übrigen nach § 676c Abs. 3 BGB die Regelung des § 676b BGB ausgeschlossen werden. Das ist durch die Sonderbedingungen auch geschehen.

Für den Frist*beginn* lässt § 676a Abs. 2 Satz 3 BGB anderweitige Vereinbarungen zu. Daraus schließt die Kreditwirtschaft, dass man in den Sonderbedingungen für den Überweisungsverkehr „Annahmefristen" vereinbaren kann, um dem Buchungsschnitt Rechnung tragen zu können. Interessanterweise lässt sich den einschlägigen Klauseln nicht entnehmen, wann denn die Annahmefrist mit der Folge des Fristbeginns mit Ablauf des Einreichungstages gewahrt wird; es finden sich vielmehr Bezugnahmen auf das „Preis- und Leistungsverzeichnis". Ich halte die Zulassung solcher Abweichungen vom regulären Fristbeginn für einen Verstoß gegen die Richtlinie. Sie stellt in Art. 6 Abs. 1 zwar auf eine Fristvereinbarung ab, für den Beginn der (vereinbarten oder auf fünf Geschäftstage festgelegten) Frist wird aber allein der „Tag der Annahme des Auftrags" als maßgeblich angesehen. Darunter ist nach der Begriffsbestimmung in Art. 2 lit. l der Tag zu verstehen, an dem die in § 676a Abs. 2 Satz 3 BGB genannten tatsächlichen Voraussetzungen vorliegen. Das ist an sich auch selbstverständlich, denn feste Fristen, deren Beginn in irgendwelchen Leistungsverzeichnissen hinausgeschoben werden darf, sind wenig sinnvoll. Der Vereinbarungsvorbehalt in § 676a Abs. 2 Satz 3 BGB ist daher richtlinienkonform dahin auszulegen, dass das Kreditinstitut den Fristbeginn vorverlegen kann. Das ist – wie noch auszuführen sein wird – angesichts der völlig verunglückten Regelung des Widerrufs des Überweisungsauftrages keineswegs abwegig und wird in der Praxis auch so gehandhabt.

b) Bei Überschreitung der Ausführungsfrist hat das erstbeauftragte Kreditinstitut den Überweisungsbetrag mit 5 Prozent-Punkten über dem Basiszinssatz zu verzinsen, es sei denn die Verspätung ist entweder vom Überweisenden oder vom Überweisungsempfänger zu vertreten (§ 676b Abs. 1) oder die Verspätung beruht auf höherer Gewalt (§ 676b Abs. 4 BGB). Zugrundezulegen ist also der Zeitraum zwischen dem Ablauf der Ausführungsfrist und der Gutschrift – bei überbetrieblichen Überweisungen auf dem Konto der Empfängerbank, bei institutsinternen Überweisungen auf dem Konto des Empfängers. Dieser „Strafzins" setzt einen Schaden des Überweisenden nicht voraus. Weitergehende Schäden, die durch die verzögerte Ausführung entstehen, sind nach Verschuldensgrundsätzen zu ersetzen, wobei die Erstbank wiederum ein Verschulden zwischengeschalteter Institute wie eigenes zu vertreten hat (§ 676c Abs. 1 Satz 3 BGB). Die Haftung für Folgeschäden kann – außer für Vorsatz und grobe Fahrlässigkeit – auf 12.500 Euro begrenzt werden. Für den reinen Zinsschaden wird allerdings stets unbegrenzt gehaftet (§ 676c Abs. 1 Satz 5). Für Auslandsüberweisungen ist eine generelle Begrenzung der Haftung für das Verschulden von Zwischenbanken auf 25.000 Euro möglich (§ 676a Abs. 1 Satz 4).

4. Kündigung des Überweisungsvertrags

So verwirrend die Einzelheiten wegen der unterschiedlichen Fristen und der divergierenden Möglichkeiten der Haftungsbegrenzung auch sein mögen – das dahinter stehende Prinzip des Strafzinses für unangemessen lange Laufzeiten ist einfach. Dennoch scheint es unserem Gesetzgeber ein Buch mit sieben Siegeln geblieben zu sein. Er benutzte das System der Ausführungsfristen zu einer gesetzlichen Regelung des Instituts, das bisher als *Widerruf des Überweisungsauftrags* bekannt war. Davon ist in der Überweisungsrichtlinie keine Rede. Ohne Vorgaben aus Brüssel fehlte damit offensichtlich jede Orientierungshilfe.

Jedenfalls geht die gesetzliche Regelung der „Kündigung des Überweisungsvertrags" offenbar von der nicht mehr nachvollziehbaren Vorstellung aus, der Beginn der Ausführungsfrist habe irgend etwas mit dem Eintritt einer vertraglichen Bindung zu tun. Für den Zeitraum vor Beginn der Ausführungsfrist gelten nämlich sowohl für die Erstbank als auch für den Überweisenden erleichterte Kündigungsmöglichkeiten.

a) Nach § 676a Abs. 3 Satz 1 BGB soll das erstbeauftragte Kreditinstitut den Überweisungsauftrag ohne Angabe von Gründen kündigen dürfen, solange die Ausführungsfrist nicht begonnen hat. Angesichts der Praxisferne dieser Regelung besteht wenig Aussicht auf eine gerichtliche Klärung der Frage, ob das Bestehen eines Girovertrages diesem Kündigungsrecht nicht entgegensteht. Der in der Gesetzesbegründung[21] erwähnte Fall des Dauerauftrages, für den irgendwann die Deckung fehlt, hat bisher das Bedürfnis nach einer gesetzlichen Regelung nicht erkennbar werden lassen, denn die Bank ist zur Ausführung ohne Deckung nicht verpflichtet. Abgesehen davon ist gerade beim Dauerauftrag eine Anknüpfung an die Ausführungsfrist wenig sinnvoll.

---

21 BT-Drucks. 14/745, S. 20.

Mit dem Beginn der Ausführungsfrist soll das Kündigungsrecht des Kreditinstituts auf die Eröffnung eines Insolvenzverfahrens über das Vermögen des Überweisenden oder die Kündigung der Kreditlinie beschränkt sein.

b) Spiegelbildlich verhält es sich mit dem praktisch weit bedeutsameren Kündigungsrecht (früher: Widerrufsrecht) des Überweisenden.

aa) Bis zum Beginn der Ausführungsfrist steht ihm nach § 676a Abs. 4 BGB ein jederzeitiges Kündigungsrecht zu. Dabei wird übersehen, dass die Regelung der Ausführungsfristen ausschließlich dazu dient, eine Fristüberschreitung mit der Folge der Verzinsungspflicht festzustellen. § 676a Abs. 2 Satz 1 BGB schreibt ausdrücklich vor, dass Überweisungen „baldmöglichst zu bewirken" sind. Das entspricht – sieht man einmal von der laienhaften Terminologie ab – der bisherigen Rechtsauffassung. Die Festlegung von Höchstfristen für die Ausführung soll daran ersichtlich nichts ändern. Die Bank des Überweisenden wird also, wenn sie sich pflichtgemäß verhält, die Überweisung nach Möglichkeit noch am Tage des Eingangs, also vor Beginn der Ausführungsfrist, bearbeiten und – etwa bei institutsinternen Überweisungen – bereits eine Gutschrift auf dem Konto des Begünstigten veranlasst haben. Wollte man dem Wortlaut des § 676a Abs. 4 Satz 1 BGB ernst nehmen, dürfte der Überweisende den Überweisungsvertrag jetzt noch kündigen. Kreditinstitute stünden dann vor der Wahl, ihre Pflicht zur unverzüglichen Ausführung zu erfüllen und damit das Risiko einer wirksamen nachträglichen Kündigung durch den Überweisenden einzugehen oder aber im eigenen Interesse das Ende der Kündigungsmöglichkeit des Kunden abzuwarten. Da das Gesetz der Umsetzung der Überweisungsrichtlinie dient und schon deshalb kein Gesetz zur Verzögerung von Überweisungen sein darf, entfällt die Kündigungsmöglichkeit bei sinnvoller Auslegung der Vorschrift spätestens mit der Beendigung des Überweisungsvorgangs. In den Sonderbedingungen einiger Kreditinstitute ist dieses Ergebnis dadurch zusätzlich abgesichert, dass man den Beginn der Ausführungsfrist – zulässigerweise – auf den Tag der Ausführung vorverlegt.

bb) Ein dogmatisches Novum ist die Ausgestaltung des Kündigungsrechts des Kunden nach Beginn der Ausführungsfrist. Der Überweisende „kann" von diesem Zeitpunkt ab „nur kündigen, wenn die Kündigung dem Kreditinstitut des Begünstigten bis zu dem Zeitpunkt mitgeteilt wird, in dem der Überweisungsbetrag diesem Kreditinstitut endgültig zur Gutschrift auf dem

Konto des Begünstigten zur Verfügung gestellt wird" (§ 676a Abs. 4 Satz 1 BGB). Daran, dass solche sprachlichen und logischen Schnitzer Eingang in unsere Gesetze finden, haben wir uns mittlerweile gewöhnt. Erstaunlich bleibt, dass eine Kündigung zu ihrer Wirksamkeit der Mitteilung an einen Dritten bedürfen soll. Die Regelung zeigt indes nicht nur die dogmatische Unbedarftheit des Gesetzgebers, sie ist auch sachlich unsinnig:

Ratio legis ist offenbar die Überlegung, dass die *Bank des Begünstigten* die Kündigung nicht mehr zu beachten braucht, wenn sie davon erst nach Eingang der Deckung bei ihr erfährt. Dann ist der girovertragliche Anspruch ihres Kunden auf Gutschrift entstanden, sie ist zur Gutschrift verpflichtet. Das hat aber mit der Wirksamkeit der Kündigung gegenüber der *Erstbank* nichts zu tun. Diese hat nach § 676a Abs. 4 Satz 3 BGB „die unverzügliche Information des Kreditinstituts des Begünstigten über eine Kündigung zu veranlassen". Der Sache nach geht es allerdings wohl darum, den „Eingang zur Gutschrift" bei der Empfängerbank so schnell und effektiv wie möglich zu verhindern. Dies kann auch durch rechtzeitige Gegenweisung an eine Zwischenbank geschehen. Gerade bei Auslandsüberweisungen ist dies häufig weit zweckmäßiger, zumal in den Fällen, in denen die Erstbank keine direkten Kommunikationsverbindungen zur Empfängerbank unterhält. Nach dem Wortlaut der gesetzlichen Regelung „kann" der Überweisende in diesen Fällen „nicht kündigen", weil es an der notwendigen Mitteilung an die Empfängerbank fehlt. Auch hier hilft nur eine sich vom Gesetzestext lösende sinngemäße Auslegung.

Der Verzicht auf eine durchdachte Formulierung zeitigt aber noch andere unerfreuliche Ergebnisse: Beim grenzüberschreitenden Überweisungsverkehr gehen der Überweisungsbetrag und die ihn begleitenden Informationen getrennte Wege. Es kommt also nicht selten vor, dass die Information über das elektronische Informationssystem die Empfängerbank eher erreicht als die Deckung über das etwas schwerfälligere Zahlungsverkehrssystem. Die ausländische Empfangsbank wartet dann bei vertrauenswürdigen Partnern den Eingang der Deckung nicht ab, sondern schreibt den Betrag dem Empfängerkonto bei Eingang der elektronischen Anzeige gut. Geht ihr jetzt die Mitteilung über die Kündigung zu, müsste sie diese nach dem Wortlaut der deutschen Regelung beachten, da ihr der Betrag noch nicht „endgültig zur Gutschrift" zur Verfügung gestellt worden ist. Verständlicherweise ist sie dazu nicht bereit. Bemüht man auch hier die ratio legis, dann soll die Kündigungsmöglichkeit bereits in dem Zeitpunkt enden, in dem der Begünstigte einen Anspruch *auf* Gutschrift gegen die Empfangsbank erworben hat. Hat er den weit stärkeren Anspruch *aus* einer Gutschrift erworben, wäre der Eingriff in die Stellung der Empfangsbank weit gravierender.

Nun könnte man einwenden, dass die Empfängerbank dann eben mit der Gutschrift bis zum Eingang der Deckung warten müsse. Dem ist entgegenzuhalten, dass die Überweisungsrichtlinie der Beschleunigung des Überweisungsverkehrs dienen soll und die nationale Gesetzgebung nicht dazu da ist, insoweit Hürden im Interesse möglichst effektiver Kündigungsmöglichkeiten des Überweisenden aufzurichten. Sinn der Überweisung ist nicht ihr Widerruf, sondern der möglichst effektive und schnelle Transport von Buchgeld.

III. Zusammenfassung

Liest man die gesetzliche Regelung im BGB, wie dies erforderlich ist, im Kontext mit den Sonderbedingungen der Kreditwirtschaft für den Überweisungsverkehr, so ergibt sich folgendes Bild:

1. Die verschuldensunabhängige – nach der gesetzlichen Regelung betragsmäßig auf 12.500 Euro begrenzte – Garantiehaftung der Erstbank beim Scheitern der Überweisung gilt ebenso wie die verschuldensunabhängige Haftung der Bank für Kürzungen des Überweisungsbetrages nur für Überweisungen in Euro oder in einer anderen Währung von Mitgliedstaaten der EU oder des EWR bis zum Gegenwert von 75.000 Euro. Für Überweisungen über höhere Beträge oder in anderen Währungen sowie für Überweisungen in Drittstaaten besteht keine Garantiehaftung.

2. Auch die neu eingeführte Haftung der Erstbank für das Verschulden von Zwischenbanken ist ausgeschlossen für Überweisungen im Gegenwert von mehr als 75.000 Euro sowie für Drittstaaten- und Fremdwährungsüberweisungen. Für die danach verbleibenden Auslandsüberweisungen – also für EU/EWR-Überweisungen bis zum Gegenwert von 75.000 Euro – ist die Haftung zudem betragsmäßig auf 25.000 Euro begrenzt. Für Folgeschäden aus leicht fahrlässigen Pflichtverletzungen von Zwischenbanken gilt zudem generell – d.h. auch für Inlandsüberweisungen – eine Höchstgrenze von 12.500 Euro.

3. Die Regelung über Ausführungsfristen gilt bereits nach dem Gesetz nicht für Fremdwährungs- und Drittstaatenüberweisungen. Durch die Sonderbe-

dingungen der Kreditwirtschaft wird sie außerdem für EU/EWR-Überweisungen auf Überweisungen bis zum Gegenwert von 75.000 Euro begrenzt. Nur für die verbleibenden Überweisungen – also für EU/EWR-Überweisungen bis zu 75.000 sowie für Inlandsüberweisungen – kommt also ein Strafzins in Betracht. Dasselbe gilt für die Haftung bei verschuldeter Überschreitung von Ausführungsfristen. Wo keine Ausführungsfristen festgelegt sind, ist kein Raum für eine Haftung wegen Überschreitung. Für die danach verbleibenden Auslandsüberweisungen – also für EU/EWR-Überweisungen bis zum Gegenwert von 75.000 Euro in einer Währung der Mitgliedstaaten – ist der Höchstbetrag der Haftung für das Verschulden von Zwischenbanken durch die Sonderbedingungen zulässigerweise auf 25.000 Euro festgelegt. Für Folgeschäden gilt die generelle – auch Inlandsüberweisungen einschließende – Höchstgrenze von 12.500 Euro.

4. Das bisherige Widerrufsrecht des Überweisenden ist zu einem Kündigungsrecht geworden. Um eine nach dem Gesetzeswortlaut wirksame Kündigung nach Gutschrift auf dem Konto des Begünstigten auszuschließen, ist in den Sonderbedingungen teilweise der Beginn der Ausführungsfrist auf den Tag der Ausführung vorverlegt. Zum Wegfall der Kündigung spätestens bei Gutschrift auf dem Empfängerkonto gelangt man aber auch ohne eine entsprechende AGB-Klausel durch sinnvolle Auslegung.

Das neue Schuldrecht in der kreditwirtschaftlichen Praxis

Dr. *Ahrend Weber*, Bundesverband deutscher Banken e.V., Berlin

I. Einführung

Das Schuldrechtsmodernisierungsgesetz basiert auf Vorarbeiten, die mehr als 20 Jahre zurückreichen. Die Gutachten und Vorschläge zur Überarbeitung des Schuldrechts 1981 und 1983,[1] die 1984 konstituierte Schuldrechtskommission, die 1991 ihren Abschlussbericht[2] vorlegte, sowie der 60. Deutsche Juristentag im Jahre 1994 in Münster[3] bildeten die Wegmarken. Die Erinnerung und das Interesse an diesem Vorhaben waren weitestgehend verblasst, als am 1. September 2000 das Bundesjustizministerium den interessierten Verbänden und Organisationen völlig überraschend den Diskussionsentwurf eines Schuldrechtsmodernisierungsgesetzes[4] im Umfange von 628 Seiten mit

---

1 Band 1 und 2 Köln 1981, Band 3 Köln 1983.
2 Veröffentlicht in der Bundesanzeiger-Verlagsgesellschaft GmbH Köln 1992, auszugsweise wiedergegeben in den „Verhandlungen des Sechzigsten Deutschen Juristentages", Band I (Gutachten), München 1994 Teil A.
3 Vgl. Fn 2.
4 Geschäftszeichen I B 2 – 3420/22 – 112229/2000.

der Bitte um Rückäußerung bis zum 31. Dezember 2000 zuleitete. Nach intensiven wissenschaftlichen Diskussionen,[5] der Einberufung einer Expertenkommission, der Vorlage einer konsolidierten Fassung im Frühjahr 2001 war das Gesetz dann bis zur Sommerpause soweit gediehen, dass es im Herbst des Jahres 2001 die parlamentarischen Gremien[6] passieren und zum 1. Januar 2002 in Kraft[7] treten konnte. Treibsatz für den Reformdruck waren die drei EU-Richtlinien zum Verbrauchsgüterkauf,[8] zur Bekämpfung des Zahlungsverzuges[9] und zum elektronischen Geschäftsverkehr,[10] die bis zum 1. Januar 2002 in innerdeutsches Recht transformiert werden mussten.

Die Kreditwirtschaft ist ebenso wie die anderen interessierten Kreise von der Schuldrechtsreform überrascht und sodann überrollt worden. Angesichts der Kürze der zur Verfügung stehenden Zeit war eine intensive Erörterung der komplexen Einzelfragen nicht möglich. In der Situation blieb rechtspolitisch nichts anderes übrig, als sich nach dem Motto „Rette sich wer kann" auf die Auseinandersetzung mit solchen Vorschriften zu beschränken, die unmittelbare Auswirkungen auf den Geschäftsbetrieb der eigenen Branche hatten. Die Wahrnehmung einer interessenfreien Gesamtverantwortung für das in der Reformdiskussion vielfach beschworenen „Kulturdenkmal"[11] BGB, was angesichts der Bedeutung der Sache angemessen wäre und wozu entsprechende Bereitschaft auch bestanden hätte, war nicht möglich. Eine grundlegende Diskussion des Gesamtkomplexes war wohl von politischer Seite auch gar nicht gewollt.

Der Vorschlag der Wirtschaft, die Reform des Schuldrechts auf das unumgänglich Notwendige, das heißt auf die Umsetzung des von der EU Vorgegebenen zu beschränken, und die übrigen Teile des Reformvorhabens erst nach einer gründlichen Überprüfung zu verabschieden, wurde vom Bundes-

---

5 Hinzuweisen ist insbesondere auf das Symposion „Schuldrechtsmodernisierung" am 17./18. November 2000 in Regensburg. Die Referate sind abgedruckt in Ernst/Zimmermann, Zivilrechtswissenschaft und Schuldrechtsreform, Tübingen 2001.

6 Zur Gesetzgebungsgeschichte vgl. *Schmidt-Räntsch/Maifeld/Meier-Göring/Röcken*, Das neue Schuldrecht, Köln 2002, S. 12 ff.

7 BGBl. I vom 26.11.2001, S. 3138.

8 Richtlinie 1999/44/EG vom 25.5.1999.

9 Richtlinie 2000/35/EG vom 29.6.2000.

10 Richtlinie 2000/31/EG vom 8.6.2000.

11 So *Flume*, ZIP 2000, 1427, 1429.

justizministerium abgelehnt. Nicht weiter vertieft wurde die mit dem Schuldrechtsmodernisierungsgesetz vorweg entschiedene Frage, ob die Europäischen Richtlinien in Sondergesetzen oder in einem eigenständigen Verbrauchergesetzbuch[12] umgesetzt oder in das BGB integriert werden sollten. Für alle Lösungswege ließen sich vernünftige Gründe ins Feld führen, die gründlich gegeneinander hätten abgewogen werden müssen. Schließlich stellte sich die Frage, ob vor einem sich abzeichnenden Europäischen Zivilgesetzbuch[13] eine umfassende Überarbeitung der nationalen Kodifikation überhaupt noch angezeigt war.

Nachstehend sei auf die einzelnen Regelungsbereiche und deren praktische Auswirkungen für die Kreditwirtschaft eingegangen:

II. Verjährungsrecht

Die Neuordnung des Verjährungsrechts ist von der Kreditwirtschaft weitgehend positiv aufgenommen worden. Der vorhandene Reformbedarf stand außer Diskussion. Begrüßt wurde insbesondere die Verkürzung der Regelverjährung von früher 30 auf nunmehr drei Jahre (§ 195), wobei genau gesehen der Verkürzungseffekt geringer ist. Während früher die Verjährung mit der Entstehung des Anspruchs begann, beginnt sie nunmehr erst mit dem Schluss des Jahres, in dem der Anspruch entstanden ist. Weitere Voraussetzung für den Fristbeginn ist, dass der Gläubiger subjektiv von den den Anspruch begründenden Umständen und der Person des Schuldners Kenntnis erlangt hat oder ohne grobe Fahrlässigkeit erlangen musste. Ohne eine solche Kenntnis verjähren die Ansprüche in zehn Jahren von ihrer Entstehung an. Diese subjektive Komponente ist vom Zentralen Kreditausschuss im Hinblick auf die Rechtssicherheit und den mit der Verjährung bezweckten Rechtsfrieden im Gesetzgebungsverfahren problematisiert worden. Die subjektive Komponente ist der politische Preis für die Verkürzung der Verjährungsfrist. In bankrechtlichen Streitigkeiten, in denen sich die Bank zumeist in der Rolle des Gläubigers befindet, dürften Unsicherheiten jedoch kaum zu besorgen sein.

---

12 Vgl. hierzu *Roth* in Ernst/Zimmermann, Zivilrechtswissenschaft und Schuldrechtsreform, Tübingen 2001, S. 225 ff.

13 *Roth* (vorige Fn.).

Die Verkürzung der Regelverjährung bedeutet für die Kreditwirtschaft zwar keine Bewältigung, aber eine erhebliche Milderung des immer noch ungelösten Problems der Rückwirkung von Rechtsprechung,[14] also der Fallgestaltung, dass bei einer sich ändernden Judikatur Vertragswerke, die im Vertrauen auf die bisherige Rechtsprechung errichtet und praktiziert worden sind, im Nachhinein das Unwirksamkeitsverdikt trifft. Letztlich fokussieren solche Rechtsstreitigkeiten in Bereichungsansprüchen, die darauf abzielen, dass das, was im Lichte der neueren Rechtsprechung als zu Unrecht empfangen angesehen wird, wieder herauszugeben ist. Wenn diese Unsicherheitsphase von 30 auf drei oder auch nur auf zehn Jahre verkürzt wird, stellt dies einen bedeutenden Fortschritt dar.

Die kurzen Regelverjährungsfristen erfordern von der Kautelarjurisprudenz jedoch auch eine höhere Aufmerksamkeit als bisher. Kreditsicherungsmittel wie Bürgschaften,[15] Garantien sowie Schuldanerkenntnisse und Schuldversprechen, die nicht in vollstreckbaren notariellen Urkunden abgegeben worden sind, sowie Negativerklärungen können verjährt sein, bevor die Kreditverträge, für die diese Instrumente als Kreditsicherungsmittel gedacht waren, notleidend werden. Sofern es sich um verhaltene Ansprüche handelt, wie etwa bei Positiverklärungen, dürfte die Verjährungsfrist erst ab der Geltendmachung des Rechtes zu laufen beginnen.

Bei gewöhnlichen Bürgschaften, also bei solchen, bei denen dem Bürgen die Einrede der Vorausklage zusteht – was faktisch aber immer ausgeschlossen ist, dürfte die Verjährungsfrist erst dann zu laufen beginnen, wenn die Einrede der Vorausklage nicht mehr geltend gemacht werden kann.[16]

Die praktischen Probleme sind keineswegs unlösbar. § 202 Abs. 2 BGB sieht ausdrücklich vor, dass die Verjährung durch Rechtsgeschäft – grundsätzlich auch durch AGB – verlängert und verkürzt werden kann. Es ist die Aufgabe der Formulargestalter, die Verjährungsfristen den Sicherungsbedürfnissen der Bank, das heißt der voraussichtlichen Kreditlaufzeit anzupassen.

---

14 Vgl. hierzu *Medicus*, NJW 1995, 40, und WM 1997, 2333; *Weber*, WM 1996, 49; *Richrath*, WM 1999, 1698; BGH WM 1996, 436 und 762 und WM 1998, 2186.

15 Vgl. hierzu Staudinger-*Horn*, BGB, 13. Bearb. 1997, § 765 Rdn. 238; *Lambsdorff/Skora*, Handbuch des Bürgschaftsrechts, München 1994, Rdn. 330; *Bydlinski*, ZIP 1989, 953.

16 *Bydlinski* (vorige Fn.).

Zu berücksichtigen ist in diesem Zusammenhang vor allem die Problematik der Altfälle. Nach der Übergangsvorschrift von Art. 229 § 6 Abs. 4 EGBGB wird die kürzere neue Verjährungsfrist von dem 1. Januar 2002 an berechnet, läuft also in den geschilderten Fällen am 31. Dezember 2004 aus.

Eine erste Kontroverse hat sich schon bei der Auslegung des § 196 BGB in der Literatur ergeben.[17] Nach dieser Vorschrift verjähren Ansprüche auf Übertragung des Eigentums an einem Grundstück sowie auf Begründung, Übertragung oder Aufhebung eines Rechts an einem Grundstück oder auf Änderung des Inhalts eines solchen Rechts in zehn Jahren. Von Seiten der Notare wird darauf hingewiesen, dass zu diesen Ansprüchen auch solche auf Rückgewähr nicht mehr valutierter Grundschulden gehören. In der Tat ist es durchaus üblich, dass ein Grundstückseigentümer und Rückgewährberechtigter solche Grundschulden „stehen" lässt in der Erwartung, sie später zu neuen Kreditsicherungszwecken kostengünstig verwenden zu können. Die Notare[18] schlagen deswegen vor, in der Grundschuldbestellungsurkunde die Verjährungsfrist formularmäßig auf 30 Jahre zu verlängern. Die Kreditwirtschaft hat sich diesem Vorschlag bisher nicht angeschlossen, sie hat vielmehr darauf hingewiesen, dass sich kein Kreditinstitut bei einem nicht mehr valutierten Sicherungsverhältnis auf die Verjährung der Rückgewähransprüche berufen wird, wenn der Kunde die Freigabe seines Grundpfandrechts zulässigerweise begehrt. Auch in der Vergangenheit wird es Fälle gegeben haben, in denen nicht mehr valutierende Grundschulden bereits verjährt waren. Es ist nicht bekannt, dass die Kreditinstitute jemals die Einrede der Verjährung erhoben hätten. Durch Verkürzung der Verjährungsfrist ist dieses Problem lediglich deutlicher ins Bewusstsein gerückt worden.

III. Transparenzgebot

Die Bestimmungen des AGB-Gesetzes sind im Wesentlichen zu pari als §§ 305 ff. in das BGB aufgenommen worden. Neu ist die Verankerung des Transparenzgebotes in § 307 Abs. 1 Satz 2 BGB, wonach eine unangemessene Benachteiligung sich auch daraus ergeben kann, dass eine Bestimmung in AGB nicht klar und verständlich ist. Damit wird das Transparenzgebot,

17 *Wolfsteiner*, DNotZ 2001, 902; *Otte*, ZGS 2002, 57.
18 *Wolfsteiner* (vorige Fn.).

das in Deutschland von der Rechtsprechung entwickelt worden war und nach der EU-Richtlinie über missbräuchliche Klauseln in Verbraucherverträgen vorgeschrieben ist, für das deutsche Recht gesetzlich geregelt. In den Gesetzesmaterialien[19] wird ausdrücklich betont, dass mit dieser Regelung keine inhaltliche Änderung, sondern lediglich eine Klarstellung des ohnehin von der Rechtsprechung stringent angewandten Transparenzgebotes verbunden sein soll. Die Kreditwirtschaft hat im Gesetzgebungsverfahren diese Vorschrift kritisiert und darauf hingewiesen, dass sie weit über das derzeit geltende Recht und die Vorgaben der EG-Richtlinie hinausgeht. Ein Verstoß gegen das Transparenzgebot habe nach früherem Recht nur dann zur Unwirksamkeit gemäß § 9 Abs. 1 AGBG geführt, wenn daraus eine unangemessene Benachteiligung entstanden sei. Nach der EG-Richtlinie müssten Klauseln „stets klar und verständlich abgefasst" sein. Es handele sich hier jedoch nicht um einen Unterfall der in Artikel 3 der Richtlinie definierten missbräuchlichen Klauseln, sondern die Vorschrift stehe im Zusammenhang mit der Unklarheitenregelung der Richtlinie, die die Auslegung betrifft und insoweit mit § 5 AGB vergleichbar sei. Es wird sorgfältig zu beobachten sein, inwieweit zukünftig die Intransparenz für sich genommen einen Unwirksamkeitsgrund darstellt und inwieweit eine durch die Intransparenz ausgelöste weitergehende unangemessene Benachteiligung daneben ein zusätzliches, eigenständiges Gewicht erlangt.

IV. Kreditrecht[20]

Aus der Sicht der Kreditwirtschaft am bedeutsamsten sind die Änderungen des Kreditrechts. Unter der Überschrift „Darlehensvertrag" werden das allgemeine Darlehensrecht und die bisher im Verbraucherkreditgesetz enthaltenen Sonderregelungen für Verbraucherkredite zusammengeführt. Wesentliche inhaltliche Änderungen sind mit dieser Neustrukturierung nicht verbunden. Allerdings ist auf folgende Einzelheiten hinzuweisen:

§ 490 Abs. 1 BGB gibt dem Darlehensgeber ein außerordentliches Kündigungsrecht, wenn in den Vermögenswerten des Darlehensnehmers oder in der Werthaltigkeit einer für das Darlehen gestellten Sicherheit eine wesent-

19 *Schmidt-Räntsch* u.a. (Fn. 6) S. 237 ff.
20 Vgl. hierzu *Wittig/Wittig*, WM 2002, 145 ff.

liche Verschlechterung eintritt oder einzutreten droht. Neu ist aber, dass das außerordentliche Kündigungsrecht des Darlehensgebers nur besteht, wenn die Rückerstattung des Darlehens „auch unter Verwertung der Sicherheit" gefährdet ist. Auch nach bisheriger Regelung in den Banken-AGB (Nr. 19 Abs. 3) war die Sicherheitenlage nicht unbeachtlich, weil die Verschlechterung der Vermögenslage zur Gefährdung der Erfüllung von Verbindlichkeiten führen musste. Es wurde aber nicht für notwendig erachtet, bei einer ausreichenden Besicherung bis zur Eröffnung des Insolvenzverfahrens zuzuwarten und erst sodann die Sicherheiten zu verwerten.[21] Hinzu kommt, dass die Sicherheiten erfüllungshalber bestellt sind. Der Zugriff auf sie soll das wirtschaftliche Interesse der Bank bei einer Vermögensgefährdung sichern, nicht aber die Vermögensgefährdung bereits begrifflich ausschließen. Nach jetziger Rechtslage ist es so, dass trotz eingetretener Verschlechterung der Vermögensverhältnisse ein Kündigungsrecht nicht besteht, wenn die gestellten Sicherheiten ausreichen. Damit wird die leidige und kaum lösbare Bewertungsproblematik wieder virulent, die aufgrund der Entscheidung des Großen Zivilsenats[22] des Bundesgerichtshofs jedenfalls in ihrer praktischen Relevanz als überwunden angesehen wurde. Die in den Sicherheitenvordrucken enthaltenen Bewertungsmethoden zielen auf die Freigabe ab, orientieren sich an der Rechtsprechung des Bundesgerichtshofs und sind im Übrigen zu schematisch, um den tatsächlichen Wert einer Sicherheit, wie sie etwa ein Wirtschaftsprüfer festlegen würde, zu ermitteln. Ungeklärt ist im Übrigen bis heute die Frage, ob und welche Sicherungskraft einer Bürgschaft beigemessen werden kann. Die derzeitigen vertraglichen Regelungen würden zweifelsfrei auch für die Frage des Bestehens eines Kündigungsgrundes maßgeblich sein, so dass deren Änderung oder Aufhebung ernsthaft überlegt werden muss.

In § 490 Abs. 2 BGB wird dem Darlehensnehmer bei einem grundpfandrechtlich gesicherten Darlehen ein außerordentliches Kündigungsrecht für den Fall eingeräumt, dass er ein Bedürfnis nach einer anderweitigen Verwertung des Sicherungsobjektes hat. Mit dieser Regelung wird – wie die Gesetzesbegründung besagt – die Rechtsprechung des Bundesgerichtshofs[23] zu der Frage, ob und unter welchen Voraussetzungen der Darlehensnehmer bei

21 Vgl. *Gößmann*, in: Hellner/Steuer, Bankrecht und Bankpraxis 1/592.
22 BGH WM 1998, 227.
23 BGHZ 136, 161.

einem Festzinskredit gegen Zahlung einer Vorfälligkeitsentschädigung eine vorzeitige Kreditabwicklung verlangen kann, festgeschrieben. Dabei orientiere sich die Gesetzesfassung eng an den vom Bundesgerichtshof entwickelten Grundsätzen, so dass sich aus der Kodifizierung keine Änderung der geltenden Rechtslage ergäbe. Nach der Rechtsprechung des Bundesgerichtshofs hat der Kreditnehmer unter bestimmten Voraussetzungen ein auf den Grundsatz von Treu und Glauben gestütztes Recht auf Vertragsaufhebung bzw. Vertragsmodifizierung, wonach dem Schuldner gestattet wird, an Stelle der ursprünglich geschuldeten Vertragspflichten sozusagen als facultas alternativa Schadenersatz wegen Nichterfüllung zu leisten.[24]

Der Gesetzesentwurf ist jedoch von der bis dato bestehenden Rechtslage in zweifacher Weise abgewichen: Zum einen wurde der Anspruch auf Abschluss eines Aufhebungsvertrages ersetzt durch ein außerordentliches Kündigungsrecht des Darlehensnehmers, das dann besteht, wenn seine berechtigten Interessen dessen Ausübung gebieten. Eine solche gesetzliche Regelung nimmt dem Lösungsrecht die Aura des Außergewöhnlichen, so dass tendenziell zukünftig eine Abstandnahme von dem Vertrag eher leichter möglich sein dürfte. Zum anderen ist die Zahlung der Vorfälligkeitsentschädigung, für deren Berechnung der Gesetzgeber Grundsätze aufzustellen sich außer Stande sah, nicht mehr Inhalt des Aufhebungsvertrages, sondern Rechtsfolge der Kündigung, so dass eine Vertragsbeendigung auch dann eintritt, wenn der Anspruch auf Schadenersatz wegen Nichterfüllung nicht geleistet wird und Gegenstand eines nachfolgenden Rechtsstreites wird.

Als misslungen muss die Vorschrift des § 492 Abs. 4 BGB angesehen werden, wonach Vollmachten, die ein Darlehensnehmer zum Abschluss eines Verbraucherdarlehensvertrages erteilt, den Formvorschriften des Darlehensvertrages selbst unterliegt, insbesondere dessen Mindestangaben enthalten muss. Mit dieser Regelung reagiert der Gesetzgeber auf drei Entscheidungen des Bundesgerichtshofs,[25] in denen der XI. Senat festgestellt hatte, dass nach geltendem Recht entsprechende Vollmachten die Mindestangaben über Darlehensbedingungen nicht enthalten müssten. Der Bundesgerichtshof hatte dies in erster Linie mit dem Wesen der Stellvertretung begründet, dem es entspreche, dass der Stellvertreter vom Vertragspartner die wesentlichen

24 *Huber*, Handbuch des Schuldrechts, Leistungsstörungen Band II, Tübingen 1999, § 46 IV 2.
25 WM 2001, 1024 ff., 1663 ff., 2113 ff.

Informationen über einzelne Vertragsbedingungen erhalte und auf dieser Grundlage die notwendigen Entscheidungen für den Geschäftsherrn treffen dürfe. Der BGH hatte darauf hingewiesen, dass rechtsgeschäftliche Stellvertretung bei Verbraucherdarlehensverträgen weitgehend unmöglich würde, wenn die erforderlichen Mindestangaben bereits in die Vollmachtsurkunde aufgenommen werden müssten. Der Informationsfluss würde gleichsam in die falsche Richtung gehen. Dem Gläubiger die Mindestangaben im Zusammenhang mit der Vollmachtserteilung abzuverlangen, läuft im Ergebnis auf den Ausschluss der Stellvertretung in solchen Fällen hinaus und macht die Kreditaufnahme zu einem höchstpersönlichen Geschäft.

Es ist bedauerlich, dass der Gesetzgeber aus tagespolitischen Erwägungen eine Vorschrift in das BGB aufgenommen hat, deren Unpraktikabilität offensichtlich ist. Die Altfälle, die in einem besonderen Geschäftsumfeld entstanden sind, werden sich in dieser Weise nicht wiederholen. Auf sie kann der Gesetzgeber rückwirkend auch gar nicht mehr regelnd eingreifen. Im Übrigen würden alle diese Fälle auch unter die Ausnahmevorschrift gefallen sein, wonach Vollmachten, die in notariell beurkundeter Form erteilt worden sind, diese Angaben nicht enthalten müssen.

Demgegenüber werden Kreditaufnahmevollmachten unter Angehörigen, die zum Beispiel zu Betreuungs-, Altersvorsorge-, Abwesenheitszwecken erteilt werden, die sinnvoll, praktisch notwendig und aus Sicht des Vollmachtgebers auch völlig unproblematisch sind, unterbunden.

V. Auswirkungen des Schuldrechtsmodernisierungsgesetzes auf die Banken-AGB

Aufgrund des Schuldrechtsmodernisierungsgesetzes sind bei der ohnehin anstehenden Änderung der AGB zum 1. April 2002 neben rein redaktionellen Anpassungen folgende bedeutsamere Änderungen vorgenommen worden:[26]

In Ziff. 18 ist ein neuer Abs. 3 aufgenommen, wonach gesetzliche Kündigungsrechte unberührt bleiben. Mit dieser Regelung soll klargestellt werden, dass die in Nr. 18 AGB enthaltenen Kündigungsrechte des Kunden nicht abschließend sind und daneben bestehende gesetzliche Kündigungsrechte,

26 Vgl. hierzu *Sonnenhol*, WM 2002, 1259 ff.

insbesondere das oben erwähnte aus § 490 Abs. 2 BGB, nicht abbedungen wird, was jedenfalls durch AGB wohl auch nicht zulässig wäre.

Nr. 19 Abs. 3 AGB, die das Kündigungsrecht der Bank aus wichtigem Grund ohne Einhaltung einer Kündigungsfrist zum Gegenstand hat, ist im Interesse einer besseren Übersichtlichkeit neu strukturiert worden. Wesentlich ist, dass die Regelung des § 490 Abs. 1 BGB rezipiert wird, wonach eine Kündigung wegen Vermögensverschlechterung nur dann zulässig ist, wenn die Rückerstattung des Darlehens „auch unter Bewertung der Sicherheiten" gefährdet ist. Die Kreditwirtschaft hat damit eine Formulierung aufgegriffen, die von ihr selbst im Gesetzgebungsverfahren angegriffen worden ist und, wie dargelegt, nach wie vor für unglücklich gehalten wird. Dies spiegelt jedoch keine Inkonsequenz wieder, sondern die Befürchtung, dass der Regelung in § 490 Abs. 1 BGB Leitbildcharakter zukommt mit der Folge, dass ein gegenüber der gesetzlichen Regelung erleichtertes Kündigungsrecht möglicherweise dem Unwirksamkeitsverdikt unterfällt.

Die Kreditwirtschaft ist über diese gesetzliche Bestimmung insofern noch hinausgegangen, als die Regelung nicht nur – wie § 490 Abs. 1 BGB vorsieht – für Darlehen gilt, sondern auch dann, wenn die Erfüllung sonstiger Verbindlichkeiten gegenüber der Bank gefährdet ist. Auf diese Weise sollte der seit jeher in Nr. 19 Abs. 3 angelegte Gleichlauf des Darlehens mit sonstigen Verbindlichkeiten beibehalten werden. Im Übrigen dürfte bei sonstigen Verbindlichkeiten – etwa Aufwendungsersatzansprüchen aus Avalbestellungen – bezüglich des Kündigungsrechts ohnehin materiell nichts anderes gelten.

In einem zusätzlich in diesen Absatz aufgenommenen Passus wird bestimmt, dass dann, wenn der wichtige Grund in der Verletzung einer vertraglichen Pflicht liegt, die Kündigung grundsätzlich erst nach erfolglosem Ablauf einer zur Abhilfe bestimmten angemessenen Frist oder nach erfolgloser Abmahnung zulässig ist. Diese Regelung reflektiert den neu ins BGB eingefügten § 314 „Kündigung von Dauerschuldverhältnissen aus wichtigem Grund". Es handelt sich hier um eine der Vorschriften, mit denen in der Rechtsprechung und Lehre entwickelte und allgemein anerkannte Grundsätze kodifiziert werden. Dieser Rechtsgrundsatz ist in seinem Kern zwingendes Recht, das durch Allgemeine Geschäftsbedingungen nicht eingeschränkt werden kann. Vorliegend bestand die Frage, ob er durch AGB erleichtert werden darf, insbesondere ob auf die Fristsetzung und die Abmahnung verzichtet werden kann. Höchst vorsorglich sind die Banken-AGB auch hier dem Regime des BGB unterstellt worden. Eine nennenswerte Änderung gegenüber der bisherigen Praxis bzw. einer Erschwerung der Kündigungsmöglichkeiten dürfte hiermit jedoch nicht verbunden sein.

VI. Zinsen

Durch § 247 BGB in Verbindung mit Artikel 229 § 7 EGBGB, die zwei Verordnungen zur Ersetzung von Zinssätzen[27] und sowie das Versicherungskapitalanlagenbewertungsgesetz[28] ist eine gewisse Ordnung in das System der gesetzlichen Zinssätze gebracht worden. Bezugsgröße ist der Basiszinssatz, der in § 247 BGB als die zuletzt veröffentlichte Hauptrefinanzierungsoperation der Europäischen Zentralbank vor dem ersten Kalendertag des betreffenden Halbjahres definiert wird. Der im Gesetz wiedergegebene Basiszinssatz von 3,62 Prozent ist erstmals zum 1. Januar 2002, also dem Zeitpunkt des Inkrafttretens des Gesetzes, angepasst worden und beträgt derzeit 2,57 Prozent.[29]

Für Verbraucherdarlehensverträge gilt gemäß § 497 Abs. 1 BGB in Verbindung mit § 288 Abs. 1 BGB ein Verzugszins in Höhe des Basiszinssatzes plus 5 Prozent. Für grundpfandrechtlich gesicherte Verbraucherdarlehensverträge beträgt der Verzugszinssatz, und das ist neu, gemäß § 497 Abs. 1 Satz 2 BGB Basiszinssatz plus 2,5 Prozent.

Da nach Artikel 229 § 5 S. 2 EGBGB für Dauerschuldverhältnisse, die vor dem 1. Januar 2002 entstanden sind, noch bis zum 1. Januar 2003 das Bürgerliche Gesetzbuch in der bis zum 31. Dezember 2001 geltenden Fassung gilt, sind auf Altverträge bis zu diesem Zeitpunkt noch die früher geltenden Verzugszinssätze anwendbar.

Im Kreis der Kreditwirtschaft ist diskutiert worden, inwiefern § 288 Abs. 2 BGB für die Kreditinstitute instrumentalisiert werden kann, wonach bei Rechtsgeschäften, an denen ein Verbraucher nicht beteiligt ist, der Zinssatz für Entgeltforderungen 8 Prozentpunkte über dem Basiszinssatz beträgt.

---

27 Verordnung zur Ersetzung von Zinssätzen vom 5. April 2002 (BGBl. I vom 11. April 2002, S. 1250) und Zweite Verordnung vom 13. Mai 2002 (BGBl. I vom 13. Mai 2002, S. 1582).

28 BGBl. I vom 3. April 2002, S. 1219, darin als Art. 4: Gesetz zur Aufhebung des Diskont-Überleitungs-Gesetzes.

29 Vgl. Palandt-*Heinrichs*, Gesetz zur Modernisierung des Schuldrechts, München 2002, § 247 Rdn. 1.

Das Bundesjustizministerium hat in einem Schreiben[30] an den Zentralen Kreditausschuss also quasi im Wege authentischer Interpretation zutreffenderweise festgestellt, dass diese Vorschriften für rückständige Tilgungsleistungen keine Anwendung findet, weil diese keine Entgeltforderungen im Sinne dieser Vorschrift sind. Entgeltforderungen seien nur solche, die im Gegenseitigkeitsverhältnis stünden, um derentwillen also der Gegenseite eine bestimmte Forderung eingeräumt oder Leistung erbracht wurde. Es müsse sich also um den Preis für die Sache oder Leistung handeln. Ein synallagmatisches Verhältnis besteht zwar im Verhältnis der Zinsen und der Kapitalüberlassung, nicht aber hinsichtlich der Rückerstattung und deren Raten. Das Kreditinstitut überlasse die Darlehen um der Zinszahlung, nicht um der Rückerstattung willen. Diese sei Hauptleistungspflicht des Darlehensnehmers, nicht aber der Preis für das Darlehen.

VII. Änderungen des Kaufrechts

Im Rahmen der Schuldrechtsmodernisierung hat auch das Kaufrecht eine grundlegende Erneuerung erfahren. Dies hat Konsequenzen für das Bankgeschäft, wenngleich hierdurch auch nicht Kernbereiche der Geschäftstätigkeit berührt werden.

VIII. Sicherheitenverwertung

Auswirkungen haben die neuen Vorschriften insbesondere auf die Sicherheitenverwertung. In der Vergangenheit war es üblich, Sicherungsgut – wenn es von der Bank selbst verwertet wurde – unter dem Ausschluss jeglicher Gewährleistung zu veräußern. Eine solche Regelung ist heute noch möglich, wenn die Veräußerung an einen Unternehmer erfolgt. Der Ausschluss der Haftung für gebrauchte Gegenstände kann auch in AGB vereinbart werden (§ 309 Nr. 8 b) aa) BGB), während dies bei neuen Gegenständen allenfalls noch durch Individualvertrag zulässig ist. Erfolgt demgegenüber die Veräußerung an einen Verbraucher, ist ein Haftungsausschluss gemäß § 475 BGB nicht zulässig. Es ist allenfalls denkbar, bei einer gebrauchten Sache

30 Nicht veröffentlichtes Schreiben vom 10. April 2002.

den Gegenstand so genau und abwertend zu beschreiben, dass eine Divergenz zwischen der vereinbarten Beschaffenheit und Ist-Beschaffenheit nicht mehr feststellbar ist. Eine solche Verfahrensweise scheidet angesichts der Vielzahl der zur veräußernden Gegenstände schon aus praktischen Gründen aus. Sie wäre im Übrigen auch wenig verkaufs- und preisfördernd.

Wird das Sicherungsgut im Rahmen einer Insolvenz verwertet, ist hierfür zumeist der Insolvenzverwalter zuständig. Durch dessen Einschaltung wird das Problem allenfalls verlagert, aber nicht gelöst. Die Gewährleistungsansprüche werden letztendlich den gesicherten Gläubiger treffen. Nach der InsO sind an diesen der Nettoverwertungserlös, das heißt der Kaufpreis abzüglich der Kosten für die Feststellung und die Verwertung des Gegenstandes und eines etwa fällig werdenden Umsatzsteuerbetrages auszukehren. Eine Minderung des Kaufpreises reduziert den Verwertungserlös. Ein Nachbesserungsaufwand dürfte unter die Verwertungskosten zu subsumieren sein. Kommt es zu einer Rückabwicklung des Vertrages, ist an den gesicherten Gläubiger überhaupt nichts auszukehren. Lediglich, wenn ein Schadenersatzanspruch geltend gemacht wird, der verschuldensabhängig ist und denjenigen trifft, dem das Verschulden zur Last fällt, dürften diese Ansprüche bei der Masse verbleiben.

In der Vergangenheit war es üblich, Sicherungsgut pauschal an bestimmte Verwertungsgesellschaften zu veräußern. Diese unterliegen bei einer Weiterveräußerung an Verbraucher ebenfalls den Restriktionen des Verbrauchgüterkaufs. Dies wäre für die erstveräußernde Bank nicht weiter problematisch, wenn nicht in diesem Falle die Rückgriffsvorschrift des § 478 BGB zum Zuge käme, die für neu hergestellte Sachen gilt. Hiernach hat der Verkäufer, der von einem Verbraucher eine Kaufsache wegen Mängeln zurücknehmen muss oder einer Minderung ausgesetzt ist, gegen seine Lieferanten einen Aufwendungsersatzanspruch. Auf diesen Regressanspruch kann im Vorhinein nicht verzichtet werden (§ 478 Abs. 4 BGB), es sei denn, dass dem Rückgriffsgläubiger ein gleichwertiger Ausgleich eingeräumt wird.

Als Ausweg bleibt schließlich nur noch die Möglichkeit des Verkaufs gebrauchter Sachen in öffentlicher Versteigerung. In dieser Fallgestaltung greifen die Vorschriften über den Verbrauchsgüterkauf nicht ein (§ 474 Abs. 1 Satz 2 BGB). Allerdings erscheint fraglich, ob man bei dieser Vertriebsform ein optimales Verwertungsergebnis erreichen kann.

IX. Rechtskauf

Eine der signifikanten Änderungen des Kaufrechts besteht darin, dass die bisherige Vorschrift des § 437 BGB, wonach der Verkäufer einer Forderung für den rechtlichen Bestand der Forderung oder des Rechts haftet, in Fortfall geraten ist. Während die Einstandspflicht für Rechtsmängel bisher als Garantiehaftung ausgestaltet war, also ohne Rücksicht auf Verschulden für den Bestand, die Einredefreiheit und die Durchsetzbarkeit einer Forderung gehaftet wurde, gelten nunmehr die gemeinsamen Grundsätze für Sach- und Rechtsmängel, das heißt der Käufer hat zunächst einen Anspruch auf Nachbesserung, Rücktritt oder Kaufpreisminderung und im Falle des Verschuldens auch auf Schadenersatz.

Für den Kreditbereich ist im Falle der Forderungszession, des Factoring, des Leasing oder im Zusammenhang mit Asset Backed Securities eine garantieartige Einstandspflicht unverzichtbar. Man hat deswegen in der Praxis im weiten Umfange den bisherigen Rechtszustand durch vertragliche Vereinbarung substituiert. In der Praxis wird vielfach die Sorge geäußert, dass eine solche Vereinbarung – insbesondere in AGB getroffen – dem geänderten gesetzlichen Leitbild des Rechtskaufes widersprechen und deswegen als mit dem Grundgedanken der gesetzlichen Regelung unvereinbar angesehen werden könnte. Im Ergebnis dürfte eine solche Ausweitung der Verkäuferhaftung zulässig sein. Zum einen ist das BGB tendenziell eher käuferfreundlich und schränkt lediglich vertragliche Vereinbarungen zur Begrenzung, nicht aber zur Ausweitung von Mängelansprüchen ein. Zum anderen sieht § 276 Abs. 1 BGB die Möglichkeit der Übernahme einer Garantie ausdrücklich vor.

Noch etwas anderes ist zu bedenken: Die Verjährung von Rechtsmängelansprüchen richtete sich bislang nach § 195, es kam also die Regelverjährungsfrist von 30 Jahren zum Zuge.[31] Nunmehr gilt die einheitliche Regelung für Rechts- und Sachmängelansprüche in § 438, wonach eine Regelverjährungsfrist von zwei Jahren besteht. Die Verjährung beginnt bei beweglichen Sachen mit der Ablieferung. Bei Rechten liegt es nahe, auf die entsprechende Situation, also auf die Abtretung abzustellen. Da die zweijährige Verjährungsfrist den Anforderungen der Praxis vielfach nicht genü-

31 Staudinger-*Honsell*, BGB 13. Bearb. 1995, § 477 Rdn. 10.

gen dürfte, empfiehlt es sich auch hier, vertraglich eine längere Frist, etwa von zehn Jahren, zu vereinbaren.

X. Fazit

Die Neuerungen, die die Schuldrechtsmodernisierung für die Kreditwirtschaft gebracht hat, sind nicht sonderlich gravierend. Grundlegende Änderungen für das Bankgeschäft sind hieraus nicht zu erwarten. Allerdings ist zur Vermeidung von Rechtsverlusten eine gewisse Wachsamkeit angezeigt. Die bedeutsamste Änderung dürfte in § 490 BGB liegen. Hier bleibt abzuwarten, ob die Rechtsprechung im Ergebnis das außerordentliche Kündigungsrecht der Bank im Hinblick auf die Anrechnung der Sicherheiten erschwert und das außerordentliche Kündigungsrecht des Darlehensnehmers für Festzinskredite zur Wahrung seiner berechtigten Interessen erleichtert.

XI. Ausblick

Das neue Schuldrecht, noch kein halbes Jahr in Kraft, wird derzeit einer umfangreichen Änderung unterzogen. An unauffälliger, um nicht zu sagen intransparenter Stelle, nämlich in Artikel 25 des Entwurfs eines Gesetzes zur Änderung des Rechts zur Vertretung durch Rechtsanwälte vor den Oberlandesgerichten, sind insgesamt 20 Änderungen schuldrechtlicher Vorschriften vorgesehen. Das Gesetz ist vom Bundestag bereits beschlossen.[32] Anlass für dieses Gesetz ist das Urteil des Europäischen Gerichtshofs vom 13. Dezember 2001, wonach dem Verbraucher bei Immobiliendarlehensverträgen, die zugleich Haustürgeschäfte darstellen, ein Widerrufsrecht eingeräumt werden muss, das im Fall einer nicht ordnungsgemäßen Belehrung zeitlich nicht befristet werden darf.

Die vorgeschlagene gesetzliche Regelung sieht im Kern so aus, dass die Privilegierung des Immobiliarkredits in § 491 Abs. 3 Nr. 1 BGB zu weiten Teilen gestrichen wird. Demzufolge werden insbesondere die Vorschriften über das Widerrufsrecht und das verbundene Geschäft für diese Kreditart anwendbar. Dabei wird bei den Immobiliarkrediten der Anwendungsbereich

32 BGBl. I vom 31. Juli 2002, S. 2850.

eines verbundenen Geschäfts geringfügig, aber nicht genügend eingeschränkt. Ein verbundenes Geschäft soll immer dann schon vorliegen, wenn der Darlehensgeber über die Zurverfügungstellung des Darlehens hinaus den Erwerb des Grundstücks oder grundstücksgleichen Rechts „durch Zusammenwirken mit dem Unternehmer fördert".

Aufrecht erhalten bleiben soll die Freistellung der Mobiliarkredite von der Verpflichtung zur Angabe eines Gesamtbetrages. Diese bisher in § 491 Abs. 3 Satz 1 BGB enthaltene Ausnahme soll aber zukünftig in § 492 Abs. 1 a BGB geregelt werden.

Das Widerrufsrecht findet nach der Streichung von § 491 Abs. 3 Ziff. 1 BGB grundsätzlich vollumfänglich auf Immobiliarkredite Anwendung. Für den Bereich der Immobiliarkredite, die keine Haustürgeschäfte im Sinne des § 312 BGB sind, soll den Kreditinstituten nach einer vorgesehenen Neuregelung in § 506 Abs. 3 BGB allerdings – zeitlich befristet bis zum 30. Juni 2005 – noch die Möglichkeit eingeräumt werden, das Widerrufsrecht durch „besondere schriftliche Vereinbarung" auszuschließen.

Nach einer Ergänzung in § 355 Abs. 3 Satz 3 BGB erlischt das Widerrufsrecht des Verbrauchers – entgegen der geltenden Regelung in § 355 Abs. 3 Satz 1 BGB zukünftig nicht mehr, wenn der Verbraucher nicht ordnungsgemäß über sein Widerrufsrecht belehrt worden ist.

Schließlich wird das Beurkundungsgesetz dahingehend geändert, dass dem Verbraucher ausreichend Gelegenheit zu geben ist, sich mit dem Gegenstand der Beurkundung auseinander zu setzen, was im Regelfall dadurch geschieht, dass dem Verbraucher der beabsichtigte Text des Rechtsgeschäfts zwei Wochen vor der Beurkundung zur Verfügung gestellt wird.

Aus diesen neuen Bestimmungen dürften größere Belastungen auf die Kreditwirtschaft zukommen, als aus denen, die seit dem Inkrafttreten des Schuldrechtsmodernisierungsgesetzes geltendes Recht sind. Es zeigt sich aber, wie sehr das BGB in die Tagespolitik geraten ist. Das alles lässt weitere hektische Änderungen erwarten und nährt die Befürchtung, dass die Verfallzeit auch der großen Kodifikationen immer kürzer wird.

II. Abteilung:
Wissenszurechnung bei Kreditinstituten

Leitung: *Dr. Herbert Messner*
Rechtsanwalt beim Bundesgerichtshof, Karlsruhe

Wissenszurechnung im unabhängigen und Konzernunternehmen – Zivil-, gesellschafts- und bankrechtliche Überlegungen*

Professor Dr. *Josef Drexl*, Universität München,
Max-Planck-Institut für Geistiges Eigentum,
Wettbewerbs- und Steuerrecht, München

---

* Der Beitrag beruht auf dem Referat des Verfassers auf dem Bankenrechtstag am 28.6.2002 in Leipzig.

I. Einführung

Die Wissenszurechnung im Unternehmensbereich hat Rechtsprechung und Schrifttum immer wieder beschäftigt.[1] Eine Zäsur bedeutete die Entscheidung des V. Zivilsenats des BGH im sog. *Altlasten-Fall* vom 2. Februar 1996,[2] in der die Wissenszurechnung auf eine neue, wenngleich von Rechtsprechung[3] und Schrifttum[4] vorbereitete Grundlage gestellt wurde. Maßgeblicher Grund für die Zurechnung von Wissens ist danach eine allgemeine Pflicht zur ord-

1 Zur Wissenszurechnung zwischen den Filialen einer Bank: BGH, v. 1.6.1989, NJW 1989, 2879, sowie BGH, v. 1.6.1989, NJW 1989, 2881; zur Wissenszurechnung in einer Gemeinde: BGH, v. 8.12.1989, BGHZ 109, 327 = DNotZ 1989, 122 (Anm. *Bohrer*); v. 24.1.1992, BGHZ 117, 104 = LM H.5/1992, § 463 BGB Nr. 62 (Anm. *Grunewald*); zur Wissenszurechnung in einer GmbH & Co. KG: BGH, v. 17.5.1995, NJW 1995, 2159 = LM H.10/1995 § 166 BGB Nr. 33 (Anm. *M. Wolf*); v. 31.1.1996, NJW 1996, 1205 = LM H.6/1996 § 166 BGB Nr. 35 (Anm. *Scheuch*) = EWiR § 166 BGB 1/96, S. 635 (Anm. *Pfeiffer*). Aus dem älteren Schrifttum siehe insbesondere: *Baumann*, ZGR 1973, 284; *Bohrer*, DNotZ 1989, 124; *Canaris*, Bankvertragsrecht, 4. Aufl. HGB-Großkommentar, Rdn. 106 und 800a; *Grunewald*, FS *Beusch*, 1993, S. 301; *Richardi*, AcP 169 (1969), 385; *Schilken*, Wissenszurechnung im Zivilrecht, 1983; *Waltermann*, AcP 192 (1992), 181.

2 BGHZ 132, 30 = NJW 1996, 1339 = JZ 1996, 731 (mit Anm. *Taupitz*).

3 Siehe die Rechtsprechung oben Fn. 1.

4 Von zentraler Bedeutung *Taupitz*, in: Karlsruher Forum 1994, Beil. zum VersR, S. 16 ff., sowie *Medicus*, in: Karlsruher Forum 1994, Beil. zum VersR, S. 4 ff. Diese wiederum können sich vor allem auf *Bohrer* (Fn. 1) beziehen.

nungsgemäßen Wissensorganisation in arbeitsteiligen Organisationen unabhängig von der jeweiligen Rechtsform.[5]

Der Entscheidung aus dem Jahre 1996 gelang es gleichwohl nicht, die Diskussion im Schrifttum zu beenden.[6]

Schon *zivilrechtlich* wird die Wissenszurechnung auf der Grundlage einer spezifischen Pflicht zur Wissensorganisation hinterfragt.[7] Obwohl sich der BGH ganz bewusst für einen rechtsformunabhängigen, rein zivilrechtlichen Ansatz der Wissenszurechnung entschied, entfachte er eine spezifisch *gesellschaftsrechtliche* Diskussion, nämlich zur Anwendung der neuen Grundsätze auf die Wissenszurechnung zwischen rechtlich selbstständigen Konzernunternehmen.[8]

Schließlich konnte die Entscheidung nicht klären, wie sich die allgemein gehaltenen Grundsätze in spezifischen Regelungszusammenhängen auswirken würden. Während im Vorfeld der Entscheidung des V. Senats vor allem

---

5 Kurz vorher hatte noch der VIII. Zivilsenat anders entschieden; BGH, v. 17.5.1995, NJW 1995, 2159; v. 31.1.1996, NJW 1996, 1205 (zur Wissenszurechnung in einer BGB-Gesellschaft).

6 Erwähnt seien hier eine ganze Reihe von Monographien mit bürgerlichrechtlichen Zuschnitt: *Adler*, Wissen und Wissenszurechnung, insbesondere bei arbeitsteilig aufgebauten Organisationen, 1997; *Baum*, Die Wissenszurechnung, 1999; *Bott*, Wissenszurechnung bei Organisationen, 2000; *Buck*, Wissen und juristische Person, 2001; *Ertel*, Die Wissenszurechnung im deutschen und angloamerikanischen Zivilrecht, 1999; *Goldschmidt*, Die Wissenszurechnung: ein Problem der jeweiligen Wissensnorm, entwickelt am Beispiel des § 463 Satz 2 BGB, 2001; *Rohde*, Die Wissenszurechnung bei rechtsgeschäftlicher Tätigkeit einer juristischen Person, 1999; *Römmer-Collmann*, Wissenszurechnung innerhalb juristischer Personen, 1998; *Vogel*, Arglistiges Verschweigen des Bauunternehmers aufgrund Organisationsverschuldens: eine Untersuchung zum Begriff des arglistigen Verschweigens bei § 638 Abs. 1 Satz 1 BGB und zur unterorganschaftlichen Wissenszurechnung, 1998. Aus der Aufsatzliteratur, siehe *Aden*, NJW 1999, 3098; *Altmeppen*, BB 1999, 749; *Beuthien*, NJW 1999, 3585; *Fassbender/Neuhaus*, WM 2002, 1253; *Flume*, AcP 197 (1997), 441; *Hartung*, NZG 1999, 524; *Kieser/Kloser*, GmbHR 2001, 176; *Kohler-Gehrig*, VBl. BW 1998, 212; *Koller*, JZ 1998, 75; *Scheuch*, GmbHR 1996, 828; *Taupitz*, JZ 1996, 734.

7 Siehe zusammenfassend *Fassbender/Neuhaus*, WM 2002, 1253.

8 Siehe *Drexl*, ZHR 161 (1997), 491; *Schulenburg*, Bankenhaftung bei Immobilienfonds, zugleich eine Untersuchung der Wissenszurechnung im Konzern, 2002; *Schüler*, Die Wissenszurechnung im Konzern, 2000. Aus früherer Zeit siehe *Bork*, ZGR 1994, 237.

Diskussionsbeiträge aus dem Bereich des Versicherungsrechts eine große Rolle spielten,[9] wird die Wissenszurechnung mittlerweile auch im *bankrechtlichen* Bereich thematisiert.[10] Entsprechend widmet sich nun auch der diesjährige Bankenrechtstag dem Thema der Wissenszurechnung.

Dieses Eröffnungsreferat stellt sich zur Aufgabe, über einige zivil-, gesellschafts- und bankrechtliche Überlegungen die dogmatische Grundlagen für die Diskussion von praktischen Problemen aus dem Bankensektor herauszuarbeiten.

Zur Veranschaulichung der Problematik werden zwei Ausgangsfälle gewählt. Der erste Fall beruht auf zwei Entscheidungen des XI. Zivilsenats aus dem Jahre 1997 zur Haftung von Banken, die Inhaberverrechnungsschecks eingelöst hatten, ohne die Berechtigung des Scheckeinreichers zu hinterfragen.[11]

> *Fall 1:* B ist als Geschäftsführer bei der K-GmbH beschäftigt. Er unterschlägt im Laufe weniger Monate 18 Inhaberverrechnungsscheck i.H. von insgesamt 54.000 €, die auf die K-GmbH ausgestellt sind, und sendet sie an eine Filiale der V-Bank, bei der er ein Girokonto unterhält. Über dieses Girokonto bezieht B auch sein Gehalt. Der Bankangestellte A nimmt die Einzelschecks im Betrag von über 2.500 € entgegen und schreibt die Beträge dem Konto des B gut. Anders als der Kollege T, der kurz vor Eingang des ersten Schecks die Filiale gewechselt hatte, wusste A nicht, dass B bei der K-GmbH beschäftigt ist, hätte dies aber bei Kontrolle der Kontobewegungen erkennen können. Weil B das Geld mittlerweile verbraucht hat, möchte sich die K-GmbH an der V-Bank schadlos halten.

---

9 Siehe insbes. *Taupitz* (Fn. 4) und *Medicus* (Fn. 4). Aus der Zeit nach der Entscheidung, siehe *Leschke*, Vertretungsmacht von Versicherungsvertretern und Wissenszurechnung, 1998.

10 *Faßbender*, Innerbetriebliches Wissen und bankrechtliche Aufklärungspflichten, 1998; *Heidrich*, Das Wissen der Bank, Untersuchung dessen, was privatrechtlich das Wissen einer Bank-Aktiengesellschaft ist (Wissenszurechnung) – was sie wissen will, wissen darf (in Auswahl) und warum sie zur Organisation ihres Wissens verpflichtet ist, Diss. 2001. Siehe zur beginnenden handelsrechtlichen Diskussion *Drexl/Mentzel*, Jura 2002, 375, 379 ff.

11 BGH, v. 15.4.1997, BGHZ 135, 202 = LM H.8/1997 § 166 BGB Nr. 36 (Anm. *Koller*) = JuS 1997, 845 (Anm. *Emmerich*); siehe auch BGH, v. 4.11.1997, WM 1997, 2395 = ZIP 1998, 330 = EWiR 1998, 1029 (Anm. *Aden*).

Der zweite Fall knüpft an zwei zeitgleich ergangene Entscheidungen des BGH aus dem Jahre 1989 an,[12] in denen es um die Wissenszurechnung zwischen den Filialleitern einer Bank ging. Diese sog. *Chinook Manor-Fälle* lassen sich anschaulich in eine konzernrechtliche Situation übertragen.

> *Fall 2:* Kaufmann L vertreibt Immobilienanlagen im fernen Kanada. Zu den Kunden des L gehört auch K. Dieser nimmt zum Zwecke der Finanzierung zunächst ein Darlehen bei der X-Bank auf. Wenig später schließt K einen weiteren Darlehensvertrag mit der Y-Bank. Beide Banken gehören zum selben Konzern. L gerät wenig später in Insolvenz. Es stellt sich heraus, dass nicht nur L, sondern auch der Bankangestellten S wusste, dass die angeblichen Renditen der Immobilien in Kanada bei weitem zu hoch angegeben worden waren. Die Mitarbeiter der Y-Bank hatten bei der X-Bank keine Informationen eingeholt, obwohl ihnen die vorherige Darlehensvergabe durch die X-Bank bekannt war.[13] Kann sich K auch von dem Darlehensvertrag mit der Y-Bank lösen?

Im Folgenden werden zunächst die zivilrechtlichen Grundlagen der Wissenszurechnung aufgegriffen und diskutiert (unten II.). Sodann soll im gesellschaftsrechtlichen Teil die konzernrechtliche Problematik zur Sprache kommen (unten III.). Abschließend ist nach einigen bankrechtlichen Besonderheiten zu fragen (unten IV.).

II. Grundsätze der Wissenszurechnung in arbeitsteiligen Organisationen

1. Die Entscheidung des BGH vom 2. Februar 1996

In seiner grundlegenden Entscheidung zum *Altlasten-Fall*[14] vertritt der V. Zivilsenat kurz zusammengefasst folgende Ansicht: Die Wissenszurechnung könne nicht mit logisch-begrifflicher Stringenz, sondern nur auf Grund einer wertenden Betrachtung vorgenommen werden. Maßgeblicher Grund der

---

12 BGH, v. 1.6.1989, NJW 1989, 2879 = ZIP 1989, 1180 = WM 1989, 1364 = BB 1989, 1641 = EWiR 1989, 965 (Anm. *Brink*); v. 1.6.1989, NJW 1989, 2881.

13 Der BGH ließ es in den *Chinook Manor-Fällen* für die Wissenszurechnung im Rahmen des § 123 Abs. 2 BGB ausreichen, dass dem zweiten Filialleiter der Zusammenhang mit der ersten Darlehensgewährung bekannt und ein Informationsaustausch möglich und nahe liegend war; BGH NJW 1989, 2879, 2881.

14 Oben Fn. 2.

Wissenszurechnung sei die Pflicht zur ordnungsgemäßen Organisation der gesellschaftsinternen Kommunikation. Diese ergebe sich ähnlich einer Verkehrspflicht aus der Beherrschung eines selbst eröffneten Verkehrsbereichs. Die Organisation der internen Kommunikation habe sich an den berechtigten Erwartungen des Rechtsverkehrs auszurichten. Die am Rechtsverkehr teilnehmende Organisation sei so zu organisieren, dass für andere Personen innerhalb der Organisation relevantes Wissen an diese Personen weitergeleitet und dass bei gegebenen Anlass vorhandenes Wissen abgefragt wird. Im Anschluss an *Taupitz*[15] spricht der BGH insoweit von einer *Informationsweiterleitungs-* und *Informationsabfragepflicht*. Werde gegen diese Pflichten verstoßen, sei die Organisation so zu behandeln, als habe entsprechendes Wissen vorgelegen.[16]

Im *Altlasten-Fall* hatte der Senat über die Haftung einer GmbH & Co. KG auf Schadensersatz nach § 463 Satz 2 BGB a.F. zu entscheiden. Der Käufer eines Betriebsgrundstücks hatte nach dem Erwerb Bodenverunreinigungen entdeckt, die durch Vergrabungen in der Zeit vor 1955 entstanden waren. Nach § 463 Satz 2 BGB a.F. kam es darauf an, ob die Verunreinigungen als Fehler des Grundstücks von der GmbH & Co. KG arglistig verschwiegen worden waren. Dagegen sprach, dass die Organvertreter zum Zeitpunkt des Verkaufs nichts von der Verunreinigung wussten.

Vor allem im Anschluss an *Medicus*[17] soll zur genaueren Bestimmung der Organisationspflichten eine Gleichstellung mit natürlichen Personen verfolgt werden. Wie natürlichen Personen ist auch arbeitsteiligen Organisationen das Vergessen zu ermöglichen. Danach kommt es für die Pflicht zur Dokumentation und Wissensweiterleitung darauf an, ob zum Zeitpunkt des Vergrabens der Eigentümer von einer rechtlichen Relevanz der Verunreinigung hätte ausgehen müssen, was wiederum von der Gefährlichkeit des vergrabenen Stoffes aus damaliger Sicht abhängt.[18] Entsprechende Relevanzerwägungen kommen auch für die Bestimmungen der Informationsabfragepflicht zum Tragen.

---

15 *Taupitz* (Fn. 4).

16 BGHZ 132, 30, 36 = NJW 1996, 1339, 1340 f.

17 *Medicus* (Fn. 4).

18 BGHZ 132, 30, 38 f.

2. *Wertende Betrachtung statt formale Lösung*

Indem der BGH eine wertende Betrachtung zum Ausgangspunkt seiner Lehre von der Wissenszurechnung erhebt, wendet er sich gegen jeden formalistischen Lösungsansatz, stamme er nun aus dem Gesellschaftsrecht oder dem Zivilrecht.

Das Gesellschaftsrecht hätte eine Lösung in Form der *Organtheorie* zur Verfügung gestellt, nach der das Wissen eines Organvertreters *eo ipso* mit dem Wissen der juristischen Person gleichzusetzen wäre.[19] Danach wäre das einmal vorhandene Wissen als Wissen der Gesellschaft erhalten geblieben, auch wenn die wissende Person inzwischen aus der Gesellschaft ausgeschieden ist. In der Entscheidung vom 2. Februar 1996 verwirft der BGH zu Recht die Organtheorie.[20] Die juristische Person selbst weiß nichts. Ihr kann nur das Wissen natürlicher Personen zugerechnet werden.

Schließlich stellt das Zivilrecht mit § 166 BGB eine Norm der Wissenszurechnung zur Verfügung. Diese Vorschrift regelt freilich nur den Fall der Wissenszurechnung im Rahmen der Stellvertretung.[21] Während in der Vergangenheit durchaus versucht wurde, § 166 BGB über seinen eigentlichen Anwendungsbereich hinaus auch auf den sog. *Wissensvertreter* zur Anwendung zu bringen,[22] was in der Rechtsprechung sogar noch in jüngerer Zeit sein Widerhall gefunden hat,[23] fehlt in der Entscheidung zum *Altlasten-Fall* jede Bezugnahme auf § 166 BGB. Dies ist im Ergebnis zu begrüßen. Anders als bei der Vertretung einer natürlichen Person durch eine andere natürliche Person, dem Fall also, den der Gesetzgeber bei § 166 BGB vor Augen hatte,

---

19 Vgl. *Baumann*, ZGR 1973, 287 ff. Die Organtheorie ist die unmittelbare Folge aus der von *Otto von Gierke* vertretenen Theorie der „realen Verbandspersönlichkeit"; siehe *O. von Gierke*, Deutsches Privatrecht I, 1895, § 67. Gegen eine endgültige Absage an die Organtheorie *Scheuch*, GmbHR 1996, 828, 832 f.

20 BGHZ 132, 30, 37. Siehe auch *Taupitz*, JZ 1996, 734. Anders das Recht in der Schweiz, das in Art. 55 Abs. 1 ZGB der Organtheorie folgt: „Die Organe sind berufen, dem Willen der juristischen Person Ausdruck zu geben."

21 Ebenfalls für eine nur teilweise Regelung der Wissenszurechnung *Grigoleit*, LM H.5/2001 § 166 BGB Nr. 43, Bl. 2.

22 Insbes. *Richardi*, AcP 169 (1969), 385.

23 Siehe nur BGH, v. 25.6.1996, BGHZ 133, 129, 138 f. Auch der XI. Zivilsenat spricht in den Scheckfällen noch von der „Wissensvertretung": siehe BGHZ 135, 202, 205.

taucht bei größeren arbeitsteiligen Organisationen das von der Vorschrift überhaupt nicht geregelte Problem des Wissensverlustes beim Ausscheiden wissender Personen auf. Zudem werden Personen in arbeitsteiligen Organisationen, anders als von § 166 I BGB vorausgesetzt, häufig nicht speziell für die Erlangung bestimmten Wissens eingesetzt. Sie erlangen relevantes Wissen vielmehr im Rahmen ihrer gewöhnlichen Tätigkeit, ohne dass dies konkret vorhersehbar sein muss. Anders als von der Lehre des Wissensvertreters angenommen, fehlt es damit an einem Einsetzen des Wissensvertreters durch den Geschäftsherrn. Letztlich müssen auch für den Wissensvertreter Kriterien außerhalb des § 166 BGB gefunden werden, um beurteilen zu können, ob eine Wissenszurechnung erfolgen kann.[24]

Die vom V. Senat geforderte wertende Betrachtung stößt jedoch auf mindestens zwei Probleme. Zum einen fehlt ihr jenseits des engen Anwendungsbereichs von § 166 BGB eine gesetzliche Grundlage. Zum anderen ergeben sich aus der Forderung nach einer wertenden Betrachtung noch nicht die notwendigen Wertungsmaßstäbe.

3. Rechtsgrundlage

Während der V. Zivilsenat in seiner Entscheidung aus dem Jahre 1996 keine Rechtsgrundlage im Gesetz erwähnt, bezieht sich der XI. Zivilsenat in den Scheckeinreichungs-Fällen auf § 166 BGB trotz Übernahme der Grundsätze zur Wissenszurechnung nach dem Kriterium der Pflicht zur Wissensorganisation.[25]

In der Entscheidung des V. Zivilsenats zum *Altlasten-Fall* ist gleichwohl die rechtliche Begründung nicht offen geblieben. Der Senat wählt bewusst einen Weg jenseits des Gesetzestextes. Die Pflicht zur Wissensorganisation ergebe sich ähnlich einer Verkehrspflicht aus der Erlangung von Wissen, das für Dritte rechtliche Relevanz aufweist. Aus der Erlangung des Wissens resultiere eine Verpflichtung, die Verfügbarkeit zu organisieren.[26]

---

24 So auch *Buck* (Fn. 6), S. 158.

25 BGHZ 135, 202, 205: „Die Zurechnung von Wissen ist nach § 166 BGB zu beurteilen."

26 BGHZ 132, 30, 36.

Jedenfalls angedeutet wird der Vergleich zu den deliktischen Verkehrssicherungspflichten.[27] Dogmatisch wird man daher die Wissenszurechnung auf Grund einer Pflicht zur Wissensorganisation als einen Fall der richterlichen Rechtsfortbildung, ähnlich der Rechtsprechung zu den Verkehrssicherungspflichten und der Vertrauenshaftung, anzusehen haben.[28] Die Grundsätze der Wissenszurechnung hat der V. Zivilsenat in einer späteren Entscheidung ohne erneute Diskussion der dogmatischen Grundlagen fortgeführt.[29]

Die dogmatische Begründung steht damit zwar auf unsicherem Boden. Ihr ist aber angesichts der Lückenhaftigkeit und der wertungsmäßigen Schwächen der gesetzlichen Regelung in § 166 BGB beizutreten.

4. *Relevanz der Wissensnorm*

Gewichtig ist der Einwand, wonach der BGH mit der Pflicht zur Wissensorganisation lediglich eines von mehreren möglichen Kriterien herausgreift, um die Wissenszurechnung im Rahmen einer wertenden Betrachtung vorzunehmen. Wirklich überzeugen kann dieses Vorgehen allenfalls dann, wenn alternative Kriterien negativ ausgeschlossen werden können.

a) Die streng verhaltensbezogene Wissenszurechnung

Schon in den obigen Ausführungen konnte gezeigt werden, dass ein spezifisch gesellschaftsrechtlicher Ansatz über die Organtheorie sowie das Anknüpfen an einen „Wissensvertreter" nach dem Leitbild des § 166 BGB nicht überzeugen können. Ein neuerer Ansatz verfolgt eine streng an der

---

27 BGHZ 132, 30, 37. Grundlegend Bohrer, DNotZ 1989, 124, 129 und 131, der deshalb von der „Wissensverantwortung" als einem selbstständigen und von der Wissenszurechnung zu unterscheidendem Strukturprinzip zivilrechtlicher Verantwortung spricht und diese Wissensverantwortung neben die beiden anderen Strukturelemente der Verkehrssicherungspflichten und der Vertrauenshaftung stellt. Ebenfalls den Vergleich mit den Verkehrssicherungspflichten herstellend *Taupitz* (Fn. 4), S. 50, 51 (Schlusswort).

28 Ähnlich *Hagen*, DRiZ 1997, 157.

29 BGH, vom 13.10.2000, NJW 2001, 359 = BB 2000, 2592 = LM H.5/2001 § 166 BGB Nr. 43 (Anm. *Grigoleit*).

Wissensnorm orientierte verhaltensbezogene Wissenszurechnung.[30] Danach ist nicht das Wissen als solches zuzurechnen, sondern nur wissensgetragenes rechtserhebliches Verhalten. Im obigen *Scheckeinreichungs-Fall* wäre danach die Haftung der „bösgläubigen" Bank nach §§ 989, 990 BGB i.V. mit Art. 21 ScheckG mit der Pflicht zu begründen, die Einlösung des Schecks nicht ohne Überprüfung der Berechtigung vorzunehmen, wenn man weiß, dass der Scheckeinreicher Arbeitnehmer derjenigen Person ist, zu deren Gunsten der Scheck ausgestellt wurde.

Nach der Ansicht der verhaltensbezogenen Wissenszurechnung ergeben sich die relevanten Wertungen unmittelbar aus der einschlägigen Wissensnorm, um deren Anwendung es geht. Zugerechnet wird das Wissen derjenigen Person, die das von der Wissensnorm aufgegriffene Verhalten verwirklicht.[31] Im Scheckeinreichungs-Fall wäre dies der scheckeinlösende Bankangestellte, nicht der schon früher an eine andere Filiale gewechselte Kollege.[32] Der Fall wäre danach vom BGH falsch entschieden worden. Im Ergebnis zieht der streng an der Wissensnorm orientierte verhaltensbezogene Ansatz die Grenzen der Wissenszurechnung enger als die Rechtsprechung.

Dem verhaltensbezogenen Ansatz sind verschiedene Dinge zugute zu halten. Zum einen ist es wohl in der Tat möglich, alle Wissensnormen auf bestimmte Verhaltensanforderungen zurückzuführen. Zum anderen nimmt dieser Ansatz die jeweilige Wissensnorm ernst und leitet aus ihr die entscheidenden Wertungen ab.[33] So gelingt eine bessere Rückbindung an das Gesetzesrecht. Schließlich lässt sich sogar an der gesetzgeberischen Wertung des § 166 BGB anknüpfen, den man als Ausdruck einer verhaltensbezogenen Wissenszurechnung verstehen kann.

---

30 So insbes. *Faßbender* (Fn. 10), S. 150 ff. Siehe auch *Faßbender/Neuhaus*, WM 2002, 1253, 1258. Ähnliche verhaltensbezogene Ansätze werden vertreten bei *Goldschmidt* (Fn. 6), S. 87 ff. und *Schüler* (Fn. 8), S. 41 ff.

31 *Faßbender/Neuhaus*, WM 2002, 1253, 1254.

32 In diesem Sinne das vorinstanzliche OLG Bamberg; vgl. BGHZ 135, 202, 204.

33 Ähnlich *Schüler* (Fn. 8), S. 40.

b) Wissenszurechnung als dogmatisches Problem jenseits der Wissensnorm

Anders als die streng verhaltensbezogene Wissenszurechnung formuliert die Rechtsprechung mit ihrer Pflicht zur Wissensorganisation das relevante Verhalten abstrakt und löst sich damit vom Telos der zugrunde liegenden Wissensnorm. Hierin liegt eine möglicherweise berechtigte Kritik des verhaltensbezogenen Ansatzes an der Rechtsprechungsansicht.[34]

Jedoch geht es in der Rechtsprechung des BGH gerade um die juristische Behandlung des Wissensverlustes und der Wissensaufspaltung in arbeitsteiligen Organisationen. Dieses Problem wird durch die Wissensnorm nicht erfasst. Zu Fällen des Wissensverlustes und zu Problemen der Wissensaufspaltung kann es im Rahmen der verschiedensten Wissensnormen kommen. Es handelt sich um eine allgemeine zivilrechtliche Problemstellung jenseits der Wissensnorm.

Damit sieht man sich zwei getrennt zu beurteilenden Fragestellungen gegenüber. Bei der ersten Frage geht es um die Feststellung derjenigen Person innerhalb einer arbeitsteiligen Organisation, auf deren Wissen es bei der Anwendung der Wissensnorm ankommt. Erst die zweite Frage betrifft die Wissenszurechnung im eigentlichen Sinne. Hilfreich ist auch die Sichtweise einer zweistufigen Wissenszurechnung: Auf der ersten Stufe ist die Wissenszurechnung von der natürlichen Person, auf die es nach der Wissensnorm ankommt, zum Rechtsträger der arbeitsteiligen Person durchzuführen. Auf der zweiten Stufe muss geklärt werden, ob auch Wissen anderer, u.U. bereits ausgeschiedener Personen derjenigen natürlichen Person, auf die es nach der Wissensnorm ankommt, zugerechnet werden kann.

Der verhaltensbezogene Ansatz gibt lediglich eine Antwort auf die Frage, auf wessen Wissen es in der arbeitsteiligen Organisation nach der Wissensnorm ankommt. Die Antwort lässt sich zumeist ohne größere Probleme aus der Wissensnorm selbst ableiten. Bei den Vorschriften des gutgläubigen Erwerbs schädigt die Bösgläubigkeit derjenigen natürlichen Person, die das Erwerbsgeschäft vorgenommen hat. Im Rahmen des Art. 21 ScheckG kommt es auf die Bösgläubigkeit derjenigen Person an, die i.d.R. als Vertreter der Bank den Scheck in Empfang genommen hat. Für das Vorliegen von Arglist nach dem früheren § 463 Satz 2 BGB ist auf die natürliche Person im

34 Siehe *Fassbender/Neuhaus*, WM 2002, 1253, 1254.

Rahmen der Organisation des Verkäufers abzustellen, die die Willenserklärung für den Verkäufer zum Kaufvertrag abgibt. Man sieht, dass bei der ersten Frage sehr häufig § 166 Abs. 1 BGB herangezogen werden kann.[35]

Davon zu unterscheiden ist die hier eigentlich interessierende Frage der Wissenszurechnung (auf der zweiten Stufe). Bei ihr geht es darum, ob die relevante natürliche Person innerhalb einer arbeitsteiligen Organisation jedenfalls so zu behandeln ist, als habe sie auf Grund des Wissens einer anderen natürlichen Person, die derselben Organisation angehörte oder noch angehört, selbst Kenntnis vom relevanten Umstand gehabt. Da die Wissensnorm die Frage der damit angesprochenen Wissensweiterleitung nicht selbst bestimmt, müssen hierfür andere Kriterien gefunden werden. Damit zeichnet sich bereits die von der Rechtsprechung angesprochene Pflicht zur Wissensorganisation ab. Ob dieses Kriterium freilich überzeugt, muss noch erörtert werden.[36]

c) Relevanz der Wissensnorm im Einzelnen

Wie soeben gesehen ist aus der Wissensnorm abzuleiten, auf welche natürliche Person es im Rahmen arbeitsteiliger Organisationen für das relevante Wissen ankommt. Wissensnormen treten dem Rechtsanwender in den unterschiedlichsten Zusammenhängen entgegen. Formen des Wissens können Voraussetzung einer Haftung sein (§§ 463 Satz 2 BGB a.F.) oder den gutgläubigen Erwerb verhindern (§§ 892, 932 BGB, Art. 21 ScheckG). Besonders deutlich wird die Notwendigkeit, zwischen der Frage nach der für das Wissen relevanten Person und der eigentlichen Wissenszurechnung innerhalb arbeitsteiliger Organisationen zu unterscheiden, wenn die Kenntnis von bestimmten Umständen den Lauf von Fristen bestimmt.

Hält man die beiden Fragen auseinander, wird verständlich, dass die Rechtsprechung für den Beginn der Verjährung nach § 852 Abs. 1 BGB a.F. bei deliktischen Schadensersatzansprüchen der öffentlichen Hand stets auf jenen Zeitpunkt abgestellt hat, zu dem die relevante Information beim

---

35 Mit einer zweitstufigen Prüfung unter Heranziehung von § 166 Abs. 1 BGB auf der ersten Stufe schon *Drexl/Mentzel*, Jura 2002, 375, 381.

36 Unten 5.

zuständigen Sachbearbeiter eingeht.[37] Freilich sollte hiervon die weitere Frage unterschieden werden, ob Organisationsmängel bei der Wissensweiterleitung nicht zu einer Vorverlagerung der Kenntniserlangung führen und damit zu Lasten der Behörde gehen. Der VI. Zivilsenat hat diese Differenzierung nicht berücksichtigt, indem er sich nur verbal der Rechtsprechung des V. Senats zur Wissenszurechnung anschloss, aber im Falle des § 852 Abs. 1 BGB a.F. in zweifelhafter Weise Verkehrsschutzargumente nicht für einschlägig hielt.[38]

Eine zweistufige Prüfung ist schließlich auch in Bezug auf die zweiwöchige Frist bei außerordentlicher Kündigung des Arbeitnehmers durch den Arbeitgeber nach § 626 Abs. 2 Satz 2 BGB vorzunehmen. Aus § 626 Abs. 2 Satz 2 BGB ergibt sich, dass es auf die Kenntnis vom Kündigungsgrund der nach den Vertretungsregeln der arbeitsteiligen Organisation für die Kündigung zuständige Person ankommt, also etwa des Leiters der Personalabteilung. Die Frage, ob Verzögerungen bei der Mitteilung des Kündigungsgrundes von einer nicht zur Kündigung berufenen Person zu Lasten des Arbeitgebers gehen, betrifft dagegen das – zweite – Problem der Wissenszurechnung innerhalb arbeitsteiliger Organisationen.[39]

---

37 BGH NJW 1985, 2583; NJW 1986, 2315. Entsprechend auch noch nach der Entscheidung des V. Zivilsenats zur Wissenszurechnung: BGH, v. 25.6.1996, NJW 1996, 2508, 2510.

38 BGH, v. 25.6.1996, NJW 1996, 2508, 2510. Ebenso schon BGH, v. 22.4.1986 NJW 1986, 2315, 2316; a.A. auch *Medicus* (Fn. 4), S. 4, 13, mit dem Argument, dass damit die Verjährung von der Willkür der Wissensweiterleitung in der Behörde abhänge.

39 Ähnlich bereits *Drexl*, ZHR 161 (1997), 491, 502. Für den Fall der Arbeitnehmerüberlassung zwischen Konzernunternehmen hat schon früher *Windbichler*, Arbeitsrecht im Konzern, 1989, S. 154 f., eine Pflicht des Arbeitgeberunternehmens angenommen, für einen angemessenen Informationsfluss zur Gewährleistung einer außerordentlichen Kündigung nach § 626 Abs. 2 Satz 2 BGB zu sorgen.

5. *Verkehrsschutz und Risikoprinzip*

Wie bereits gesehen stützt sich der BGH in seiner Rechtsprechung zur Wissenszurechnung auf das Prinzip des Verkehrsschutzes.[40] In der Statuierung einer Pflicht zur Wissensorganisation mag man bei flüchtiger Betrachtung einen Hinweis auf den Verschuldensgrundsatz als Zurechnungsgrund erkennen.[41] Freilich hat *Taupitz*, auf den sich der BGH wesentlich bezieht, klargestellt, dass es sich bei der Pflicht zur Wissensorganisation nicht um eine Verschuldenshaftung, sondern um die Abgrenzung von Risikosphären geht.[42] Entsprechend dem *Risikoprinzip*[43] kann man mit *Taupitz*[44] die Wissenszurechnung in arbeitsteiligen Organisationen mit der objektiven Zurechnung von Organisationsrisiken auf der Grundlage einer Rechtspflicht erklären, die aus der Beherrschung eines selbst eröffneten Verkehrsbereichs resultiert. Die Wissenszurechnung erfolgt, weil die arbeitsteilige Organisation Nutzen bringt. Entsprechend hat derjenige das Risiko aus der Wissensaufspaltung zu tragen, der die Aufspaltung veranlasst hat und diese durch geeignete Organisation beherrschen kann. Insoweit kann von einer *Veranlassungs- und Beherrschbarkeitstheorie* gesprochen werden.[45]

Die Pflicht zur ordnungsgemäßen Wissensorganisation setzt voraus, dass das entsprechende Wissen im Sinne des Verkehrsschutzes für relevant befunden wird. Insoweit hatte schon *Bohrer* Anfang der 90er Jahre vorgeschlagen,

---

40 BGHZ 131, 30, 37. Grundlegend hierfür *Bohrer*, DNotZ 1989, 124, 129, wonach Verfügbarkeit, Erfassung und Nutzung von Informationen in juristischen Personen normativen Verkehrsschutzanforderungen unterliegen.

41 Vgl. nur *Scheuch*, GmbHR 1996, 828, 831 f., die in der Besprechung des Altlasten-Falles die Verletzung der Organisationspflicht dem Tatbestandsmerkmal der Arglist in § 463 Satz 2 BGB als Verschuldensform einordnet.

42 *Taupitz* (Fn. 4), S. 16, 27. Ihm ist *Canaris* (Fn. 1), Rdn. 106 und 800a, vorausgegangen, der die Nachteile aus der Wissensaufspaltung dem Betriebs- und Organisationsrisiko des Unternehmers zuordnet. Weiter gehend als die spätere Rechtsprechung des BGH forderte *Canaris* sogar eine umfassende Wissenszusammenrechnung im Unternehmen i.S. einer „idealen" Wissensorganisation; *Canaris*, in: Karlsruher Forum 1994, Beil. zum VersR, S. 33, 34 (Diskussionsbeitrag).

43 Allgemein zum Risikoprinzip als Grundlage der Zurechnung *Canaris*, Die Vertrauenshaftung im deutschen Privatrecht, 1971, S. 479 ff.

44 *Taupitz* (Fn. 4), S. 50, 51 (Schlusswort).

45 So schon *Drexl*, ZHR 161 (1997), 491, 505.

eine Wissenszurechnung nach dem Prinzip der Wissensverantwortung für typischerweise aktenmäßig festgehaltenes Wissen vorzunehmen.[46] Diesem Ansatz wurde nicht ohne Überzeugung der Vorwurf eines Zirkelschlusses entgegengehalten.[47] Was rechtlich erhebliches Wissen ist, lässt sich allenfalls aus der Wissensnorm ableiten. Da die Wissensnorm aber nicht selbst die Zurechnung begründet, kann sich die Zurechnung nicht aus der rechtlichen Erheblichkeit des Wissens ergeben.

Obwohl sich der BGH auf *Bohrer* bezieht,[48] läuft die Rechtsprechung dennoch nicht Gefahr, dem drohenden Zirkelschluss zu erliegen. Gerade das Prinzip der Risikoverteilung erlaubt eine Zuordnung von Organisationsrisiken entweder zur Sphäre der arbeitsteiligen Organisation oder des Dritten. In der Entscheidung im *Altlasten-Fall* nimmt der V. Zivilsenat nicht einfach eine Haftung der GmbH & Co. KG für das inzwischen verlorene Wissen an, sondern beurteilt situationsbezogen aus der Sicht des jeweiligen Zeit und der wissenden Person, ob Argumente des Verkehrsschutzes zu einer Pflicht zur Wissensdokumentation, Informationsweiterleitung und schließlich zur Informationsabfrage führen. Die Feststellung einmal vorhandenen, nach der Wissensnorm relevanten Wissens bewirkt also nicht automatisch die Wissenszurechnung.[49]

Eine automatische Wissenszurechnung scheint der BGH gleichwohl in den Scheckeinreichungs-Fällen vorgenommen zu haben.[50] Dies kommt vor allem in der ausdrücklichen Abweichung von der früheren Rechtsprechung zum Ausdruck, nach der sich die Bank nur für die Berechtigung des Einreichers eines Inhaberverrechnungsschecks interessieren musste, soweit es den konkret getroffenen Organisationsmaßnahmen entsprach.[51] Freilich ging es auch in den zu entscheidenden Fällen um die Verteilung des Risikos bei Aufspaltung von Wissen. Die Wissenszurechnung soll hier verhindern, dass die Bank durch die Versetzung eines wissenden Mitarbeiters im Verhältnis zum

---

46 *Bohrer*, DNotZ 1991, 129, 131.

47 *Vogel* (Fn. 6), S. 178 f.; zustimmend *Faßbender/Neuhaus*, WM 2002, 1253, 1255.

48 BGH, v. 24.1.1992, BGHZ 117, 104, 107; siehe auch BGHZ 132, 30, 35. f.

49 Hier liegt der Unterschied zur Auffassung von *Canaris* (Fn. 42), der eine umfassende Wissenszusammenrechnung fordert.

50 Oben Fn. 11.

51 BGHZ 135, 202, 207, unter Hinweis auf BGH WM 1974, 1000 f.; WM 1974, 1040, 1041.

Rechtsverkehr Vorteile erlangt. Entsprechend statuiert der BGH eine Dokumentations- sowie Informationsweiterleitungs- und -abfragepflicht, soweit es um Wissen geht, dass Dritte gegenüber der Bank schützt.

6. Gleichstellungsargument

Die Grenzen der Pflicht zur ordnungsgemäßen Wissensorganisation sind nicht leicht zu ziehen. Erforderlich sind weitere Kriterien, die eine wertende Betrachtung im Rahmen der Risikoverteilung ermöglichen.

Einem Vorschlag vor allem von *Medicus*[52] folgend stellt die Rechtsprechung wesentlich auf das Argument der Gleichstellung von arbeitsteiligen Organisationen mit natürlichen Personen ab.[53] In arbeitsteiligen Organisationen sei die Gefahr des Verlustes von Wissen größer als bei natürlichen Personen; nur bei arbeitsteiligen Organisationen stelle sich das Problem der Wissensaufspaltung. Andererseits muss auch arbeitsteiligen Organisationen das Vergessen ermöglicht werden. Eine arbeitsteilige Organisation ist danach als wissend anzusehen, wenn auch die natürliche Person wissen würde. Umgekehrt muss die arbeitsteilige Organisation nichts wissen, wenn eine natürliche Person vergessen hätte. Das Gleichstellungsargument begründet nicht nur die Wissenszurechnung, es begrenzt sie vor allem.

Problematisch an dem Gleichstellungsargument ist die Vermischung von Tatsächlichem und Normativem. Kenntnis lässt sich als Tatsache feststellen. Kennenmüssen beruht dagegen auf einer normativen Wertung. Die Grenze zwischen Kennen und Kennenmüssen ist nach der Rechtsprechungsauffassung nicht mehr zu finden, obwohl bei vielen Wissensnormen Kennenmüssen nicht ausreicht.

Das Gleichstellungsargument ist damit durchaus problematisch. Entscheidende Aufgabe des Rechtsanwenders bleibt es deshalb, die Risikosphären nach dem Kriterium des Verkehrsschutzes abzugrenzen. Die Gleichstellung mit natürlichen Personen unterstreicht gleichwohl die Grenzen der möglichen

---

52 *Medicus* (Fn. 4).

53 BGH 132, 30, 38 f. Ebenso schon vorher BGH, v. 8.12.1989, BGHZ 109, 327, 332; v. 24.1.1992, BGHZ 117, 104, 180. Dem Gleichstellungsargument folgt auch der XI. Zivilsenat in den Scheckeinreichungs-Fällen: BGHZ 135, 202, 205.

Wissenszurechnung. Auch in arbeitsteiligen Organisationen ist einmal vorhandenes Wissen nicht auf Dauer verfügbar zu halten.

7. *Andere Kriterien*

Die Gleichstellung mit natürlichen Personen kann nicht das einzige zulässige Argument sein, nach dem sich die angemessene Risikoverteilung beurteilt.

Andere Kriterien können die Möglichkeiten der Wissenszurechnung einschränken. So kann vom Rechtsträger der arbeitsteiligen Organisation nicht verlangt werden, Kommunikationsströme zu organisieren, mit denen er die Grenzen des rechtlich zulässigen überschreiten würde. So können insbesondere die Regeln des Datenschutzes der Wissenszurechnung Schranken setzen.[54]

Das Beispiel des Datenschutzes verweist auf eine grundsätzliche Erwägung. Die Grenzen der Pflicht zur ordnungsgemäßen Wissensorganisation sind überschritten, wenn die Informationsweiterleitung oder -abfrage tatsächlich oder rechtlich nicht möglich ist. Diese Überlegung hilft vor allem bei der nun folgenden Beurteilung der Wissenszurechnung zwischen Konzernunternehmen.

III. Wissenszurechnung im Konzern

Ist nach der Rechtsprechung die Wissenszurechnung grundsätzlich in jeder arbeitsteiligen Organisation denkbar, scheint sie auch dann nicht notwendig ausgeschlossen, wenn die Grenzen des rechtlich selbstständigen Unternehmens überschritten werden. Angesichts des immer mehr um sich greifenden „Outsourcing" von Aufgaben auf Drittunternehmen und der Aufspaltung eines Gesamtunternehmens in verschiedene, rechtlich selbstständige Gesellschaften ist ein Bedürfnis für die unternehmensübergreifende Wissenszurechnung nicht von der Hand zu weisen. Von besonderem Interesse ist dabei die Situation im Konzern. Bei ihm treffen die zivilrechtlichen Grundsätze der Wissenszurechnung auf gesellschaftsrechtliche Besonderheiten.

---

54 So die allgemeine Auffassung: Siehe nur *Baum* (Fn. 6), S. 275; *Buck* (Fn. 6), S. 482 ff.

1. Der Konzern als Sonderfall?

Freilich mag man schon bezweifeln, ob gesellschaftsrechtliche Erwägungen die Wissenszurechnung zwischen Konzernunternehmen überhaupt beeinflussen können. Dagegen spricht, dass die Wissenszurechnung in arbeitsteiligen Organisationen grundsätzlich nach einheitlichen, zivilrechtlichen Grundsätzen vorzunehmen ist.

Da aber bei der Wissenszurechnung zwischen Konzernunternehmen die Grenzen rechtlich selbstständiger Unternehmen überschritten werden, müssen weitere Kriterien der Zurechnung hinzukommen, die es rechtfertigen, auch Wissen außerhalb der eigentlichen Rechtsperson, an die sich die Wissensnorm richtet, zu berücksichtigen. So findet sich in § 166 Abs. 1 BGB als Kriterium der personenübergreifenden Wissenszurechnung das Einsetzen einer anderen Person als Vertreter. Über die Vollmachtserteilung und das Auftragsverhältnis kann der Vollmachtsgeber das Vertreterhandeln steuern.

Im Konzernbereich wird die wechselseitige Einflussnahmemöglichkeit vor allem durch die jeweilige Konzernstruktur bestimmt. Im Rahmen der angemessenen Risikoverteilung ist schließlich zu berücksichtigen, dass der Konzern dem Rechtsverkehr nicht als Einheit gegenübertritt, sondern im Konzern unterschiedliche Interessen aufeinanderprallen können.

2. Zwischen funktionaler Einheit und rechtlicher Vielheit

Die Besonderheiten der Wissenszurechnung im Konzern ergeben sich aus dem Spannungsverhältnis zwischen der funktionalen Einheit und der gleichzeitig bestehenden rechtlichen Vielheit der Konzernunternehmen.[55] Der Konzern selbst definiert sich nach §§ 17, 18 AktG über die einheitliche Leitung rechtlich selbstständiger Unternehmen.

Für die Frage der Wissenszurechnung bildet die gesetzlich verankerte Selbstständigkeit der einzelnen Konzernunternehmen den Dreh- und Angelpunkt aller Überlegungen. Die rechtliche Selbstständigkeit ist notwendig anzuerkennen.[56]

---

55 *Th. Raiser*, Recht der Kapitalgesellschaften, 2. Aufl. 1992, § 50 Rdn. 2.

56 So auch für das Konzernaußenrecht ganz allgemein *Wiedemann*, Die Unternehmensgruppe im Privatrecht, 1988, S. 24.

Die erste Frage geht also dahin, welchem Konzernunternehmen Wissen zugerechnet werden soll. Im der obigen, den *Chinook Manor-Fällen* nachgebildeten Konstellation (Fall 2) wäre zu klären, ob auch gegenüber der zweiten Bank die Anfechtung nach § 123 Abs. 1 BGB wegen arglistiger Täuschung möglich ist. An sich setzt die Anfechtbarkeit voraus, dass auch die am Darlehensabschluss beteiligten Mitarbeiter der zweiten Bank Kenntnis von der arglistigen Täuschung gehabt hatten (§ 123 Abs. 2 Satz 1 BGB).

Konzernrechtliche Fragen wirft erst die weitere Frage nach der Zurechenbarkeit der Kenntnis in der konzernverbundenen ersten Bank auf. Die Zurechnung von Wissen hebt die rechtliche Selbstständigkeit der Konzernunternehmen nicht auf. Sie führt nur zum Ausfüllen von Tatbestandsmerkmalen – hier des Kenntnis nach § 123 Abs. 2 Satz 1 BGB – durch Umstände, die zum Rechtskreis des anderen Konzernunternehmens gehören.

Die Wissenszurechnung im Konzern muss im Lichte des zugrunde liegenden Interessenkonflikts unter Berücksichtigung der konkreten Konzernstrukturen und Interessen im Dreieck der Gesellschafter der beiden betroffenen Konzernunternehmen sowie des außenstehenden Dritten möglich und geboten sein.[57] Die Wissenszurechnung steht dann für die ausnahmsweise legitimierte Überwindung der rechtlichen Vielheit im Konzern.

Zu definieren sind Kriterien, die die Zurechnung über Konzerngrenzen hinweg begründen können. Als Zurechnungsgründe sind hier fünf an der Zahl zu nennen: die Konzernierung als solche (unten 3.), die Konzernleitungspflicht des Vorstandes des herrschenden Unternehmens (unten 4.), die Ausgliederung von Aufgabenbereichen (unten 5.), die Erteilung von Weisungen an das abhängige Unternehmen (unten 6.) und schließlich die Beherrschbarkeit der Vorgänge im abhängigen Unternehmen (unten 7.).

3. *Konzernierung als Zurechnungsgrund?*

Die Konzernierung als solche reicht als Zurechnungsgrund nicht aus.[58] Die Konzernierung als pauschaler Zurechnungsgrund würde einer umfassenden Einheitsbetrachtung entsprechen und die Spaltung in rechtlich selbständige

57 Ausführlicher zu diesen Erwägungen *Drexl*, ZHR 161 (1997), 491, 499 ff.

58 In diesem Sinne auch *Bork*, ZGR 1994, 237, 244 f.; *Schüler* (Fn. 8), S. 142 und 273.

Unternehmen ignorieren. Auch würde sie sich in Widerspruch zu den Wertungen des Gesetzes setzen. Die §§ 291 ff. AktG gehen nicht nur von der rechtlichen Selbstständigkeit der Unternehmen aus, sondern versuchen die Autonomie des abhängigen Unternehmens zu sichern. Dies geschieht sowohl zum Schutze der Interessen der Minderheitsaktionäre im abhängigen Unternehmen als auch zum Schutze der Interessen des Rechtsverkehrs. Die automatische Zurechnung von Wissen vom herrschenden an das abhängige Unternehmen liefe diesem Schutzanliegen zuwider.

Die Ansicht, dass die Konzernierung als solche als Zurechnungsgrund nicht ausreicht, wurde jedenfalls im Ergebnis auch in einer Entscheidung vom V. Zivilsenats aus dem Jahre 2000 zum sog. *Outsourcing-Fall* geteilt.[59] Dort ging es um den gutgläubigen Erwerb eines Grundstücks durch eine Gesellschaft bürgerlichen Rechts. Über das Vermögen des Verkäufers war nach Auflassung, aber vor Eintragung ein Veräußerungsverbot verhängt worden. Dieses sollte dem Geschäftsführer einer Immobilien-GmbH, der zugleich einer der Gesellschafter der Erwerber-GbR war, schriftlich mitgeteilt werden. Der Brief gelangte aber nur zur Kenntnis der Geschäftsführerin einer weiteren Immobilien-GmbH. Die Gesellschafter der drei Gesellschaften waren identisch. Zudem teilten sich die drei Gesellschaften dasselbe Büro. Nach Ansicht des BGH beriefen sich die Gesellschafter der erwerbenden GbR im Grundbuchberichtigungsstreit zu Recht auf ihren guten Glauben nach § 892 Abs. 1 Satz 2 BGB. Die einheitliche Leitung durch die identischen Gesellschafter reichte dem BGH offensichtlich nicht aus.

4. Konzernleitungspflicht als Zurechnungsgrund?

Ein zweites Kriterium zur Begründung einer Wissenszurechnung könnte in einer umfassenden Konzernleitungspflicht der Geschäftsführung des herrschenden Unternehmens gegenüber den abhängigen Unternehmen gefunden werden.[60]

59 BGH, v. 13.10.2000, NJW 2001, 359 = WM 2000, 2515 = BB 2000, 2592 = LM H.5/2001 § 166 BGB Nr. 43 (Anm. *Grigoleit*).

60 Siehe dazu auch ausführlicher *Schüler* (Fn. 8), S. 235 ff.

Die auf *Hommelhoff*[61] zurückgehende konzernverfassungsrechtliche Theorie der Konzernleitungspflicht kommt im besonderen Maße der Pflicht zur ordnungsgemäßen Wissensorganisation entgegen. Die unternehmensübergreifende Wissensorganisation setzt zentrale Entscheidungen, z.B. über das Einrichten gemeinsamer elektronische Datenbanken, voraus. Solche Entscheidungen können im Konzern nur durch das herrschende Unternehmen getroffen werden.[62]

Nach der Theorie von der Konzernleitungspflicht ist die Geschäftsführung des herrschenden Unternehmens verpflichtet, den Gesellschaftszweck mit allen zur Verfügung stehenden Mitteln und damit auch unter Einschluss der Beteiligungen an anderen Unternehmen zu verfolgen.[63] Angenommen wird eine Pflicht der Geschäftsführung des herrschenden Unternehmens, die vorhandene Leitungsmacht im Rahmen des rechtlich Möglichen auch in Bezug auf abhängige Unternehmen umfassend auszuüben.[64] Hieraus resultiert eine vollständige, arbeitsteilige Eingliederung des abhängigen Unternehmens im Rahmen des Gesellschaftszwecks des herrschenden Unternehmens.

Die Theorie von der Konzernleitungspflicht hat sich schon gesellschaftsrechtlich nicht durchgesetzt. Die Entscheidung darüber, wie weit das herrschende Unternehmen in die Geschicke des abhängigen Unternehmens eingreifen soll, hängt wesentlich von betriebswirtschaftlichen Erwägungen ab.[65] So mag die Beschränkung auf eine rein kapitalmäßige Beteiligung unter Beachtung der Autonomie der abhängigen Gesellschaft dem Interesse der Anteilseigner der herrschenden Gesellschaft im Einzelfall eher entsprechen als eine zentrale Leitung des Gesamtkonzerns.

Schließlich unterscheiden sich die Gründe, mit denen *Hommelhoff* die Konzernleitungspflicht erklärt, wesentlich von jenen, die für die Wissenszurechnung in arbeitsteiligen Organisationen von Bedeutung sind. Über die Konzernleitungspflicht sollen die Interessen der Gesellschafter der herr-

---

61 *Hommelhoff*, Die Konzernleitungspflicht, 1982.

62 Vgl. dazu die Problematik der Wissensweiterleitung zwischen konzernmäßig verbundenen Versicherungsunternehmen im sog. Knieoperations-Fall: BGH, v. 14.7.1993, BGHZ 123, 224; dazu auch *Drexl*, ZHR 161 (1997), 491, 495 f.

63 *Hommelhoff* (Fn. 61), S. 70 ff.

64 *Hommelhoff* (Fn. 61), S. 72.

65 Ähnlich *Kropff*, ZGR 1984, 112, 132 f. (unter Verweis auf die wirtschaftlichen Nachteile einer verfassungsmäßigen Festschreibung des Umfangs der Konzernleitung).

schenden Gesellschaft gegen die Interessen in der abhängigen Gesellschaft durchgesetzt werden. Sie knüpft damit an einer rein konzerninternen Betrachtung an. Die Wissenszurechnung als Problem des Konzernaußenrechts erfordert dagegen auch und gerade die Berücksichtigung der Interessen Außenstehender. So besteht die Konzernleitungspflicht der Geschäftsführung des herrschenden Unternehmens gegenüber den Gesellschaftern dieses Unternehmens, die Pflicht zur ordnungsgemäßen Wissensorganisation dagegen gegenüber Dritten im Rechtsverkehr. Zusammengenommen kann damit die Konzernleitungspflicht, selbst wenn man sie für richtig hielte, nicht als Kriterium für die Wissenszurechnung überzeugen.[66]

5. *Ausgliederung von Aufgaben als Zurechnungsgrund?*

Im vorhin erwähnten *Outsourcing-Fall*[67] scheint der BGH dazu zu neigen, die Wissenszurechnung zwischen Konzernunternehmen am Kriterium der Ausgliederung von Aufgaben festzumachen. Die Ausführungen des BGH betreffen, da eine Ausgliederung im konkreten Fall nicht erfolgt war, allenfalls ein *obiter dictum* und bleiben inhaltlich vage und in der Subsumtion nicht überzeugend.

Im konkreten Fall hätte gefragt werden müssen, ob das Wissen vom verhängten Veräußerungsverbot, das die Geschäftsführerin der rechtlich selbständigen Immobilien-GmbH besaß, den personenidentischen Gesellschaftern der Erwerber-GbR zugerechnet werden kann. Dagegen setzt sich der BGH mit der Frage auseinander, ob das Wissen des Geschäftsführers und zugleich Gesellschafters der weiteren Immobilien-GmbH, an den die Mitteilung vom Veräußerungsverbot eigentlich adressiert war, zugleich als Wissen der Gesellschafter der GbR gewertet werden kann. Hierauf kam es gar nicht an. Zum einen hatte dieser Geschäftsführer gerade keine Kenntnis vom Verbot. Zum anderen hätte seine Kenntnis auf jeden Fall den Erwerb unabhängig von der Auslagerung von Aufgaben auf die GmbH verhindert. Für die Bösgläubigkeit des Gesellschafters der Erwerber-GmbH nach § 892 Abs. 1 Satz 2 BGB ist es nicht entscheidend, in welcher Funktion er von dem Veräußerungsverbot erfährt. Besteht nach der gesetzlichen Regel der §§ 714, 709

66 Ebenfalls ablehnend *Schüler* (Fn. 8), S. 150 f.
67 BGH NJW 2001, 359 (oben 3.).

Abs. 1 BGB Gesamtvertretung, schadet bereits die Kenntnis eines Gesellschafters.[68]

Trotzdem kann die Aufgabenausgliederung als Kriterium der Wissenszurechnung wohl überzeugen. Eine Ausgliederung von Aufgaben erfolgt aber in allen Fällen des Outsourcing, also auch zwischen konzernmäßig nicht verbundenen Unternehmen. Auch kann in all diesen Fällen die Pflicht zur ordnungsgemäßen Wissensorganisation durch eine entsprechende vertragliche Bindung des beauftragten Unternehmens durch das outsourcende Unternehmen erfüllt werden. Für die Begründung der Wissenszurechnung ist die Konzernierung insoweit also gar nicht relevant.

Danach mag man die Aufgabenübertragung auf ein anderes Unternehmen durchaus für ein taugliches Kriterium der unternehmensübergreifenden Wissenszurechnung halten. Nur hat es nichts mit der Konzernierung an sich zu tun. Umgekehrt lässt sich der Entscheidung des BGH zum *Outsourcing-Fall* aber auch nicht entnehmen, dass mit dem alleinigen Abstellen auf das Kriterium der Aufgabenverlagerung andere Kriterien der Wissenszurechnung ausgeschlossen sein sollen.

6. *Weisungen an das abhängige Unternehmen als Zurechnungsgrund?*

Im Schrifttum zur Wissenszurechnung im Konzern wird mittlerweile von *Schüler* die Wissenszurechnung an das Aussprechen von Weisungen an das abhängige Unternehmen geknüpft.[69] Danach sollen Weisungen nicht nur die Wissenszurechnung vom abhängigen an das herrschende, sondern auch umgekehrt vom herrschenden an das abhängige Unternehmen ermöglichen. So sei beispielsweise im Vertragskonzern (§ 291 AktG) die Wissenszurechnung zu Lasten des abhängigen Unternehmens gerechtfertigt, da das Handeln des Konzernvorstandes zugleich als Teil des arbeitsteiligen Prozesses der Tochtergesellschaft angesehen werden könne.[70] Gleiches soll im Ergebnis auch im faktischen Konzern gelten.[71] Entstehe dem abhängigen Unternehmen auf Grund der Wissenszurechnung ein Nachteil, so habe das herrschende

68 Palandt/*Heinrichs*, BGB, 61. Aufl. 2001, § 166 Rdn. 2.
69 *Schüler* (Fn. 8), S. 273 (im zusammenfassenden Ergebnis).
70 *Schüler* (Fn. 8), S. 154.
71 *Schüler* (Fn. 8), S. 202.

Unternehmen diesen Nachteil auszugleichen und das abhängige Unternehmen zu entschädigen.[72]

Schüler ist zuzugeben, dass beim Vorliegen von Weisungen und insbesondere bei einer umfassenden Eingliederung des Tochterunternehmens eine spezifische Form der Arbeitsteilung vorliegt. Auch scheinen die Ausgleichs- und Schadensersatzpflichten des Konzernrechts zu Gunsten des abhängigen Unternehmens die Interessen der dortigen Minderheitengesellschafter zu wahren. Gleichwohl ist *Schüler* zu widersprechen, soweit es um die Wissenszurechnung zu Lasten des abhängigen Unternehmens geht.

Gegen seine Auffassung sprechen zunächst dogmatische Gesichtspunkte. Auch bei Vorliegen von Weisungen bleibt die rechtliche Vielheit der Rechtsträger erhalten. Dies gilt es vor allem im Rechtsverkehr mit Dritten zu beachten. Ausgangspunkt der Wissenszurechnung hat die Wissensnorm zu sein, nach der sich bestimmt, auf welches Unternehmen es für die Wissenszurechnung ankommt. Geht es um die Anwendung der Wissensnorm zu Lasten des abhängigen Unternehmens, wäre also eine Verkehrspflicht dieses Unternehmens zu Gunsten des Dritten zu begründen, der zufolge auch das Wissensmanagement im herrschenden Unternehmen zu organisieren sei. *Schüler* kommt trotz der dogmatischen Schwierigkeiten zur Zurechnung, weil er besondere Pflichten des Mutterunternehmens und seines Vorstandes aus dem Konzernrecht folgert, so beim faktischen Konzern eine Pflicht zur Information über relevantes Wissen, das beim herrschenden Unternehmen verfügbar ist.[73] Dabei übergeht er, dass diese Pflichten nur konzernintern die Muttergesellschaft gegenüber der Tochter verpflichten und nicht notwendig die Verkehrspflicht zur Wissensorganisation abbilden. Schließlich hat im Konzern das abhängige Unternehmen weder eine tatsächliche noch eine rechtliche Möglichkeit, das nach der Pflicht zur ordnungsgemäßen Wissensorganisation Gebotene gegenüber der Muttergesellschaft durchzusetzen. Im Ergebnis würde man vom abhängigen Unternehmen Unmögliches verlangen.

Schließlich unterliegt die Auffassung von *Schüler* auch wertungsmäßigen Bedenken. So ist eine Haftung des Einfluss nehmenden herrschenden Unternehmens für Nachteile des abhängigen Unternehmens aus der Wissenszu-

---

72 Dazu ausführlich *Schüler* (Fn. 8), S. 168 ff. (beim Vertragskonzern).

73 *Schüler* (Fn. 8), S. 185 ff.

rechnung keineswegs gesichert. Dies zeigt sich, wenn man den *Altlasten-Fall* nur etwas abwandelt.

Weist eine Muttergesellschaft die Tochtergesellschaft an, ein verunreinigtes Betriebsgrundstück zu veräußern, wobei nur in den Akten der Mutter die Verunreinigung dokumentiert ist, käme *Schüler* wohl problemlos zur Wissenszurechnung und zur Arglist i.S. von § 463 Satz 2 BGB a.F. Für ihn bestünde eine Informationspflicht der Mutter im Innenverhältnis zur Tochter. Diese Pflicht wäre nach seiner Auffassung auch im Außenverhältnis für die Wissenszurechnung beachtlich, denn für die Wissenszurechnung soll es auf das gesamte Wissen ankommen, das bei ordnungsgemäßem Verhalten üblicherweise zur Verfügung stehe.[74] Die Tochtergesellschaft wäre also so zu behandeln, als hätte Wissen vorgelegen. Was man mit *Schüler* nicht mehr begründen kann, ist ein Ersatzanspruch der Tochtergesellschaft gegenüber der Mutter. Der Mutter kann nicht die Weisung zur Veräußerung an sich vorgeworfen werden, sondern nur die Nichtweitergabe der Information. Wäre aber die Tochtergesellschaft von der Verunreinigung informiert worden, hätte sie entweder selbst verschwiegen oder nur zu einem niedrigeren Preis oder überhaupt nicht verkauft. Damit fehlt es an einem ersatzfähigen Schaden oder Nachteil beim abhängigen Unternehmen. Fehlt es in einem anderen Fall an einer Weisung, entschließt sich die Tochtergesellschaft vielmehr von sich aus zur Veräußerung, müsste nicht nach § 463 Satz 2 BGB a.F. gehaftet werden. Im Ergebnis entscheidet das herrschende Unternehmen mit seiner Einflussnahme nicht nur selbst darüber, ob eine Wissenszurechnung erfolgen kann.[75] Es zeigt sich darüber hinaus, dass man mit *Schüler* zu einer Zurechnung zu Lasten der Tochtergesellschaft ohne Ausgleichspflicht kommt, obwohl die Tochtergesellschaft keinen Einfluss auf die Wissensorganisation beim herrschenden Unternehmen nehmen kann. Die Auffassung von Schüler ist deshalb abzulehnen.[76]

---

74 *Schüler* (Fn. 8), S. 187.

75 Aus diesem Grund schon gegen die Schüler'sche Auffassung *Schulenburg* (Fn. 8), S. 52.

76 Dies schließt freilich nicht aus, dass man in Ausnahmefällen zu einem unmittelbaren Anspruch des geschädigten Dritten gegen das herrschende Unternehmen gelangt. Dieser kann sich i.d.R. nur unter den deliktsrechtlichen Voraussetzungen des § 836 BGB ergeben. Erfasst würden damit Fälle, in denen das herrschende Unternehmen bewusst Umstände gegenüber dem abhängigen Unter-

Danach lässt sich Folgendes festhalten: Das Unternehmen, zu dessen Lasten die Willenszurechnung geht, muss identisch sein mit jenem, das die Pflicht zur ordnungsgemäßen Wissensorganisation trifft. Eine Wissenszurechnung gelingt nur, soweit das verpflichtete Konzernunternehmen die gebotene Organisation auch im anderen Konzernunternehmen durchsetzen kann. Dies entspricht dem Risikoprinzip, nach dem die Zurechnung die Beherrschbarkeit des eigenen Verkehrskreises voraussetzt. Über die Möglichkeit zur Wissensorganisation im anderen Konzernunternehmen verfügt grundsätzlich nur das herrschende Unternehmen gegenüber dem abhängigen und nicht umgekehrt. Die Wissenszurechnung auch von oben nach unten zuzulassen, hieße die Dinge auf den Kopf zu stellen.

7. *Beherrschbarkeit als Zurechnungsgrund*

Scheidet danach die Weisung des beherrschenden Unternehmens an das abhängige Unternehmen als allgemein gültiges Kriterium aus, bleibt als letztes Kriterium jenes der Beherrschbarkeit. Dabei geht es um die Frage, ob das organisationspflichtige Konzernunternehmen dazu in der Lage ist, das Wissensmanagement im Gesamtkonzern zu organisieren. Der Begriff der Beherrschbarkeit als Zurechnungskriterium bezeichnet die nach der Rechtsprechung zur Wissenszurechnung erhebliche Beherrschbarkeit von Organisationsbereichen.

Die Beherrschbarkeit kann als allgemeines Kriterium der tatsächlichen und rechtlichen Möglichkeit der Verwirklichung der Pflicht zur Wissensorganisation verstanden werden. Beherrschbarkeit in diesem Sinne wird von verschiedenen Faktoren beeinflusst.

a) Erheblichkeit der Zurechnungsrichtung

Zunächst kommt es, wie bereits gesehen, auf die Zurechnungsrichtung an. Nach der Begriffsdefinition des § 18 Abs. 1 Satz 1 AktG, wonach der Konzern die einheitliche Leitung des herrschenden Unternehmens voraussetzt, kann nur das herrschende Unternehmen die gebotene Wissensorganisation

nehmen verschweigt, um über Weisungen an das abhängige Unternehmen zu Lasten Dritter Gewinn zu erzielen.

auch in den anderen Konzernunternehmen durchsetzen. Jedenfalls im Grundsatz ist danach allenfalls eine Wissenszurechnung von unten nach oben, d.h. zu Lasten des herrschenden Unternehmens möglich.

b) Einfluss der konkreten Konzernierungsform

Ohne Einfluss auf die Zurechnung bleibt die konkrete Konzernierungsform.

Die Wissenszurechnung gelingt jedenfalls im *Vertragskonzern*, der auf einem Beherrschungsvertrag beruht. Dieser Vertrag unterstellt das abhängige Unternehmen der Leitung des herrschenden Unternehmens (§ 291 Abs. 1 AktG) und verschafft dem herrschenden Unternehmen gleichzeitig die Befugnis zur umfassenden Weisungserteilung (§ 308 Abs. 1 Satz 1 AktG).

Schwieriger liegen die Dinge im *qualifizierten faktischen* sowie im *einfachen faktischen Konzern*, wobei bei erstem eine umfassende Leistungsmacht ausgeübt wird, während bei zweitem die Maßnahmen der Einflussnahme isolierbar bleiben und einem Einzelausgleich zugeführt werden können. Im faktischen Konzern ist die Einflussnahme an sich nicht verboten, sie begründet jedoch eine Pflicht zum Ausgleich der Nachteile, die das abhängige Unternehmen erleidet.[77] Damit schafft bereits die Abhängigkeit i.S.d. § 17 AktG die Voraussetzungen dafür, die Wissensorganisation zentral vom herrschenden Unternehmen aus zu gestalten.

Darüber hinaus lässt sich aus der Regelung des Konzernrechts keine weitergehende Wissenszurechnung begründen. Insbesondere lässt sich aus der konzernrechtlichen Ausgleichspflicht gegenüber dem abhängigen Unternehmen nicht die Zurechnung von Wissen zu Lasten des abhängigen Unternehmen rechtfertigen.[78]

---

77 Für den einfachen faktischen Konzern nach § 311 Abs. 1 AktG. Beim qualifizierten faktischen Konzern soll eine Ausgleichspflicht in analoger Anwendung der §§ 302, 303 AktG nur bestehen, wenn keine ausreichende Rücksicht auf die Belange des abhängigen Unternehmens genommen wird; BGH, v. 29.3.1992, BGHZ 122, 123, 130 – „TBB" (zum GmbH-Konzern).

78 Dazu schon oben 6. unter Ablehnung der Auffassung von *Schüler*.

c) Beherrschung oder Beherrschbarkeit?

Zweifelhaft ist schließlich, ob bloße Beherrschbarkeit für die Wissenszurechnung ausreicht oder tatsächliche Beherrschung verlangt werden soll. Für die bloße Beherrschbarkeit als ausreichendes Kriterium spricht, dass schon die Beherrschbarkeit der Geschäfte im abhängigen Unternehmen genügt, um die Pflicht zur ordnungsgemäßen Wissensorganisation durchsetzen zu können. Gleichwohl würde dabei übersehen, dass das herrschende Unternehmen grundsätzlich auch die Möglichkeit haben muss, sich auf eine kapitalistische Beteiligung zurückzuziehen. Beschränkt sich das herrschende Unternehmen auf die Rolle eines bloßen Anteilseigners, liegt kein Fall der Arbeitsteilung im Sinne der Rechtsprechung zur Wissenszurechnung in arbeitsteiligen Organisationen vor. Ließe man darüber hinaus die bloße Beherrschbarkeit genügen, ginge von der Wissenszurechnung sogar ein konzern- und kartellrechtlich unerwünschter Anreiz für eine Verstärkung zentraler Leitung aus.[79]

Freilich ist die Grenze zwischen dem Feld der *Arbeitsteilung* und jenem der kapitalistischen Beteiligung nur schwer zu ziehen.[80] Jedenfalls genügt das Vorliegen einer *einheitlichen Unternehmensplanung*, da diese zu den spezifischen Vorteilen aus der Arbeitsteilung in Organisationen trotz der Spaltung in rechtlich selbstständige Unternehmen führt. Stets ist jedoch in wertender Betrachtung auf die Umstände des Einzelfalles abzustellen. Im zweiten Beispielsfall ließe sich eine Wissenszurechnung an die zweite Bank vertreten, wenn diese das herrschende Unternehmen darstellt und das Projekt des Kunden in arbeitsteiliger Weise durch Darlehen beider Banken abgesichert werden sollte.

d) Relevanz der Gesellschaftsform

Schließlich muss auch die Gesellschaftsform Berücksichtigung finden. Handelt es sich beim abhängigen Unternehmen um eine Personengesellschaft oder eine GmbH, so gestaltet sich die Einflussnahme für das herrschende

79 So schon *Drexl*, ZHR 161 (1997), 491, 514 ff.; zustimmend das OLG Hamm in einer unveröffentlichten Entscheidung v. 19.2.2001 (Az. 5 U 217/00), bestätigt durch den Nichtannahmebeschluss des BGH v. 9.10.2001 (Az. XI ZR 144/01).

80 Schon aus diesem Grund gegen den hier vertretenen Ansatz *Schulenburg* (Fn. 8), S. 53.

Unternehmen sehr viel einfacher, da bei diesen Gesellschaftsformen die Geschäftsführung wesentlich in den Händen der Gesellschafter liegt (§ 709 BGB, §§ 114 f. HGB, §§ 37 Abs. 1, 45 Abs. 1 GmbHG). Dagegen ist die Hauptversammlung bei der AG grundsätzlich von der Geschäftsführung ausgeschlossen, es sei denn der Vorstand verlangt eine Entscheidung durch sie (§ 119 Abs. 2 AktG). Die Einflussnahme im Aktienkonzern erfolgt daher im Wesentlichen über den bestimmenden Einfluss des Mehrheitsaktionärs auf die Personalpolitik und die Gewinnverwendung. Eine Wissenszurechnung beim Aktienkonzern wird man daher nur unter der weiteren Voraussetzung einer personellen Verflechtung auf der Vorstandsebene annehmen können. Die Mehrheitsbeteiligung allein begründet zwar auch bei der AG auf Grund der gesetzlichen Vermutungen (§§ 18 Abs. 1 Satz 3, 27 Abs. 2 AktG) den Konzerntatbestand, aber noch nicht die Wissenszurechnung.

e) Einbeziehung des anderen Konzernunternehmens in den rechtsgeschäftlichen Kontakt

Außerhalb der oben angesprochenen konzernrechtlichen Erwägungen sind andere Zurechnungskriterien nicht ausgeschlossen. Diese sind von praktisch großer Bedeutung, weil sie auch die Zurechnung von Wissen zu Lasten des abhängigen Unternehmens ermöglichen können. Hierzu zählt auch die inzwischen vom BGH angedeutet Übertragung von Aufgaben auf ein anderes Unternehmen.[81]

Eine Zurechnung kann schließlich erfolgen, wenn Konzernunternehmen dem Dritten bei Vertragsschluss und Vertragsdurchführung als Einheit gegenübertreten. Dies ist etwa der Fall, wenn ein Arbeitnehmer von seinem Arbeitgeberunternehmen in ein anderes Konzernunternehmen abgeordnet wird.[82] Ein nach § 626 Abs. 1 BGB zur außerordentlichen Kündigung berechtigendes Verhalten des Arbeitnehmers im Unternehmen, in das er abgeordnet wurde, ist dem Arbeitgeberunternehmen rechtzeitig mitzuteilen. Eine Verzögerung kann nicht damit gerechtfertigt werden, dass die Kenntnis

---

81 Siehe oben 5.

82 Vgl. *Windbichler* (Fn. 39), S. 103 f. (dort allerdings in Bezug auf die Zurechnung rechtsgeschäftlicher Erklärungen).

vom relevanten Verhalten nur im anderen, rechtlich selbstständigen Unternehmen vorhanden war.[83]

f) Relevanz der Zusammensetzung des Gesellschafterbestandes

Schließlich kann die Zusammensetzung des Gesellschafterbestandes von Konzernunternehmen die Wissenszurechnung unabhängig vom jeweiligen Abhängigkeitsverhältnis begründen. Sind die Gesellschaftsanteile bei herrschendem und abhängigem Unternehmen identisch auf dieselben Gesellschafter verteilt oder ist das herrschende Unternehmen gar Alleingesellschafter des abhängigen Unternehmens, spricht nichts dagegen, eine Wissenszurechnung auch zu Lasten des abhängigen Unternehmens vorzunehmen. Die ökonomischen Folgen treffen ausschließlich das herrschende Unternehmen. Interessen von außenstehenden Gesellschaftern im abhängigen Unternehmen sind nicht zu schützen.

Diese Überlegungen führen vor allem zu einer Ausweitung des Ausschlusses des gutgläubigen Erwerbs. Im oben erwähnten *Outsourcing-Fall* des BGH[84] bedeutet dies, dass man auf Grund der Gesellschafteridentität grundsätzlich auch eine Zurechnung des Wissens von der Geschäftsführerin der nicht in die Transaktion involvierten GmbH an die Erwerber-GbR annehmen könnte. Freilich ist im Hinblick auf die Wissensweiterleitungspflicht nur zu fordern, dass sie die Post an den richtigen Adressaten gibt. Da dieser nicht nur Geschäftsführer der adressierten GmbH, sondern auch Gesellschafter der GbR ist, führt die Wissenszurechnung an ihn zur Bösgläubigkeit nach § 892 Abs. 1 Satz 2 BGB, da bei Gesamtgeschäftsführung der BGB-Gesellschafter schon die Bösgläubigkeit eines Gesellschafters ausreicht.[85]

IV. Bankrechtliche Besonderheiten

Im Bankenbereich kommt der Sammlung von Wissen, der Wissensverarbeitung sowie der Kommunikation eine gewaltige Bedeutung zu. Weite Berei-

---

83 Siehe ausführlicher *Drexl*, ZHR 161 (1997), 491, 518.
84 BGH NJW 2001, 359 (oben 3.).
85 Oben bei Fn. 68.

che des Bankrechts berühren das Wissensmanagement. Dies bedeutet aber nicht, dass das Bankrecht zur Modifikation der beschriebenen Grundsätze der Wissenszurechnung führen muss. Vielmehr geht es darum, die allgemeinen zivilrechtlichen Grundsätze auf Fallkonstellationen des Bankrechts anzuwenden.

1. Einschlägige Wissensnormen

Bankrechtliche Überlegungen sollten ihren Ausgangspunkt bei den einschlägigen Wissensnormen nehmen.

In den *Scheckeinreichungs-Fällen* geht es um Vorschriften, die den gutgläubigen Erwerb betreffen. Dem bankrechtlichen Bereich zuzurechnen sind insbesondere die Gutglaubensvorschriften des Wertpapierrechts (Art. 21 ScheckG, Art. 10 WG).

Praktisch besonders bedeutsam, aber ganz anders gelagert ist die vertragliche (§§ 280 Abs. 1, 311 Abs. 2 BGB) und die vorvertragliche (§ 280 Abs. 1 BGB) Haftung der Banken wegen Verletzung von Aufklärungspflichten. Jede Aufklärungspflicht setzt Kenntnis der aufklärungspflichtigen Person vom relevanten Umstand voraus. Damit ergibt sich auch in diesem Zusammenhang ein Anwendungsbereich für die Wissenszurechnung.[86]

Aufklärungspflichtige Person ist nicht der Mitarbeiter der Bank, sondern die Bank selbst als Schuldnerin des Kunden. Sie hat damit die Informationsabläufe im Unternehmen, eventuell auch im Konzern, so zu organisieren, dass das Wissen bei jenem Mitarbeiter ankommt, der dem Kunden gegenübertritt.

---

86 Dies erkennt auch der BGH im zweiten *Chinook-Manor-Fall* (oben Fn. 11: BGH NJW 1989, 2881), in dem er eine Haftung aus c.i.c. über die Zusammenrechnung des Wissens der Filialleiter begründete. Siehe auch die Monographie von *Faßbender* (Fn. 10), der die Aufklärungspflichten von Banken als Gegenstand der Wissenszurechnung thematisiert. Da *Faßbender* aber die Wissenszurechnung nach dem Kriterium der Pflicht zur ordnungsgemäßen Wissensorganisation ablehnt und auf einen verhaltensakzessorischen Ansatz abstellt, sind seine Erkenntnisse für die Zwecke dieses Beitrags nur begrenzt verwertbar.

Die im Bankbereich relevanten Situationen der Wissenszurechnung sind damit sicher nicht erschöpfend aufgezählt. Erst die Praxis wird die wahre Dimension der Wissenszurechnung verdeutlichen.[87]

2. *Wissenszurechnungsschranken*

Der Kreis des einzubeziehenden Wissens wird durch die Theorie von der Pflicht zur ordnungsgemäßen Wissensorganisation zunächst weit gezogen. Im Rahmen einer Relevanzbetrachtung erfolgt dann aber, u.a. unter Anlehnung an das Gleichstellungsargument, eine Eingrenzung.

Darüber hinaus sind Wissenszurechnungsschranken[88] zu berücksichtigen. Von einer Pflicht zur Wissensorganisation kann nur ausgegangen werden, wenn der Wissensweiterleitung und -abfrage keine rechtlichen Hindernisse entgegenstehen. Im Banksektor steht die Informationssammlung und Weitergabe vor allem unter dem Vorbehalt des Datenschutzes (insbes. nach § 4 BDSG). Darüber hinaus verdient natürlich das *Bankgeheimnis* besondere Aufmerksamkeit.[89]

Für die Wissenszurechnung innerhalb einer Bankgesellschaft kommt es auf das sog. *interne Bankgeheimnis* an, das die Bank verpflichtet, selbst bei Informationsflüssen innerhalb der Bank Vertraulichkeit über Kundendaten zu wahren.[90] Für die Wissenszurechnung zwischen zwei Konzernbanken mag dagegen wegen der rechtlichen Selbständigkeiten der Unternehmen das *externe Bankgeheimnis* die maßgebliche Rolle spielen, das die Bank einerseits verpflichtet, vertrauliche Kundendaten nicht nach außen zu geben, andererseits aber auch dazu berechtigt, die Herausgabe an Dritte zu verweigern.

Der BGH hat in den *Scheckeinreichungs-Fällen* die Frage des Bankgeheimnisses nicht thematisiert, obwohl es gerade um eine personenbezogene Information – die Beziehung des Kunden zu einem bestimmten Arbeitgeber – ging. Dass das Bankgeheimnis die Wissenszurechnung verhindert, sollte

---

87 Siehe weiter führend den Beitrag von *Schröter* in diesem Band, S. 163 ff.

88 So die gewählte Begrifflichkeit bei *Heidrich* (Fn. 10), S. 137 ff.

89 Hierauf wurde schon mehrfach hingewiesen: *Baum* (Fn. 6), S. 281; *Faßbender* (Fn. 10), S. 274 ff. (unter dem Stichwort bankrechtlicher Pflichtenkollisionen).

90 Dazu ausführlich *Heidrich* (Fn. 10), S. 139 ff.

dennoch nicht voreilig angenommen werden. Insoweit sind die Rechtsgrundlage und Sinn und Zweck des Bankgeheimnisses von Belang.

Noch einfach zu beurteilen ist die Situation, in der es um die Weitergabe von Daten einer Person geht, die nicht identisch mit jener ist, zu deren Gunsten die Wissenszurechnung erfolgen soll. Auf die Daten darf in solchen Fällen nicht zugegriffen werden, wenn dies durch das Bankgeheimnis verboten wäre. Nach diesen Grundsätzen ist etwa auch zu beurteilen, ob die Darlehensabteilung einer Bank die Information über einen inzwischen notleidenden Unternehmenskredit hausintern weitergeben muss, um andere Kunden vom Erwerb von Beteiligungen an diesem Unternehmen abzuhalten.[91]

Anders liegt es, wenn die Wissenszurechnung gerade zu Gunsten jener Person erfolgen soll, deren Schutz das Bankgeheimnis verfolgt. Würde man hier die Pflicht zur Wissensorganisation unter Berufung auf das Bankgeheimnis verneinen, würde das Bankgeheimnis zum Eigenschutz der Bank instrumentalisiert. Gleichwohl ist auch hier eine Einschränkung vorzunehmen. Eine Wissenszurechnung kann nur dann angenommen werden, soweit zum Zeitpunkt der gebotenen Wissensabfrage erkennbar ist, dass die Wissensabfrage zu Gunsten der Person erfolgt, die durch das Bankgeheimnis geschützt werden soll. Soweit man das Bankgeheimnis auf die AGB der Banken und Sparkassen zurückführt, lässt sich diese Lösung sogar problemlos aus dem Vertragsrecht begründen. Schon nach der Vereinbarung der AGB ist anzunehmen, dass das Bankgeheimnis nur greift, soweit es zum Schutz des Kunden beiträgt. Entsprechende Konstellationen dürften vor allem im Bereich der Anlageberatung und des Wertpapierhandels auftreten.

Schwierig zu beurteilen sind Fälle, in denen es um Tatsachen geht, die sowohl den Kunden als auch den Dritten betreffen, zu dessen Gunsten die Wissenszurechnung erfolgen soll. Eine solche Situation ist in den *Scheckeinreichungs-Fällen* gegeben. Das Arbeitsverhältnis zwischen dem Scheckeinreicher und der Person, der der Scheck abhanden gekommen ist, stellt für beide Seiten eine personenbezogene Information dar. In der konkreten Konstellation sprechen wohl die besseren Gründe für eine Wissenszurech-

91 Dieses Problem wird für den Wertpapierhandel besonders aufgegriffen durch § 33 WpHG, der in Abs. 1 Nr. 2 die Banken verpflichtet, besondere Vorkehrungen zu treffen, um Interessenkollisionen zwischen Kunden möglichst gering zu halten. Zur Thematik der sog. Chinese Walls siehe den Beitrag von *Schröter* in diesem Band, S. 163.

nung. Das Bankgeheimnis soll den Kunden vor Nachteilen schützen, die entstehen, wenn Unbefugte von der konkreten Information Kenntnis erlangen. In den *Scheckeinreichungs-Fällen* ist aber nicht der Scheckeinreicher gegenüber dem Arbeitgeber gegen die Kenntnis vom Arbeitsverhältnis zu schützen. Das Bankgeheimnis greift hier wohl schon von Hause aus nicht. Es hat nicht den Zweck, der Bank zum gutgläubigen Erwerb zu Lasten Dritter zu verhelfen.

Die Betrachtung des Bankgeheimnisses zeigt, dass bankrechtliche Überlegungen durchaus die Wissenszurechnung beeinflussen können. Jedoch werden die allgemeinen zivilrechtlichen Grundsätze nicht verändert, sondern nur durch die bankrechtlichen Regeln und Wertungen ausgefüllt.

V. Zusammenfassung

Mit der Anerkennung einer allgemeinen Pflicht zur ordnungsgemäßen Wissensorganisation hat die Rechtsprechung im Wege richterlicher Rechtsfortbildung allgemeine zivilrechtliche Grundsätze der Wissenszurechnung in arbeitsteiligen Organisationen anerkannt. Zweck der Wissenszurechnung ist der Verkehrsschutz. Die Zurechnung erfolgt nach dem Risikoprinzip, wobei die Rechtsprechung eine Konkretisierung und Eingrenzung der Pflichten nach dem Kriterium der Gleichstellung arbeitsteiliger Organisationen mit natürlichen Personen vornimmt.

Da diese Grundsätze der Wissenszurechnung unabhängig von der Rechtsform der arbeitsteiligen Person gelten, kann grundsätzlich auch an eine Wissenszurechnung zwischen Konzernunternehmen gedacht werden. Jedoch scheidet sowohl die bloße Konzernierung als auch eine etwaige umfassende Konzernleitungspflicht zur Begründung einer Wissenszurechnung aus. Die Ausübung von Weisungen des herrschenden an das abhängige Unternehmen kann wohl nicht die Zurechnung zu Lasten des abhängigen Unternehmens begründen. Möglich ist im Grundsatz nur eine Wissenszurechnung vom abhängigen an das herrschende Unternehmen, da nur letzteres die Wissensorganisation im Gesamtkonzern durchsetzen kann. Die bloße Beherrschbarkeit der Wissensverarbeitung im abhängigen Unternehmen genügt nicht. Zu verlangen ist vielmehr die tatsächliche Beherrschung der Geschäfte im abhängigen Unternehmen im Sinne arbeitsteiligen Zusammenwirkens. Während die konkrete Konzernierungsform die Zurechnung nicht beeinflusst, gilt anderes im Hinblick auf die Rechtsform des abhängigen Unternehmens. Handelt es sich bei ihm um eine AG, setzt die Wissenszurechnung voraus, dass über eine Personenidentität in der Leitungsebene auch das Wissen in der abhängigen Gesellschaft gestaltet werden kann. Die bloße Aufgabenübertragung an ein anderes Unternehmen kann die Wissenszurechnung begründen, ohne dass es sich dabei um einen konzerntypischen Zurechnungsgrund handelt. Gleiches gilt, wenn zwei selbstständige oder Konzernunternehmen im Stadium des Vertragsschlusses oder der Vertragserfüllung dem Dritten als Einheit entgegentreten. In diesen beiden letzten Fällen ist auch eine Wissenszurechnung zu Lasten des abhängigen Unternehmens zuzulassen. Letzteres gelingt auch dann, wenn sich der Gesellschafterbestand im abhängigen Unternehmen so zusammensetzt, dass über die Wissenszurechnung keine schutzwürdigen Interessen der dortigen Gesellschafter beeinträchtigt werden.

Bankrechtliche Überlegungen lassen nach den Wissensnormen des Bankrechts fragen. Hier kommt auch die Haftung von Banken für die Verletzung von Aufklärungspflichten in das Blickfeld. Die Zurechnung setzt voraus, dass der Wissensweiterleitung und -abfrage keine Wissenszurechnungsschranken entgegenstehen. Solche können sich im Bankrecht vor allem aus den datenschutzrechtlichen Anforderungen und dem Bankgeheimnis ergeben.

Der Rechtsprechung ist insgesamt eine Zurechnung von Wissen in arbeitsteiligen Organisation nach allgemeinen zivilrechtlichen Grundsätzen gelungen, die sich auch im gesellschaftsrechtlich komplizierten Umfeld der Konzernbildung und im bankrechtlichen Bereich bewähren. Konzern- und bankrechtliche Gesichtspunkte sind im Rahmen allgemeiner zivilrechtlicher Wertungen zur Geltung zu bringen, ohne diese Wertungen als solche zu verändern. So setzt die Wissenszurechnung nach dem Risikoprinzip die Beherrschung des Wissensmanagements in der arbeitsteiligen Organisation voraus. Entsprechend muss die Wissenszurechnung scheitern, wenn die Gewährleistung der Weiterleitung und der Abfrage von Wissen auf rechtliche Schranken trifft, sei es auf Grund der besonderen Konzernsituation oder auf Grund des Datenschutzes und des Bankgeheimnisses.

Die Wissenszurechnung in der Rechtsprechung des Bundesgerichtshofs

Gerd Nobbe, Vorsitzender Richter
am Bundesgerichtshof Karlsruhe

I. Einleitung und Eingrenzung des Themas

1598 schrieb der englische Philosoph *Francis Bacon* in seinen „Essayes“[1]: „Ipsa scientia potestas est“ (Wissen ist Macht). Macht gehört begrenzt und kontrolliert. Ein probates Mittel ist die Aufteilung von Macht. Wenn Wissen Macht ist, muss also Wissen aufgeteilt werden. Bei Kreditinstituten geschieht dies in Teilbereichen. So wurden etwa aufgrund der Vorgabe der §§ 14 und 33 Abs. 2 WpHG verschiedene Vertrauensbereiche geschaffen, zwischen denen Informationsschranken („Chinese walls“) errichtet wurden und in denen bestimmte Verhaltensregeln (compliance) gelten. Will sagen, Wissen, das in einem Vertrauensbereich anfällt oder erarbeitet wird, wird weder direkt noch indirekt Personen zur Verfügung gestellt, die in einem anderen Geschäftsbereich derselben Bank tätig sind.[2] „Chinese walls“, inneres Bankgeheimnis und ihre Bedeutung für die Wissenszurechnung sind rechtlich sicher ein spannendes Thema.[3] Befassen kann ich mich damit trotzdem nicht, es gibt dazu bisher keine Rechtsprechung des Bundesgerichtshofs.

Eine Begrenzung der von Wissen ausgehenden Macht nehmen Recht und Gesetz noch auf eine andere Weise vor. An Wissen werden negative Rechtsfolgen geknüpft. *Schramm* hat das in den überaus vorsichtig formulierten Satz gefasst: „Wissen ist nicht nur Macht, sondern kann auch eine Last sein.“[4] Angesprochen ist damit nicht die Seligkeit der Unwissenden, sondern die im Gesetz vorgesehene Verschlechterung der Rechtsstellung des Wissen-

1 Abschn. 2, Art. 11.
2 *Eisele,* in Schimansky/Bunte/Lwowski, Bankrechts-Handbuch, 2. Aufl., § 109 Rdn. 80; *ders.*, WM 1993, 1021, 1024.
3 Vgl. dazu *Buck*, Wissen und juristische Person, 2001, S. 499 ff.
4 MünchKomm/*Schramm*, 4. Aufl., § 166 BGB Rdn. 26.

den[5] sowie die Wissenszurechnung und ihre Grundlage, die Wissensverantwortung.[6] Die Zurechnung steht dabei der Geltendmachung von Unkenntnis entgegen, ohne dass sie eine tatsächlich fehlende Kenntnis des Vertretenen ersetzt.[7]

Zur Belastung von juristischen Personen, Personengesellschaften und natürlichen Personen durch Wissenszurechnung gibt es eine umfangreiche, seit den neunziger Jahren im Umbruch begriffene Rechtsprechung des Bundesgerichtshofs, auf die sich seit 1997 mehr als zehn Jungwissenschaftler mit Dissertationen[8] und einer Habilitationsschrift[9] gestürzt haben. Diese Rechtsprechung soll, soweit sie den rechtsgeschäftlichen oder geschäftsähnlichen Bereich und die Zurechnung fremden Wissens betrifft, Thema des Vortrags sein. Entscheidungen zur Zurechnung der Kenntnis des Schadens und des Schädigers durch Hilfspersonen im Rahmen des § 852 BGB[10] sowie

5 Z.B. §§ 819 Abs.1, 892 Abs. 1 Satz 1, 932 Abs. 1 BGB.

6 S. *Bohrer*, DNotZ 1991, 124, 125.

7 BGH, Urt. v. 13. Oktober 2000 – V ZR 349/99, WM 2000, 2515, 2516 = NJW 2001, 359.

8 *Adler*, Wissen und Wissenszurechnung, insbesondere bei arbeitsteilig aufgebauten Organisationen; 1997; *Baum*, Die Wissenszurechnung, 1999; *Bott*, Wissenszurechnung bei Organisationen, 2000; *Ertel*, Die Wissenszurechnung im deutschen und anglo-amerikanischen Zivilrecht, 1999; *Faßbender*, Innerbetriebliches Wissen und bankrechtliche Aufklärungspflichten, 1998; *Goldschmidt*, Die Wissenszurechnung: ein Problem der jeweiligen Wissensnorm, entwickelt am Beispiel des § 463 Satz 2 BGB, 2001; *Han-Lin Chou*, Wissen und Vergessen bei juristischen Personen, 2002; *Heidrich*, Das Wissen der Bank, 2001; *Leschke*, Vertretungsmacht von Versicherungsvertretern und Wissenszurechnung, 1998; *Römmer-Collmann*, Wissenszurechnung innerhalb juristischer Personen, 1998; *Rohde*, Die Wissenszurechnung bei rechtsgeschäftlicher Tätigkeit einer juristischen Person, 1999; *Schüler*, Die Wissenszurechnung im Konzern, 2000; *Schulenburg*, Bankenhaftung bei geschlossenen Immobilienfonds, zugleich eine Untersuchung der Wissenszurechnung im Konzern, 2002; *Vogel*, Arglistiges Verschweigen des Bauunternehmers aufgrund Organisationsverschuldens: eine Untersuchung zum Begriff des arglistigen Verschweigens bei § 638 Abs. 1 Satz 1 BGB und zur unterorganschaftlichen Wissenszurechnung, 1998.

9 *Buck*, Wissen und juristische Person, 2001.

10 S. dazu etwa BGH, Urt. v. 22. April 1986 – VI ZR 133/85, NJW 1986, 2315, 2316; BGH, Urt. v. 11. Februar 1992 – VI ZR 133/91, NJW 1992, 1755, 1756; BGH, Urt. v. 18. Januar 1994 – VI ZR 190/93, WM 1994, 750, 751 = NJW 1994, 1150; BGH, Urt. v. 25. Juni 1996 VI ZR 117/95, BGHZ 133, 129, 138 f.

die speziellen Regelungen in §§ 2 Abs. 3, 19, 43 Nr. 1 und 44 VVG und die daran anknüpfende Auge-und-Ohr-Rechtsprechung des Versicherungssenats des Bundesgerichtshofs[11] bleiben, da für das Bankrecht nur von geringer Bedeutung, unberücksichtigt.

II. Wissen und Wissenmüssen

In einem anständigen wissenschaftlichen Vortrag wären jetzt unbedingt einige lichtvolle, durch Erkenntnisse der Psychologie oder gar der Philosophie untermauerte Ausführungen zum Begriff des Wissens angezeigt, Lesefrüchte aus klangvollen Werken, vielleicht aus dem Lehrbuch des Herrn von Tuhr[12] oder gar aus der Zurechnungslehre Hegels. Der Bundesgerichtshof hat offenbar bisher nichts Zitierwürdiges entdeckt, jedenfalls findet sich in seiner Rechtsprechung zur Wissenszurechnung dazu nichts Bedeutendes. Gleiches gilt im Übrigen weitgehend auch für die Literatur. Zu erklären ist dies mit dem Wortlaut des § 166 Abs. 1 BGB, den die Rechtsprechung und auch die herrschende Meinung in der Literatur[13] als zentrale Norm der Wissenszurechnung ansieht. § 166 Abs. 1 BGB spricht von Kenntnis und Kennenmüssen gewisser Umstände. Da Wissen und Wissenmüssen gleich behandelt werden, sind grundsätzliche Ausführungen zum Begriffs des Wissens bei § 166 Abs. 1 BGB nicht veranlasst.

Für unsere Zwecke, die Darstellung und Würdigung der Wissenszurechnung in der Rechtsprechung des Bundesgerichtshofs, reicht es vielmehr

---

= NJW 1996, 2508; BGH, Urt. v. 4. Februar 1997 – VI ZR 306/95, BGHZ 134, 343, 347 ff. = WM 1997, 1123 = NJW 1997, 1584.

11 Vgl. dazu BGH, Urt. v. 11. November 1987 – IVa ZR 240/86, BGHZ 102, 194 ff = NJW 1988, 973; BGH, Urt. v. 22. September 1999 – IV ZR 15/99, NJW-RR 2000, 316 f.; BGH, Urt. v. 10. Oktober 2001 – IV ZR 6/01, NJW-RR 2002, 89 f.; BGH, Urt. v. 30. Januar 2002 – IV ZR 23/01, NJW 2002, 1497 f.

12 Der Allgemeine Teil des Deutschen Bürgerlichen Rechts, Bd. II 1. Hälfte, 1914, § 49 II 3: Wissen ist dort definiert als „die Vorstellung einer Tatsache als einer sicher vorhandenen."

13 *Schilken*, Wissenszurechnung im Zivilrecht, 1983, S. 3; *Medicus*, Karlsruher Forum 1994, Beilage zum VersR, S. 4, 8; *Taupitz*, Karlsruher Forum 1994, Beilage zum VersR S. 16, 24; *Grunewald*, Festschrift Beusch, 1993, S. 301, 310, 317 f.; *Richardi*, AcP 169 (1969), 385, 401; *Tintelnot*, ZIP 1987, 795, 796; *Waltermann*, AcP 192 (1992), 181, 198 ff.

aus, Wissen als positive, personengebundene privat oder dienstlich erworbene Kenntnis,[14] und Wissenmüssen entsprechend der Legaldefinition in § 122 Abs. 2 BGB als fahrlässige Unkenntnis zu definieren. Wissen und Wissenmüssen beschreibt dabei die Verantwortlichkeit für eigenes, die Wissenszurechnung die Verantwortlichkeit für fremdes Wissen und Wissenmüssen.[15]

Vergessenes Wissen ist verlorenes Wissen.[16] Es fehlt daher positive Kenntnis, während ein Wissenmüssen durchaus gegeben sein kann.[17] Eine tatsächliche Vermutung, dass einmal vorhandenes Wissen fortbestanden hat, gibt es zwar nicht. An den Beweis, dass eine erlangte positive Kenntnis bis zu einem bestimmten Zeitpunkt fortbestanden hat, dürfen aber keine unerfüllbaren Beweisanforderungen gestellt werden, zumal es sich um eine innere Tatsache handelt.[18] Je ungewöhnlicher und bedeutsamer ein Vorgang im Zeitpunkt der Wahrnehmung war, umso eher kann davon ausgegangen werden, dass die Erinnerung daran fortdauert.[19]

III. Wissenszurechnung bei Organwaltern juristischer Personen

Die wichtigste Vorschrift über die Wissenszurechnung enthält § 166 Abs. 1 BGB. Er ermöglicht die Zurechnung des Wissens einer Hilfsperson zur Bestimmung der Rechtsfolgen ihres rechtsgeschäftlichen Handelns, also eine verhaltensabhängige Wissenszurechnung. Die Wissenszurechnung dient dabei dazu, die gesetzlichen Ziele der Norm, die an die Kenntnis bestimmter Tatsachen Rechtsfolgen knüpft, abzusichern. Es ist deshalb nicht zweifelhaft, dass die einzelne Wissensnorm die Wissenszurechnung beeinflusst.[20] Gleich-

14 S. auch *Buck*, Wissen und juristische Person, 2001, S, 57.

15 *Taupitz*, Karlsruher Form 1994, Beilage zum VersR, S. 16, 17; *ders.*, JZ 1996, 734, 736.

16 *Medicus*, Allgemeiner Teil, 7. Aufl., 1997, Rdn. 904a.

17 BGH, Urt. v. 31. Januar 1996 – VIII ZR 297/94, WM 1996, 824, 826 = NJW 1996, 1205.

18 BGH, Urt. v. 31. Januar 1996 – VIII ZR 297/94, WM 1996, 824, 827 = NJW 1996, 1205.

19 *Bork*, Allgemeiner Teil, 2001, Rdn. 1661; s. auch *Medicus*, Karlsruher Forum 1994, Beilage zum VersR, S. 4, 15.

20 *Waltermann*, AcP 192 (1992), 181, 185 f.; *Drexl*, ZHR 161 (1997), 491, 501.

wohl kann hier nicht auf die zahlreichen einzelnen Wissensnormen eingegangen werden, es erfolgt vielmehr eine Beschränkung auf Wissenszurechnungsvorschriften.

Der Zurechnungsnorm des § 166 Abs. 1 BGB liegt eine individualistische Sichtweise zugrunde.[21] Ausgehend von den wirtschaftlichen und sozialen Verhältnissen bei Verabschiedung des Bürgerlichen Gesetzbuchs am Ende des 19. Jahrhunderts hat er den Fall im Auge, dass eine natürliche Person von einer anderen natürlichen Person vertreten wird. Gleichwohl soll nicht mit diesem eher unproblematischen Fall, sondern den heutigen Verhältnissen in Bereich der Kreditinstitute Rechnung tragend mit der Zurechnung des Wissens von Organwaltern juristischer Personen begonnen werden.

1. Überkommene, aber noch nicht überwundene Rechtsprechung

Jahrzehntelang hat die Rechtsprechung des Bundesgerichtshofs anknüpfend an die Rechtsprechung des Reichsgerichts[22] bei Organwaltern die absolute Wissenszurechnungstheorie vertreten. Ebenso plakativ wie platt wurde formuliert, Wissen eines jeden vertretungsberechtigten Organmitgliedes sei eo ipso Wissen der juristischen Person.[23] In welcher Eigenschaft ein Organmitglied das Wissen erlangt habe, privat oder dienstlich, sei gleichgültig.[24] Dem lag unausgesprochen die auf metaphysischen Anschauungen beruhende Organtheorie *Otto von Gierkes*[25] zugrunde, wonach juristische Personen über eine reale leiblich-geistige Verbandspersönlichkeit verfügen. Es spielte deshalb keine Rolle, ob das wissende Organmitglied an dem Abschluss des

21 *Wilhelm*, Sachenrecht, 1993, Rdn. 616.

22 RGZ JW 1935, 2044.

23 BGH, Urt. v. 30. April 1955 – II ZR 5/54, WM 1955, 830, 832; BGH, Urt. v. 1. März 1984 – IX ZR 34/83, WM 1984, 1309, 1311 = NJW 1984, 1953; BGH, Urt. v. 8. Dezember 1989 – V ZR 246/87, BGHZ 109, 327, 331 = WM 1990, 524 = NJW 1990, 975; BGH, Urt. v. 5. April 1990 – IX ZR 16/89, WM 1990, 1028, 1030 = NJW-RR 1990, 1330; BGH, Urt. v. 12. November 1998 – IX ZR 145/98, BGHZ 140, 54, 61 = WM 1998, 2543 = NJW 1999, 284; ebenso RGRK/*Steffen*, BGB. 12. Aufl. § 166 Rdn.5; *Richardi*, AcP 169 (1969), 385, 388.

24 BGH, Urt. v. 30. April 1955 – II ZR 5/54, WM 1955, 830, 832.

25 Deutsches Privatrecht I, 1895, Bd. I § 59; *ders.*, Die Genossenschaftstheorie und die Deutsche Rechtsprechung, 1887, S. 609, 611.

Rechtsgeschäfts, für das es auf das Wissen der juristischen Person ankam, in irgendeiner Weise mitgewirkt oder davon gewusst hatte.[26] Das Wissen eines Organmitglieds wurde der juristischen Person vielmehr ohne Rücksicht auf satzungsmäßig vorgesehene Gesamt- oder aber Einzelvertretung verhaltensunabhängig zugerechnet, und zwar sogar noch nach dem Ausscheiden oder dem Tod des Organwalters, auch wenn die neuen Organwalter ahnungslos waren.[27] Eine Zurechnungsnorm wurde dabei zwar zumeist[28] nicht genannt. Im Hinterkopf der Kollegen, die bei dieser Rechtsprechung mitgewirkt haben, dürfte aber stets § 31 BGB eine entscheidende Rolle gespielt haben, das obwohl dieser eine schadensersatzzuweisende Norm darstellt und nicht an die Vertretungsmacht des Organs, sondern an die Fähigkeit des Organs anknüpft, für die juristische Person zu handeln.[29] Urteile, in denen dies immer noch so gesehen wird, finden sich in der Rechtsprechung des Bundesgerichtshofs auch noch in allerjüngster Zeit.[30] Besonders erwähnt sei das Urteil des X. Zivilsenats vom 6. Februar 2002. In diesem Urteil heißt es in den Hinweisen an das Berufungsgericht wörtlich: „Nach diesen Grundsätzen muss sich die juristische Person das Wissen aller vertretungsberechtigten Organwalter zurechnen lassen, selbst wenn das „wissende" Organmitglied an dem

26 BGH, Urt. v. 1. März 1984 – IX ZR 34/83, WM 1984, 1309, 1311 = NJW 1984, 1953; BGH, Urt. v. 8. Dezember 1989 – V ZR 246/87, BGHZ 109, 327, 331; BGH, Urt. v. 17. Mai 1995 – VIII ZR 70/94, WM 1995, 1145,1146 = NJW 1995, 2159; BGH, Urt. v. 31. Januar 1996 – VIII ZR 297/94, WM 1996, 824, 825 = NJW 1996, 1205; BGH, Urt. v. 6. Februar 2002 – X ZR 215/00, Urteilsumdruck S. 23 f. „Drahtinjektionseinrichtung."

27 BGH, Urt. v. 23. Oktober 1958 – II ZR 127/57, WM 1959, 81, 84; BGH, Urt. v. 8. Dezember 1989 – V ZR 246/87, BGHZ 109, 327, 331; BGH, Urt. v. 17. Mai 1995 – VIII ZR 70/94, WM 1995, 1145, 1146 = NJW 1995, 2159; BGH, Urt. v. 31. Januar 1996 – VIII ZR 297/94, WM 1996, 824, 825 = NJW 1996, 1205; BGH, Urt. v. 6. Februar 2002 – X ZR 215/00, Urteilsumdruck S. 23 f. „Drahtinjektionseinrichtung."

28 BGH, Urt. v. 12. November 1998 – IX ZR 145/98, BGHZ 140, 54, 61 = WM 1998, 2543 = NJW 1999, 284 verweist allerdings ausdrücklich auf § 31 BGB.

29 BGH, Urt. v. 8. Juli 1986 – VI ZR 47/85, BGHZ 98, 148, 151 = WM 1986, 1104 = NJW 1986, 2941; BGH, Urt. v. 13. Januar 1987 – VI ZR 303/85, BGHZ 99, 298, 299 f. = WM 1987, 286 = NJW 1987, 1193.

30 BGH, Urt. v. 17. Mai 1995 – VIII ZR 70/94, WM 1995, 1145, 1146 = NJW 1995, 2159; BGH, Urt. v. 31. Januar 1996 – VIII ZR 297/94, WM 1996, 824, 825 = NJW 1996, 1205; BGH, Urt. v. 12. November 1998 – IX ZR 145/98, BGHZ 140, 54, 61 = WM 1998, 2543 = NJW 1999, 284.

betreffenden Rechtsgeschäft nicht selbst mitgewirkt hat bzw. nichts davon gewusst hat. Auch das Ausscheiden aus dem Amt oder der Tod des Organvertreters steht dem Fortdauern der Wissenszurechnung nicht entgegen."[31]

2. *Renovierung der Rechtsprechung durch den V. Zivilsenat*

Indes entsprechen diese Ausführungen, was übrigens nicht nur dem X. Zivilsenat des Bundesgerichtshofs, sondern auch Teilen der Wissenschaft[32] entgangen ist, keineswegs mehr der Überzeugung aller Senate des Bundesgerichtshofs.

a) Der Schlachthof-Fall (BGHZ 109, 327 ff.)

Beginnend mit dem sog. Schlachthof-Fall[33] hat sich der V. Zivilsenat seit dem Jahre 1989 federführend daran gemacht, die überkommene Rechtsprechung zu renovieren und die Zurechnung von Organwissen auf eine neue Grundlage zu stellen. Im sog. Schlachthof-Fall hatte eine Gemeinde dem Grundstückskäufer nicht mitgeteilt, dass ein aufstehender Gebäudeteil einsturzgefährdet war. Dies war dem für die Gemeinde handelnden Bürgermeister nicht bekannt, wohl aber seinem Amtsvorgänger sowie Bediensteten der Gemeinde und außerdem aktenkundig. In seinem Urteil zu § 463 Satz 2 BGB a.F. hat der V. Zivilsenat zunächst die überkommene Rechtsprechung zum Organwissen referiert und verteidigt, dann aber mit einem merkwürdigen Bruch in der Argumentation unvermittelt und etwas kryptisch ausgeführt, die Frage der Wissenszurechnung von Organvertretern lasse sich „nicht mit logisch begrifflicher Stringenz, sondern nur in wertender Beurteilung entscheiden."[34] Im Interesse des Verkehrsschutzes[35] sei es geboten, der Ge-

---

31 X ZR 215/00, Urteilsumdruck S. 23 f. „Drahtinjektionseinrichtung."

32 Z.B. *Köhler*, Allgemeiner Teil, 25. Aufl., 2001, Rdn. 52; *Reischl*, JuS 1997, 783, 785; *Hartung*, NZG 1999, 524, 526.

33 BGH, Urt. v. 8. Dezember 1989 – V ZR 246/87, BGHZ 109, 327, 330 = WM 1990, 524 = NJW 1990, 975

34 BGH, Urt. v. 8. Dezember 1989 – V ZR 246/87, BGHZ 109, 327, 330 = WM 1990, 524 = NJW 1990, 975; s. auch BGH, Urt. v. 2. Februar 1996 – V ZR 239/94, BGHZ 132, 30, 35 = WM 1996, 594 = NJW 1996, 1339.

35 A.A. *Schüler*, Die Wissenszurechnung im Konzern, 2000, S. 41 ff., 44.

meinde typischerweise aktenmäßig festgehaltenes Wissen auch dann zuzurechnen, wenn dies dem handelnden Organvertreter nicht bekannt sei. Der Bürger, der mit einer Gemeinde einen Vertrag schließe, dürfte, was die Wissenszurechnung angehe, im Prinzip nicht schlechter gestellt werden als derjenige, der es nur mit einer einzigen natürlichen Person zu tun habe.[36] Damit waren – zwar noch etwas diffus – vier neue entscheidungserhebliche Gesichtspunkte in die Diskussion eingeführt: Die Zurechnung des Wissens von Organvertretern aufgrund wertender Betrachtung, die grundsätzlich auch eine Nichtzurechnung des Wissens geschäftsunbeteiligter Organvertreter ermöglicht, der Schutz des Rechtsverkehrs, die Bedeutung von aktenmäßig festgehaltenem Wissen und die prinzipielle Gleichstellung von juristischen und natürlichen Personen bei der Wissenszurechnung.

b) Der Altlasten-Fall (BGHZ 132, 30 ff.)

An die – kaufrechtlich durchaus mehr als bedenkliche[37] – Linie hat der V. Zivilsenat im Altlasten-Urteil vom 2. Februar 1996, in dem es wiederum im Rahmen des § 463 Satz 2 BGB a.F. in einem vom Berufungsgericht nur sehr unzureichend aufgeklärten Fall um die Frage der Zurechnung des Wissens eines Organvertreters von Altlasten auf einem verkauften Grundstück ging, angeknüpft. Im Rahmen der beim Bundesgerichtshof gemeinhin als „Segelanweisung" bezeichneten Hinweise an das Berufungsgericht für das weitere Verfahren hat der V. Zivilsenat mehr nach dem Motto, was wir immer schon mal loswerden wollten, denn aus Notwendigkeit seitenlange, fundierte Ausführungen zur Wissenszurechnung bei einer GmbH & Co. KG gemacht.[38] Dabei hat er die auf der Theorie der realen Verbandspersönlichkeit beruhende Theorie der absoluten Wissenszurechnung unter Aufgabe der bisherigen Rechtsprechung ausdrücklich abgelehnt. Im Anknüpfung an kluge, innovative Gedanken von *Bohrer*[39] zur Wissensverantwortung und ins-

---

36 BGH, Urt. v. 8. Dezember 1989 – V ZR 246/87, BGHZ 109, 327, 331 = WM 1990, 524 = NJW 1990, 975; BGH, Urt. v. 2. Februar 1996 – V ZR 239/94, BGHZ 132, 30, 35 ff. = WM 1996, 594 = NJW 1996, 1339.

37 Zu Recht kritisch *Flume,* AcP 197 (1997), 441 ff.

38 BGH, Urt. v. 2. Februar 1996 – V ZR 239/94, BGHZ 132, 30, 35 ff. = WM 1996, 594 = NJW 1996, 1339.

39 DNotZ 1991, 124 ff.

besondere zwei ungemein gedankenreiche, praxisnahe und brillante Vorträge von *Medicus*[40] und von *Taupitz*[41] auf dem Karlsruher Forum 1994 hat er als maßgeblichen Grund für die Zurechnung von Wissen eine im Verkehrsschutz gründende Rechtspflicht zur ordnungsgemäßen Organisation der Kommunikation[42] und als Maßstab für den Organisationsaufwand die Gleichstellung von natürlichen Personen und arbeitsteiligen Organisationen im Rechtsverkehr angesehen.

Diese Organisationspflicht gründe, ähnlich wie eine Verkehrssicherungspflicht, auf der Beherrschung eines selbsteröffneten Verkehrsbereichs.[43] Eine am Rechtsverkehr teilnehmende Organisation müsse – auch und gerade nach den berechtigten Erwartungen des Rechtsverkehrs – so organisiert sein, dass Informationen, deren Relevanz für andere Personen innerhalb dieser Organisation bei dem konkret Wissenden erkennbar sei, tatsächlich an jene Personen weitergegeben werden (Informationsweiterleitungspflicht). Umgekehrt müsse sichergestellt sein, dass innerhalb der Organisation für den eigenen Bereich wesentliche Informationen abgefragt würden (Informationsabfragepflicht).[44]

Einer – auch in zeitlicher Hinsicht drohenden – Ausuferung der Wissenszurechnung, zu der insbesondere die von *Canaris*[45] befürwortete umfassende, praktischen Bedürfnissen nicht Rechnung tragende und jede Organisation überfordernde Zusammenrechnung des einmal erlangten Wissens aller Wissensvertreter aller Filialen einer Bank führt, begegnete der V. Zivilsenat mit dem Argument der Gleichstellung natürlicher und juristischer Personen. Ausgehend davon, dass natürliche Personen weniger eindrucksvolle Fakten im Laufe der Zeit zu vergessen pflegen, hänge die Pflicht zur Speicherung einer Information davon ab, mit welcher Wahrscheinlichkeit sie später rechts-

---

40 Probleme der Wissenszurechnung, Karlsruher Forum 1994, Beilage zum VersR, S. 4 ff.

41 Wissenszurechnung nach englischem und deutschem Recht, Karlsruher Forum 1994, Beilage zum VersR, S. 16 ff.

42 A.A. *Baum*, Die Wissenszurechnung, 1999, S. 213.

43 So erstmals *Bohrer*, DNotZ 1991, 124, 129.

44 BGH, Urt. v. 2. Februar 1996 – V ZR 239/94, BGHZ 132, 30, 37 = WM 1996, 594 = NJW 1996, 1339.

45 Bankvertragsrecht, 4. Aufl., Rdn. 800, 800 a.; s. auch *Waltermann*, NJW 1993, 889, 893 f.

erheblich werden könnte.[46] Je wichtiger ein Umstand sei, um so länger müsse er gespeichert bleiben. Da sich das Erinnerungsvermögen des Menschen typischerweise nach der erkennbaren Wichtigkeit der Wahrnehmung und danach bestimme, wie lange sie zurückliege, sei Wissen aus Speichern nur zuzurechnen, soweit ein besonderer Anlass bestehe, sich seiner in der konkreten Situation (noch) zu vergewissern. Das richte sich nach der Zumutbarkeit im Einzelfall, d.h. vor allem nach der Bedeutung des Anlasses und der Schwierigkeit der Suche.[47] Danach führt das Gleichstellungsargument dazu, dass auch juristischen Personen ein Vergessen möglich ist,[48] etwa weil ähnlich wie bei einer natürlichen Person der Impuls für den Abruf des gespeicherten Wissens fehlt.

c) Verfestigung der Grundsätze des Altlasten-Urteils

Die Grundsätze des Altlasten-Urteils, insbesondere die Informationsweitergabe- und die Informationsabfragepflicht hat der V. Zivilsenat nachfolgend je nach den Umständen des Einzelfalles angewandt[49] und beim VI. Zivilsenat[50] Gefolgschaft gefunden. Ein Liegenschaftsamt als Verkäufer eines Grundstücks hat er nicht für verpflichtet gehalten, sämtliche Nachbargrundstücke betreffende Akten auf bis zu 30 Jahre zurückliegende Hinweise auf eine mögliche Kontamination des verkauften Grundstücks durch Kraftstoffrückstände einer Tankanlage durchzusehen.[51]

---

46 BGH, Urt. v. 2. Februar 1996 – V ZR 239/94, BGHZ 132, 30, 38 = WM 1996, 594 = NJW 1996, 1339.

47 BGH, Urt. v. 2. Februar 1996 – V ZR 239/94, BGHZ 132, 30, 39 = WM 1996, 594 = NJW 1996, 1339 = WuB IV A. § 166 BGB 1.96 (*Medicus*).

48 *Medicus*, Karlsruher Forum 1994, Beilage zum VersR, S. 4, 15.

49 BGH, Urt. v. 1. Oktober 1999 – V ZR 218/98, WM 1999, 2515, 2516 f. = NJW 1999, 3777; BGH, Urt. v. 13. Oktober 2000 – V ZR 349/99, WM 2000, 2515, 2516 = NJW 2001, 349.

50 BGH, Urt. v. 27. März 2001 – VI ZR 12/00, NJW 2001, 2535, 2536.

51 BGH, Urt. v. 1. Oktober 1999 – V ZR 218/98, WM 1999, 2515, 2616 f. = NJW 1999, 3777.

d) Würdigung der Grundsätze des Altlasten-Urteils

Die neuen Rechtsprechungsgrundsätze des V. Zivilsenats führen, was allerdings, wie dargelegt, beim Bundesgerichtshof noch nicht Allgemeingut geworden ist, dazu, dass eine Zurechnung des Wissens von Organwaltern bei der Aktivvertretung nicht mehr automatisch erfolgt (absolute Wissenszurechnung). Sie geschieht vielmehr nur noch, wenn der Organwalter die juristische Person gerade bei dem betreffenden Rechtsgeschäft, sei es auch nur als einer von mehreren Gesamtvertretern, vertreten hat oder daran in sonstiger Weise ähnlich einem Wissensvertreter beteiligt war (relative Wissenszurechnung).[52] War dies nicht der Fall, dann ist privat oder dienstlich erlangtes Wissen des Organwalters nur dann zuzurechnen, wenn der Schutz des Rechtsverkehrs und die daran geknüpfte Pflicht zu ordnungsgemäßer Organisation der Kommunikation die Weitergabe dieses Wissens an den für den Geschäftsherrn handelnden Organwalter oder Vertreter, die aktenmäßige oder EDV-mäßige Dokumentation des Wissens geboten und wenn der Schutz des Rechtsverkehrs unter Berücksichtigung der Gleichbehandlung von Einzelpersonen einerseits und arbeitsteilig organisierten Vertragspartnern andererseits eine Berücksichtigung des dokumentierten Wissens durch den für den Geschäftsherrn handelnden Vertreter erforderte.

Der Grundsatz verhaltensakzessorischer Wissenszurechnung, wonach nicht bloßes Wissen als solches, sondern wissensgetragenes rechtserhebliches Verhalten zugerechnet wird,[53] gilt auch dann, wenn ein wissender Organwalter die juristische Person nicht durch aktives Handeln vertritt, sondern wenn er sich passiv verhält. Dem kann nicht entgegengehalten werden, es gebe Normen, wie etwa §§ 407, 626 Abs. 2 und § 852 BGB, bei denen Wissen als solches bereits im Moment der Kenntniserlangung rechtliche Wirkungen auslöse.[54] Das trifft so nicht zu. § 407 BGB verlangt Kenntnis von der Abtretung bei der Leistung. Wenn eine ehemals vorhandene Kenntnis bei Erbringung der Leistung durch Vergessen verloren gegangen ist, fehlt es an positiver Kenntnis. Es ist also nicht richtig, dass hier bereits die

---

52 A.A. *Bork*, Allgemeiner Teil, 2001, Rdn. 1668.

53 *Faßbender*, Innerbetriebliches Wissen und bankrechtliche Aufklärungspflichten, 1998, S. 150 ff; *Faßbender/Neuhaus*, Aktueller Stand der Diskussion in der Frage der Wissenszurechnung, WM 2002, 1253, 1254.

54 So aber *Scheuch*, Festschrift Brandner, 1996, S. 121, 122 f. für Personengesellschaften.

Kenntniserlangung als solche Rechtsfolgen auslöst.[55] Und bei § 626 Abs. 2 BGB sowie bei § 852 BGB liegt das der juristischen Person zuzurechnende maßgebliche Verhalten des wissenden, für die Kündigung zuständigen Organs im Unterlassen der Kündigung[56] bzw. im Unterlassen der Geltendmachung des Schadensersatzanspruchs.

Der neuen Rechtsprechung, dass die Organeigenschaft für die Frage der Wissenszurechnung nichts hergibt, ist uneingeschränkt zuzustimmen.[57] Die Gleichsetzung auch privaten Wissens von Organwaltern ohne Rücksicht auf ihre aktive Beteiligung an einem bestimmten Geschäft mit dem Wissen der juristischen Person ist reine Begriffsjurisprudenz. Juristische Personen selbst wissen nichts. Ihnen kann allenfalls Wissen von natürlichen Personen zugerechnet werden. Das Ergebnis ist ein konstruierter Wissensstand.[58] Die absolute Wissenstheorie stellt juristische Personen ungerechtfertigt schlechter als natürliche Personen. Diese müssen sich nach dem in § 166 BGB zum Ausdruck gekommenen Rechtsgedanken das Wissen von gesetzlichen Vertretern nämlich nur dann zurechnen zu lassen, wenn diese an dem Geschäft, für dessen Rechtsfolgen es auf das Wissen von bestimmten Umständen ankommt, beteiligt waren, d.h. den rechtsgeschäftlichen Tatbestand als Vertreter verwirklicht haben (§ 166 Abs. 1 BGB) oder aber auf das Verhalten des Betreffenden – sei es auch nur durch Information – steuernd Einfluss genommen haben (§ 166 Abs. 2 BGB).[59] Abgesehen davon leuchtet es unter Berücksichtigung der berechtigten Interessen und Erwartungen des Vertragspartners, denen § 166 Abs. 1 BGB ausweislich der Gesetzesberatungen Rech-

---

55 *Faßbender*, Innerbetriebliches Wissen und bankrechtliche Aufklärungspflichten, 1998, S. 34 f.

56 S. BGH, Urt. v. 15. Juni 1998 – II ZR 318/96, BGHZ 139, 89, 92 = WM 1998, 1537 = NJW 1998, 3274; s. dazu *Ursula Stein*, ZGR 1999, 264 ff.

57 Ebenso MünchKomm/*Schramm*, 4. Aufl., § 166 BGB Rdn. 20 ff.; *Erman/Palm*, BGB, 10. Aufl., § 166 Rdn. 11; *Medicus*, Karlsruher Forum 1994, Beilage zum VersR S. 4, 14 f.; *Kieser/Kloster*, GmbHR 2001, 176, 177; kritisch dagegen *Bork*, Allgemeiner Teil, 2001, Rdn. 1668; *Buck*, Wissen und juristische Person, 2001, S. 393 ff, 447 ff; *Koller* JZ 1998, 75, 80 f.; *Manfred Wolf*, LM § 166 BGB Nr. 34; *Hartung*, NZG 1999, 524, 526; s. auch *Staudinger/Schilken*, BGB, 13. Bearb., 2001, § 166 Rdn. 31.

58 *Han-Lin Chou*, Wissen und Vergessen juristischer Personen, 2002, S. 40 f.

59 *Taupitz*, JZ 1996, 734.

nung tragen soll,[60] nicht ein, warum das private Wissen eines Organwalters, der an dem Abschluss eines bestimmten Geschäfts nicht aktiv beteiligt war, ja nicht einmal davon gewusst hat, der juristischen Person sogar noch nach dem Ausscheiden des Organwalters in jedem Fall schaden soll, nicht aber das dienstliche Wissen eines unbeteiligten Mitarbeiters unterhalb der Organebene.[61]

Das überzeugende Argument der grundsätzlichen Gleichstellung von natürlichen und juristischen Personen bei der Wissenszurechnung führt einerseits dazu, dass juristischen Personen die für sie typische Wissensaufspaltung nicht zu gute kommt, und andererseits dazu, dass der Wissenszurechnung bei juristischen Personen auch zeitlich angemessene Grenzen gesetzt werden.[62] Dem Gleichstellungsargument kann nicht mit Erfolg entgegengehalten werden, viele Leistungen könnten im Rechtsverkehr nur bei arbeitsteiliger Wirtschaftsweise und der damit verbundenen Aufspaltung des Wissens auf verschiedene Wissensträger erbracht werden, auch der Vertragspartner profitiere davon, etwa in Form günstigerer Preise.[63] Eine solche Argumentation mit – möglicherweise nicht einmal weitergegebenen – Kostenvorteilen für den Vertragspartner ist schon per se mehr als fragwürdig, zumal dafür jeder brauchbare Ansatz im Gesetz fehlt. Vor allem aber vermag sie es nicht zu rechtfertigen, eine juristische Person für aus ihrer Desorganisation entstehende Nachteile nicht einstehen zu lassen.[64] Die Organwalter einer juristischen Person haben die Möglichkeit, das aus der arbeitsteiligen Wirtschaftsweise für den Rechtsverkehr erwachsende Risiko der Wissensaufspaltung durch eine ordnungsgemäße Organisation der Kommunikation zu beherrschen[65] und mögen dies bitte auch tun.[66] Das Argument unvertretbar hoher

---

60 *Mugdan* I, S. 740.

61 Vgl. *Erman/Palm*, BGB 10. Aufl. § 166 Rdn. 11; *Taupitz*, Karlsruher Forum 1994, Beilage zum VersR, S. 16, 19.

62 *Medicus*, Karlsruher Forum 1994, Beiträge zum VersR, S. 4, 15 f.

63 So aber *Koller* JZ 1978, 75, 78 f.; *ders*., LM § 166 BGB Nr. 36.

64 So zutreffend *Buck*, Wissen und juristische Person, 2001, S. 321.

65 Vgl. *Waltermann*, AcP 192 (1992), 181, 197.

66 *Taupitz*, Karlsruher Forum 1994, Beilage zum VersR, S. 16, 27; a.A. offenbar *Koller*, JZ 1998, 75, 80 wiederum unter Hinweis auf hohe Kosten des Unternehmens.

Organisationskosten[67] kann erst bei der Beurteilung der Frage berücksichtigt werden, welche Organisation noch ordnungsgemäß ist.

IV. Wissenszurechnung bei vertretungsberechtigten Gesellschaftern von Personengesellschaften

1. Überkommene Rechtsprechung

Bei vertretungsberechtigten Gesellschaftern von Personengesellschaften, bei denen die überkommene Rechtsprechung des Bundesgerichtshofs als Träger der Rechte und Pflichten die Gesellschafter ansah und die Rechtsfähigkeit der Personengesellschaft als solche verneinte,[68] wurde aus dem Rechtscharakter der Gesellschaft als Gesamthandsgemeinschaft abgeleitet, dass die Zurechnung von Wissen eines ausgeschiedenen oder verstorbenen Gesellschafters nicht in Betracht komme.[69] Das soll nach dem Urteil des VIII. Zivilsenats vom 17. Mai 1995 im sog. Omnibus-Fall merkwürdigerweise sogar auch für das Wissen eines verstorbenen Geschäftsführers der Komplementär-GmbH einer GmbH & Co. KG gelten.[70] Merkwürdig deshalb, weil der Geschäftsführer einer GmbH selbstverständlich das Organ einer juristischen Person ist und der VIII. Zivilsenat für juristische Personen an der alten absoluten Wissenszurechnung festgehalten hat. Aus dem Charakter der Personengesellschaft wurde ferner gefolgert, dass das Wissen in der Person eines der vertretungsberechtigten Gesellschafter ohne Rücksicht auf vereinbarte Einzel- oder Gesamtvertretung der Gesellschaft zuzurechnen sei, auch wenn er an dem konkreten Geschäft nicht mitgewirkt hatte.[71]

---

67 Vgl. *Koller,* LM § 166 BGB Nr. 36.

68 BGH, Urt. v. 16. Februar 1961 – III ZR 71/60, BGHZ 34, 293, 296 = WM 1961, 430 = NJW 61, 1022; anders nunmehr BGH, Urt. v. 29. Januar 2001 – II ZR 331/00, BGHZ 143, 341 ff. = WM 2001, 408 = NJW 2001, 1056.

69 BGH, Urt. v. 17. Mai 1995 – VIII ZR 70/95, WM 1995, 1145, 1147 = NJW 1995, 2159.

70 BGH, Urt. v. 17. Mai 1995 – VIII ZR 70/95, WM 1995, 1145, 1147 = NJW 1995, 2159.

71 BGH, Urt. v. 16. Februar 1961 – III ZR 71/60, BGHZ 34, 293, 297 = WM 1961, 430 = NJW 61, 1022; offengelassen in BGH, Urt. v. 17. Mai 1995 – VIII ZR 70/95, WM 1995, 1145, 1147 = NJW 1995, 2159.

So ganz wohl war dem VIII. Zivilsenat bei seiner Begründung allerdings offenbar nicht. Jedenfalls hielt er es für angezeigt, unter Berufung auf das Schlachthof-Urteil des V. Zivilsenats darauf hinzuweisen, dass es im konkreten Fall um Wissen gehe, das typischerweise nicht aktenmäßig festgehalten werde und deshalb nach dem Tod des alten Geschäftsführers der GmbH & Co. KG nicht mehr zugerechnet werden könne.[72] Der Geschäftspartners der GmbH Co. KG stehe auch nicht schlechter, als wenn er es mit einer einzigen natürlichen Person zu tun gehabt hätte. Auch dieser werde das Wissen eines verstorbenen Rechtsvorgängers nicht zugerechnet.[73] Die Entscheidung des VIII. Zivilsenats im Omnibus-Fall ist damit ähnlich diffus wie das Schlachthof-Urteil des V. Zivilsenats.

2. *Neue Rechtsprechung des V. und IX. Zivilsenats*

Mit seinem grundlegenden Altlasten-Urteil hat der V. Zivilsenat die bisherige Rechtsprechungslinie des Bundesgerichtshofs auch für Personengesellschaften konsequent verlassen und behandelt juristische Personen und Personengesellschaften nach denselben Grundsätzen.[74] In einem nicht veröffentlichten Urteil vom 8. Oktober 1999,[75] das eine BGB-Gesellschaft betraf, erklärt der V. Zivilsenat, die Wissenszurechnung sei bei allen Organisationsformen zuzulassen, die zu einer Wissenszersplitterung führen könnten; denn die Wissenszurechnung gründe nicht in der Organstellung oder einer vergleichbaren Position des Wissensvermittlers, sondern in dem Gedanken des Verkehrsschutzes und der daran geknüpften Pflicht zur ordnungsgemäßen Organisation der gesellschaftsinternen Kommunikation. Aktenmäßig festzuhaltendes Wissen eines Mitarbeiters, das bei sachgerechter Ausgestaltung der Informationsgewinnung und -weiterleitung bei Abschluss eines Rechtsgeschäftes des betroffenen Bereichs verfügbar ist, kann auch den Gesell-

72 BGH, Urt. v. 17. Mai 1995 – VIII ZR 70/95, WM 1995, 1145, 1147 = NJW 1995, 2159; ähnlich BGH, Urt. v. 31. Januar 1996 – VIII ZR 297/94, WM 1996, 824, 825 = NJW 1996, 1205.

73 BGH, Urt. v. 17. Mai 1995 – VIII ZR 70/95, WM 1995, 1145, 1147 = NJW 1995, 2159.

74 So auch schon *Grunewald*, Festschrift Beusch, 1993, S. 313 ff.

75 V ZR 149/98, Urt.Umdruck S. 5.

schaftern einer Personengesellschaft, etwa einer BGB-Gesellschaft, zuzurechnen sein.[76]

Dem ist der IX. Zivilsenat in seinem Urteil vom 12. November 1998[77] zu Recht für den Fall der Einzelvertretungsberechtigung von Gesellschaftern einer BGB-Gesellschaft gefolgt. Er hat das Wissen eines anderen als des konkret handelnden, vertretungsbefugten Gesellschafters der BGB-Gesellschaft nur zugerechnet, wenn die unterlassene Weitergabe dieses Wissens an den handelnden Gesellschafter eine Verletzung der der Gesellschaft obliegenden Organisationspflichten darstellt. Aufgrund dieser Pflichten hat eine Gesellschaft auch nach Ansicht des IX. Zivilsenats, der sich dabei u.a. auf die bereits erwähnten Beiträge von *Medicus*[78] und *Taupitz*[79] für das Karlsruher Forum 1994 beruft, sicherzustellen, dass erkennbar rechtserhebliche Informationen zur Kenntnis ihrer einzelvertretungsberechtigten Entscheidungsträger gelangen. Ob diese Zurechnung auf § 31 BGB oder auf einer ausdehnenden Anwendung des § 166 Abs. 2 BGB beruht, lässt der Senat offen.

3. *Würdigung der neuen Rechtsprechung des V. und IX. Zivilsenats*

Die neue Rechtsprechung des V. und ihm folgend des IX. Zivilsenats, dass es auch bei Personengesellschaften nur auf das aktuelle Wissen der vertretungsberechtigten Gesellschafter, die an dem konkreten Geschäft mitgewirkt haben, sowie auf akten- oder EDV-mäßig festzuhaltendes und aus Anlass dieses Geschäfts zu aktivierendes Wissen der Gesellschaft ankommt, trägt dem Wortlaut des § 166 Abs. 1 BGB, dem Gedanken des Verkehrsschutzes und der neuen Dogmatik, wonach Personengesellschaften rechtsfähig sind,[80] angemessen Rechnung. Sie überträgt die neue Rechtsprechung zur Wissenszurechnung von Organwaltern juristischer Personen konsequent auf Personengesellschaften. Dies ist angesichts der Tatsache, dass es für die Wissens-

---

76 BGH, Urt. v. 13. Oktober 2000 – V ZR 349/99, WM 2000, 2515, 2516 = NJW 2001, 359 = WuB IV A. § 166 BGB 1.01 (*Buck*).

77 BGH, Urt. v. 12. November 1998 – IX ZR 145/98, BGHZ 140, 54, 61 f. = WM 1998, 2543 = NJW 1999, 284.

78 Karlsruher Forum 1994, Beilage zum VersR, S. 4 ff.

79 Karlsruher Forum 1994, Beilage zum VersR, S. 16 ff.

80 BGH, Urt. v. 29. Januar 2001 – II ZR 331/00, BGHZ 146, 341, 343 ff. = WM 1991, 408 = NJW 2001, 1056.

zurechnung bei arbeitsteilig organisierten Unternehmen völlig ohne Belang ist, ob es sich um juristische Personen oder um Gesamthandsgemeinschaften handelt, und dass auch Personengesellschaften kein eigenes Wissen haben, zutreffend.[81] Die neue Rechtsprechung hat deshalb in einem erheblichen Teil der Literatur zu Recht Zustimmung gefunden.[82]

V. Wissenszurechnung bei gesetzlichen und gewillkürten Vertretern

Die Zurechnung von Wissen gesetzlicher[83] oder bevollmächtigter Vertreter erfolgt unzweifelhaft nach § 166 Abs. 1 BGB. Danach bestimmen sich die rechtlichen Folgen einer Willenserklärung des Vertreters nach seinem Willen und nach seiner Kenntnis, d.h. sein Wissen wird dem Vertretenen zugerechnet. Zurechnungsgrundlage ist nicht die Vertretungsmacht als solche, sondern das durch die Vertretungsmacht gedeckte Handeln des Vertreters.[84] Die Vorschrift ist nach Vorstellung der Verfasser des Bürgerlichen Gesetzbuchs logische Konsequenz der Repräsentationstheorie,[85] nach der dem Vertretenen das Handeln seines Vertreters so zugerechnet wird, als habe er selbst gehandelt. Sie setzt also ein Vertreterhandeln im Sinne des § 164 voraus.

1. Überkommene Rechtsprechung

a) Unmittelbare Anwendung des § 166 Abs. 1 BGB

Nach der überkommenen Rechtsprechung setzt die unmittelbare Anwendung des § 166 Abs. 1 BGB einen Vertretungsfall voraus.[86] Der Vertreter muss im

---

81 a.A. *Reischl*, JuS 1997, 783, 787.

82 MünchKomm/*Schramm*, 4. Aufl., § 166 BGB Rdn. 21, 26; *Erman/Palm*, BGB, 10. Aufl., § 166 Rdn. 11.

83 BGH, Urt. v. 10. Oktober 1962 – VIII ZR 3/62, BGHZ 38, 65, 66 = WM 1962, 1239 = NJW 1962, 2251.

84 *Erman/Palm*, BGB, 10. Aufl., § 166 Rdn. 6.

85 Motive I, S. 226; Staudinger/*Schilken*, BGB, 13. Bearb., 2001, § 166 Rdn. 1; MünchKomm/*Schramm*, 4. Aufl., § 166 BGB Rdn. 1; *Soergel/Leptien*, BGB, 13. Aufl., § 166 Rdn. 1; *Waltermann*, AcP 192 (1992), 181, 196; *Reischl*, JuS 1997, 783, 796.

86 BGH, Urt. v. 22. Juni 1987 – III ZR 263/85, WM 1987, 922, 923 = NJW 1997, 3250.

Namen, im Auftrag und mit Kenntnis des Vertretenen und nicht für einen anderen Beteiligten rechtsgeschäftlich gehandelt haben.[87] Ein Makler ist daher in aller Regel nicht Vertreter, sondern Dritter.[88]

aa) Vertretung bei Rechtsgeschäften

Dem Vertretenen wurde das Wissen eines Vertreters dem Wortlaut des § 166 Abs. 1 BGB entsprechend deshalb grundsätzlich nur handlungsabhängig, d.h. bezogen auf die Rechtsfolgen einer bestimmten von ihm abgegebenen oder empfangenen Willenserklärung, nicht aber bezogen auf spätere Rechtsgeschäfte, die von einem anderen Vertreter abgeschlossen wurden, zugerechnet.[89] So etwa geschehen beim Wissen des Prozessbevollmächtigten bei Abgabe einer Willenserklärung im Anfechtungsprozess, die zu einer inkongruenten Deckung des Vertretenen führte.[90] Zur Begründung wurde darauf verwiesen, dass derjenige, der sich im rechtsgeschäftlichen Verkehr eines Vertreters bediene, es im schutzwürdigen Interesse des Geschäftspartners hinnehmen müsse, dass ihm die Kenntnis des Vertreters als eigene zugerechnet werde und er sich nicht auf eigene Unkenntnis berufen könne.[91]

bb) Sonderfall des In-sich-Vertreters

Die positive Kenntnis von rechtsgeschäftlichen In-sich-Vertretern, d.h. gewillkürten Vertretern, die beide Partner eines Vertrages vertreten, wirkt zu Lasten beider Vertragsteile.[92] Der Normzweck des § 166 Abs. 1 BGB erlaubt

---

87 BGH, Urt. v. VIII ZR 182/69, BGHZ 55, 307, 311 f. = WM 1971, 738 = NJW 1971, 1702.

88 BGH, Urt. v. 22. September 1999 – IV ZR 15/99, NJW-RR 2000, 316, 317.

89 Vgl. BGH, Urt. v. 1. März 1984 – 9 ZR 34/83, WM 1984, 1309, 1311 = NJW 1984, 1953.

90 BGH, Urt. v. 22. November 1990 – IX ZR 103/90, WM 1991, 152, 155 = NJW 1991, 980.

91 BGH, Urt. v. VIII ZR 182/69, BGHZ 55, 307, 311 = WM 1971, 738 = NJW 1971, 1702; BGH, Urt. v. 25. März 1982 – VII ZR 60/81, BGHZ 83, 293, 296 = WM 1982, 707 = NJW 1982, 1585; BGH, Urt. v. 22. Juni 1987 – III ZR 263/85, WM 1987, 922, 923 = NJW 1987, 3250.

92 BGH, Urt. v. 25. April 1985 – IX ZR 141/84, BGHZ 94, 232, 237 = WM 1985, 815 = NJW 1985, 2407.

keine Restriktion nach der sog. allzu diffusen Lagertheorie. Nach der Repräsentationstheorie, deren Ausfluss § 166 Abs. 1 BGB ist, haben sich vielmehr beide Teile die Kenntnisse ihres Vertreters zurechnen zu lassen. Im Einzelfall kann aber die Berufung des einen Vertragsteils auf die dem anderen Teil zuzurechnende Kenntnis des Vertreters treuwidrig sein. Das ist etwa der Fall, wenn ein Verkäufer mit dem Vertreter des Käufers bewusst zum Nachteil des Vertretenen zusammengewirkt hat oder wenn der Verkäufer dem Käufer seinen Verhandlungsführer als Vertreter aufgedrängt hat, um aus der dann eingreifenden Vorschrift des § 166 Abs. 1 BGB Vorteile zu ziehen.[93]

cc) Sonderfall des vollmachtslosen Vertreters

Das Wissen von vollmachtslosen Vertretern ist dem Vertretenen erst nach Genehmigung des Rechtsgeschäfts zuzurechnen.[94] Alsdann gelten die oben dargestellten Grundsätze für die Wissenszurechnung von rechtsgeschäftlichen Vertretern entsprechend.

b) Entsprechende Anwendung des § 166 Abs. 1 BGB

Ausgehend von dem in § 166 Abs. 1 BGB zum Ausdruck gekommenen Rechtsgedanken, dass derjenige, der im Rechtsverkehr einen anderen mit der Erledigung bestimmter Aufgaben betraut, das in diesem Rahmen erlangte Wissen sich im schutzwürdigen Interesse des Vertragspartners zurechnen lassen muss, ohne sich hinter eigenem Unwissen verschanzen zu können,[95] hat die Rechtsprechung in Fällen, in denen sich der Vertretene eines anderen gleichsam wie eines Vertreters bedient hatte, also in vertretungsähnlichen

---

93 BGH, Urt. v. 28. Januar 2000 – V ZR 403/98, WM 2000, 873, 875 = NJW 2000, 1405.

94 BGH, Urt. v. 10. Februar 1971 – VIII ZR 182/69, BGHZ 55, 307, 311 = WM 1971, 738 = NJW 1971, 1702; BGH, Urt. v. 25. März 1982 – VII ZR 60/81, BGHZ 83, 293, 296 = WM 1982, 707 = NJW 1982, 1585; BGH, Urt. v. 20. Januar 1989 – V ZR 137/87, NJW-RR 1989, 650; BGH, Urt. v. 8. November 1992 – V ZR 260/90, WM 1992, 441, 442 = NJW 1992, 899; BGH, Urt. v. 29. März 2000 – VIII ZR 81/99, WM 2000, 1406, 1407 = NJW 2000, 2272.

95 *Bork*, ZGR 1994, 237, 255; *Vogel*, Arglistiges Verschweigen des Bauunternehmers aufgrund Organisationsverschuldens, 1998, S. 123.

Verhältnissen, § 166 Abs. 1 BGB entsprechend angewandt.[96] Dabei verfuhr der Bundesgerichtshof unter Erweiterung sowohl des personellen Anwendungsbereichs auf nicht bevollmächtigte Hilfspersonen als auch des sachlichen Anwendungsbereichs auf Realakte sehr großzügig.

aa) auf am konkreten Geschäft mitwirkende, nicht vertretungsberechtigte Hilfspersonen, insbesondere Wissensvertreter und Besitzdiener

Die entsprechende Anwendung des § 166 Abs. 1 BGB erscheint insoweit unproblematisch, als die wissende Hilfsperson an dem betreffenden Rechtsgeschäft, der geschäftsähnlichen Handlung oder dem Besitzerwerb selbst – unmittelbar oder durch eine entsprechende Weisung – mitgewirkt hat. So hat der Bundesgerichtshof § 166 Abs. 1 BGB entsprechend angewandt und dem Geschäftsherrn das Wissen eines Verhandlungsgehilfen, Handels- oder Vermittlungsvertreters ohne Abschlussvollmacht, der ein Geschäft vorbereitet hat, zugerechnet.[97] Für solche Gehilfen hat sich der aus dem Versicherungsvertragsrecht stammende Begriff „Wissensvertreter" eingebürgert. Darunter wird vom Bundesgerichtshof jeder verstanden, der nach der Arbeitsorganisation des Geschäftsherrn dazu berufen ist, im Rechtsverkehr als dessen Repräsentant bestimmte Aufgaben in eigener Verantwortung zu erledigen und die dabei anfallenden Informationen zur Kenntnis zu nehmen sowie gegebenenfalls weiterzuleiten. Er braucht weder zum rechtsgeschäft-

96 BGH, Urt. v. 10. Februar 1971 – VIII ZR 182/69, BGHZ 55, 307, 311 = WM 1971, 738 = NJW 1971, 1702; BGH, Urt. v. 25. März 1982 – VII ZR 60/81, BGHZ 83, 293, 296 = WM 1982, 707 = NJW 1982, 1585; BGH, Urt. v. 22. Juni 1987 – III ZR 263/85, WM 1987, 922, 923 = NJW 1987, 3250; BGH, Urt. v. 6. Dezember 1988 – XI ZR 81/88, BGHZ 106, 163, 167 = WM 1989, 409 = NJW 1989, 1792; BGH, Urt. v. 8. November 1991 – V ZR 260/90, WM 1992, 441, 442 = NJW 1992, 899; BGH, Urt. v. 24. Januar 1992 – V ZR 262/90, BGHZ 117, 104, 107 = WM 1992, 792 = NJW 1992, 1099.

97 BGH, Urt. v. 14. Juni 1957 – VIII ZR 73/56, WM 1957, 981, 983; BGH, Urt. v. 19. November 1981 – VII ZR 238/80, BGHZ 82, 219, 222 f. = WM 1982, 92 = NJW 1982, 377; BGH, Urt. v. 13. Februar 1989 – II ZR 179/88, WM 1989, 719, 721 = NJW-RR 1989, 931; BGH, Urt. v. 8. November 1991 – V ZR 260/90, WM 1992, 441, 442 = NJW 1992, 899; anders BGH, Urt. v. 12. Februar 1965 – Ib ZR 62/63, WM 1965, 407, 408 = NJW 1965, 1174.

lichen Vertreter noch zum Wissensvertreter ausdrücklich bestellt zu sein.[98] Der Geschäftsherr muss sich des Wissensvertreters aber im rechtsgeschäftlichen Verkehr bedienen. Hat der Wissensträger den Geschäftsherrn nur intern beraten, so scheidet eine entsprechende Anwendung des auf der Repräsentationstheorie beruhenden § 166 Abs. 1 BGB aus,[99] da sich der Geschäftsherr des Wissensträgers nicht im Rechtsverkehr bedient hat.

Als Wissensvertreter hat der Bundesgerichtshof im Rahmen des § 814 BGB über den Bereich der rechtsgeschäftlichen Erklärung hinausgehend in entsprechender Anwendung des § 166 Abs. 1 BGB für die Kenntnis des Nichtbestehens eines Rechtsgrundes auf das Wissen der Hilfsperson abgestellt, die die Leistung bewirkt hat.[100] Handelte diese Person auf Weisung, so ist jedoch das Wissen der Person maßgebend, die die Weisung erteilt hat.[101] Und für § 819 Abs. 1 BGB hat er § 166 Abs. 1 BGB entsprechend anwendend entschieden, dass derjenige, der einen anderen mit der Erledigung bestimmter Angelegenheiten in eigener Verantwortung betraut, sich dessen

98 BGH, Urt. v. 25. März 1982 – VII ZR 60/81, BGHZ 83, 293, 296 = WM 1982, 707 = NJW 1982, 1585; BGH, Urt. v. 19. März 1985 – VI ZR 190/83, NJW 1985, 2583; BGH, 8. November 1991 – V ZR 260/90, WM 1992, 441, 442 = NJW 1992, 899; BGH, Urt. v. 24. Januar 1992 – V ZR 262/90, BGHZ 117, 104, 106 f. = WM 1992, 792 = NJW 1992, 1099: BGH, Urt. v. 31. Januar 1996 – VIII ZR 297/94, WM 1996, 824, 825 = NJW 1996, 1205; s. auch BGH, Urt. v. 7. Dezember 2000 – IX ZR 330/99, WM 2001, 734, 735 = NJW 2001, 1062; kritisch zu dieser Definition: *Medicus*, Karlsruher Forum 1994, Beilage zum VersR, S. 4, 10 f; *Taupitz*, Karlsruher Forum 1994, Beilage zum VersR, S. 16, 25.

99 BGH, Urt. v. 23. Oktober 1963 – V ZR 256/62, WM 1964, 94, 97; BGH, Urt. v. 18. Januar 1974 – I ZR 17/73, WM 1974, 312, 313; BGH, Urt. v. 24. Januar 1992 – V ZR 262/90, BGHZ 117, 104, 107 = WM 1992, 792 = NJW 1992, 1099; a.A. *Schilken*, Wissenszurechnung im Zivilrecht, 1983, S. 226.

100 BGH, Urt. v. 18. Januar 1962 – II ZR 24/61, WM 1962, 346, 347; BGH, Urt. v. 31. Oktober 1863 – VII ZR 138/62, WM 1964, 87, 88; BGH, Urt. v. 18. Januar 1979 – VII ZR 165/78, BGHZ 73, 202, 204 f. = WM 1979, 465 = NJW 1979, 763; BGH, Urt. v. 10. Dezember 1998 – III ZR 208/97, WM 1999, 642, 644 = NJW 1999, 1024.

101 BGH, Urt. v. 10. Dezember 1998 – III ZR 208/97, WM 1999, 642, 644 = NJW 1999, 1024.

Wissen zurechnen lassen muss.[102] Gleiches gilt, wenn einem anderen, ohne dass eine Vollmacht erteilt wurde, die tatsächliche Möglichkeit eingeräumt wird, Rechte aus einem bestehenden Vertragsverhältnis selbständig wahrzunehmen. Der XI. Zivilsenat des Bundesgerichtshofs hat deshalb im Rahmen des § 819 Abs. 1 BGB einer Kontoinhaberin das Wissen ihres Sohnes von der Fälschung eines Schecks zugerechnet, der mit ihrer Erlaubnis über ihr Konto bei einer Bank eingezogen und ihrem Konto gutgeschrieben wurde.[103]

Über den Bereich rechtsgeschäftlicher Erklärung und geschäftsähnlicher Handlungen hinaus wendet der Bundesgerichtshofs § 166 Abs. 1 BGB auch auf reine Tathandlungen im rechtsgeschäftlichen Verkehr, wie etwa den Erwerb des Besitzes an einem gestohlenen Scheck durch einen Bankangestellten, analog an. Für die Bösgläubigkeit stellt er dann auf den Besitzdiener ab.[104] Sind an dem Vorgang mehrere Besitzdiener beteiligt, wie etwa der Schalterangestellte und der Mitarbeiter in der Scheckabteilung, der über die Hereinnahme eines Schecks zum Inkasso endgültig entscheidet, so kommt es auf das Wissen beider an.[105] Während er dessen Bösgläubigkeit dem Besitzer in entsprechender Anwendung der in §§ 166 und 831 BGB enthaltenen Rechtsgedanken zunächst nur dann zugerechnet hat, wenn dieser bei der Auswahl und Überwachung des Besitzdieners nicht die im Verkehr erforderliche Auswahl beobachtet habe,[106] ist diese Einschränkung zum unberechtigten Entsetzen eines Teils der Rechtswissenschaft[107] alsbald aufge-

---

102 BGH, Urt. v. 25. März 1982 - VII ZR 60/81, BGHZ 83, 293, 295 f. = WM 1982, 707 = NJW 1982, 1585; BGH, Urt. v. 9. Mai 2000 - XI ZR 220/99, WM 2000, 1539, 1541 = NJW-RR 2001, 127.

103 BGH, Urt. v. 9. Mai 2000 - XI ZR 220/99, WM 2000, 1539, 1541 = NJW-RR 2001, 127.

104 BGH, Urt. v. 7. Dezember 1987 - II ZR 157/87, BGHZ 102, 316, 320 = WM 1988, 147 = NJW 1988, 911.

105 BGH, Urt. v. 19. Januar 1993 - XI ZR 76/92, WM 1993, 541, 542 f. = NJW 1993, 1066.

106 BGH, Urt. v. 9. Februar 1955 - IV ZR 188/54, BGHZ 16, 259, 264 = NJW 1955, 866.

107 S. etwa *Baur/Stürner*, Sachenrecht, 17. Aufl., § 5 Rdn. 13, 15; *Wilhelm*, Sachenrecht, 1993, Rdn. 616; *Medicus*, Allgemeiner Teil, 7. Aufl., 1997, Rdn. 903; *ders*, Karlsruher Forum 1994, Beilage zum VersR, S. 4, 9; zustimmend dagegen: MünchKomm/*Schramm*, 4. Aufl., § 166 BGB Rdn. 46; *Westermann/Gursky*, Sachenrecht, 7. Aufl., § 14, 3 f.; *Canaris*, Karlsruher Forum 1994,

geben worden. Entscheidend sei vielmehr, ob mit Rücksicht auf die Beziehungen zwischen Besitzherrn und Besitzdiener eine Sachlage besteht, die so sehr dem Falle eigener Bösgläubigkeit des Besitzherrn entspricht, dass eine gleiche Beurteilung zur Vermeidung von Unbilligkeit erforderlich sei. Das ist der Fall, wenn der Unternehmer dem Besitzdiener beim Erwerb des Besitzes völlig freie Hand lässt, sich um die Berechtigung zum Besitz nicht kümmert, sondern die Prüfung dem Besitzdiener überlässt.[108]

bb) auf am konkreten Geschäft unbeteiligte vertretungsberechtigte oder nicht vertretungsberechtigte Hilfspersonen

In Anknüpfung an die Zurechnung des Wissens eines am konkreten Geschäft mitwirkenden Besitzdieners hat der Bundesgerichtshof[109] wenig später den Geschäftsherrn sogar mit dem Wissen eines an dem konkreten Geschäft unbeteiligten Vertrauensmannes belastet, das dieser bei der Ausführung seines Auftrags erlangt und an den Geschäftsherrn weiterzugeben hatte. Obwohl § 166 Abs. 1 BGB für die Rechtsfolgen eines bestimmten Geschäfts auf das Wissen des daran maßgeblich mitwirkenden Vertreters abstellt, wandte der Bundesgerichtshof die Norm auch auf einen daran völlig Unbeteiligten analog an. Ebenso rechnete der Bundesgerichtshof einer Inkassobank im Rahmen des § 990 BGB die grob fahrlässige Unkenntnis eines Angestellten bei der Eröffnung eines Kontos zu, obwohl dieser an der späteren Hereinnahme des gestohlenen Schecks völlig unbeteiligt war.[110]

In einem vergleichbaren Fall hat der VIII. Zivilsenat des Bundesgerichtshofs in jüngerer Zeit den am späteren Weiterverkauf nicht beteiligten Mitarbeiter der Einkaufsabteilung eines Gebrauchtwagenhändlers als Wissensvertreter des Verkäufers angesehen, weil er Informationen, etwa über die

---

Beilage zum VersR, S. 33, 34, will sogar – freilich zu Unrecht – § 166 Abs. 1 BGB unmittelbar anwenden.

108 BGH, Urt. v. 9. Februar 1960 – VIII ZR 51/59, BGHZ 32, 53, 58 f. = WM 1960, 402 = NJW 1960, 860.

109 BGH, Urt. v. 15. Januar 1964 – VIII ZR 236/62, BGHZ 41, 17, 21 f. = WM 1964, 196 = NJW 1964, 1277.

110 BGH, Urt. v. 2. April 1962 – II ZR 42/61, WM 1962, 524, 525 = NJW 1962, 1056 = JZ 1963, 255 m. abl. Anm. *Isele*; BGH, Urt. v. 10. Dezember 1993 – II ZR 138/72, WM 1974, 154, 155 = NJW 1974, 458.

Gesamtlaufleistung eines angekauften Gebrauchtwagen entgegenzunehmen, aktenmäßig festzuhalten und weiterzuleiten hatte.[111] Gleichwohl hat er positive Kenntnis des Gebrauchtwagenhändlers von der Unrichtigkeit der beim Verkauf angegebenen Laufleistung des Wagens verneint, wenn der Wissensvertreter die ihm beim Ankauf des Wagens zur Kenntnis gelangte Kilometerleistung vor dem Dokumentieren bereits vergessen hatte und deshalb falsche Daten eingegeben hatte. Es verhalte sich insofern nicht anders als beim Vergessen relevanter Tatsachen durch eine im eigenen Namen handelnde natürliche Person.[112]

In ähnlicher Weise hat der IX. Zivilsenat des Bundesgerichtshof die Kenntnis, die ein Kassierer einer Großbankfiliale dienstlich von der Zahlungseinstellung des späteren Gemeinschuldners erhalten hatte, der Bank bei späteren, von anderen Angestellten derselben Filiale geschlossenen Rechtsgeschäften zugerechnet, auch wenn er seine Information nicht weitergegeben hat und die anderen Angestellten deshalb von der Zahlungsunfähigkeit des späteren Gemeinschuldners keine positive Kenntnis hatten. Die Kenntnis eines Vertreters sei nicht nur dann maßgebend, soweit sie sich auf die Folgen der Willenserklärung auswirke, die der betreffende Vertreter für den Vertretenen abgegeben habe, sondern auch dann, wenn der Vertretene selbst oder ein anderer Vertreter Rechtsgeschäfte abschließe, für die es auf die Kenntnis bestimmter Umstände ankomme.[113]

Über diese Entscheidung ist der III. Zivilsenat des Bundesgerichtshofs im Jahre 1989 in zwei Fällen noch hinausgegangen. In diesen Fällen war dem Leiter einer Großbankfiliale in Bad Pyrmont dienstlich bekannt, dass eine später angefochtene Vollmacht zur Kreditaufnahme auf einer arglistigen Täuschung beruhte. Gleichwohl hatte er einen Kreditvertrag mit dem gewillkürten Vertreter des Darlehensnehmers geschlossen. Ein zweiter Kreditvertrag wurde von diesem Vertreter mit derselben Bank, vertreten durch den Filialdirektor in München abgeschlossen, der die Anfechtbarkeit der Vollmacht nicht kannte und auch nicht kennen musste. In beiden Fällen hat der

111 BGH, Urt. v. 31. Januar 1996 – VIII ZR 297/94, WM 1996, 824, 825 f. = NJW 1996, 1205.

112 BGH, Urt. v. 31. Januar 1996 – VIII ZR 297/94, WM 1996, 824, 826 = NJW 1996, 1205.

113 BGH, Urt. v. 1. März 1984 – IX ZR 34/83, WM 1984, 1309, 1311 = NJW 1984, 1953.

III. Zivilsenat eine filialübergreifende Wissenszu(sammen)rechnung für gerechtfertigt erklärt, weil beide Darlehen der Finanzierung desselben Wohnungskaufs gedient hätten und dieser enge Zusammenhang den Bediensteten vor Abschluss des Kreditvertrages bekannt gewesen sei. Ein Informationsaustausch sei daher möglich und naheliegend gewesen. In derartigen Fällen erscheine es geboten und gerechtfertigt, einer Bank durch eine umfassende Wissenszurechnung die Möglichkeit zu nehmen, den Informationsaustausch zwischen ihren rechtlich unselbständigen Filialen im eigenen Interesse auf bestimmte Fragen zu beschränken, andere Punkte aber auszuklammern, obwohl deren Aufklärung im Interesse des Verhandlungspartners geboten sein könne.[114]

Zur Begründung wurde in allen Fällen darauf verwiesen, § 166 Abs. 1 BGB sei der allgemeine Rechtsgedanke zu entnehmen, dass unabhängig von einem Vertretungsverhältnis derjenige, der einen anderen mit der Erledigung bestimmter Angelegenheiten in eigener Verantwortung betraue, sich das in diesem Rahmen vom Vertreter erlangte Wissen als eigenes zurechnen lassen müsse, sich also nicht auf eigene Unkenntnis berufen könne.[115] Es gelte – plakativ formuliert – der Grundsatz, dass wer sich im Rechtsverkehr fremder Hilfe bediene, und die Wirkung fremden Handelns für sich in Anspruch nehme, auch die Nachteile daraus in Kauf nehmen müsse und sich nicht der eigenen sauberen Hände berühmen dürfe.[116] Der Geschäftsherr wird also durch dienstlich erworbenes Wissen eines Vertreters quasi „infiziert" mit der Folge, dass ihm dieses Wissen um eine bestimmte Tatsache auch bei seiner Vertretung durch andere Hilfspersonen zugerechnet wird, obwohl diese bei der Vornahme des von ihnen geschlossenen Rechtsgeschäfts keine positive Kenntnis von der betreffenden Tatsache hatten.

114 BGH, Urt. v. 1. Juni 1989 – III ZR 261/87, WM 1989, 1364, 1367 = NJW 1989, 2979; BGH, Urt. v. 1. Juni 1989 – III ZR 277/87, WM 1989, 1368, 1369 f. = NJW 1989, 2881.

115 BGH, Urt. v. 25. März 1982 – VII ZR 60/81, BGHZ 83, 293, 296 = WM 1982, 707 = NJW 1982, 1585; BGH, Urt. v. 1. März 1984 – IX ZR 34/83, WM 1984, 1309, 1311 = NJW 1984, 1953.

116 BGH, Urt. v. 26. Juni 1963 – VIII ZR 61/62, BGHZ 40, 42, 45 = WM 1963, 892 = NJW 1963, 1922, im Anschluss an *Raiser*, JZ 1961, 26, 27.

c) Kritik an der überkommenen Rechtsprechung zur Zurechnung des Wissens unbeteiligter Hilfspersonen

Die Zurechnung des Wissens unbeteiligter Hilfspersonen lässt sich weder mit einer analogen Anwendung des § 166 Abs. 1 BGB begründen noch erscheint sie in dieser Reichweite gerechtfertigt. § 166 Abs. 1 BGB ist als akzessorische Zurechnungsnorm in Zusammenhang mit dem rechtsgeschäftlichen Handeln des Vertreters zu sehen und setzt deshalb einen relevanten Verhaltensbeitrag voraus.[117] Grundsätzlich ist danach nur der Kenntnisstand derjenigen Person entscheidend, die den rechtsgeschäftlichen Tatbestand als Vertreter verwirklicht;[118] die Kenntnis einer anderen Person ist gemäß § 166 Abs. 2 BGB nur dann maßgeblich, wenn sie auf das Handeln dieser Person de facto steuernd eingewirkt hat.[119]

Die überkommene Rechtsprechung trägt dem nicht Rechnung, sondern läuft im Ergebnis darauf hinaus, dienstlich erlangtes Wissen eines bestimmten Vertreters handlungsunabhängig allen anderen Vertretern des Geschäftsherrn zuzurechnen, obwohl die Zurechnung des Wissens von Vertretern nach § 166 Abs. 1 BGB anerkanntermaßen jeweils nur zu Lasten der vertretenen juristischen Person oder sonstigen Organisation, nicht aber zu Lasten ihrer Organe, Mitglieder[120] oder anderer Vertreter erfolgen darf. Alle Einzelvertreter eines Geschäftsherrn werden, was die Zurechnung des Wissens eines von ihnen angeht, wie Gesamtvertreter behandelt. Die Wissenszurechnung reicht damit bei gewillkürten Einzelvertretern weiter als die von einzelvertretungsberechtigten Gesellschaftern nach neuerer Rechtsprechung.[121] Das kann nicht richtig sein, zumal der Geschäftsherr aus der Existenz eines unbeteiligten Vertreters keinerlei Vorteil hatte und die Zurechnung damit

---

117 *Vogel*, Arglistiges Verschweigen des Bauunternehmers aufgrund Organisationsverschuldens, 1998, S. 124; *Faßbender*, Innerbetriebliches Wissen und bankrechtliche Aufklärungspflichten, 1998, S. 48 ff.; *Faßbender/Neuhaus*, WM 2002, 1253, 1258.

118 BGH, Urt. v. 22. November 1996 – V ZR 196/95, NJW-RR 1997, 270.

119 BGH, Urt. v. 22. November 1996 – V ZR 196/95, NJW-RR 1997, 270; Baumann, ZGR 1973, 284, 294; *Taupitz*, Karlsruher Forum 1994, Beilage zum VersR, S. 16, 26.

120 BGH, Urt. v. 13. Oktober 2000 – V ZR 349/99, WM 2000, 2515, 2516 = NJW 2001, 359.

121 BGH, Urt. v. 12. November 1998 – IX ZR 145/98, BGHZ 140, 54, 61 f. = WM 1998, 2543 = NJW 1999, 284.

dem Gerechtigkeitsprinzip der Vor- und Nachteilskorrelation nicht entspricht.[122]

2. *Neue Rechtsprechung des V. und XI. Zivilsenats*

a) Knollenmergel-Fall (BGHZ 117, 103 ff.)

Die Zurechnung des Wissens am konkreten Geschäft unbeteiligter Vertreter muss vielmehr auf eine andere Grundlage gestellt werden. Dies hat der V. Zivilsenat anknüpfend an das Schlachthof-Urteil zur Wissenszurechnung von Organvertretern juristischer Personen sowie an den Gedanken eines gebotenen Informationsaustausches im sog. Knollenmergel-Urteil[123] versucht. In dem zu entscheidenden Fall hatte ein bevollmächtigter Vertreter des Liegenschaftsamtes einer Stadt einen Bauplatz, dessen Grund teilweise aus Knollenmergel bestand, unter Ausschluss der Gewährleistung verkauft. Nach den getroffenen Feststellungen war davon auszugehen, dass der Mangel des Baugrundes beim Liegenschaftsamt nicht bekannt war, wohl aber einem Sachbearbeiter des Bauaufsichtsamts. Die Zurechnung dessen Wissen hat der V. Zivilsenat vor allem mit der Begründung abgelehnt, der Sachbearbeiter des Bauaufsichtsamts sei nicht Wissensvertreter der Stadt gewesen, weil er am privatrechtlichen Geschäftsverkehr nicht beteiligt, also nicht Wissensvertreter der Stadt gewesen sei.[124]

Zusätzlich hat er sich aber auf das Argument gestützt, die Stadt sei zum Schutz des privaten Rechtsverkehrs nicht verpflichtet gewesen, zwischen dem Liegenschafts- und dem Bauaufsichtsamt einen ämterübergreifenden Informationsaustausch allgemein zu organisieren. Der Geschäftspartner einer Gemeinde solle nicht schlechter, aber auch nicht besser stehen als der einer einzigen natürlichen Person; ein privater Grundstücksverkäufer verfüge nicht über Informationen, wie sie das Bauaufsichtsamt aufgrund seiner hoheit-

---

122 *Buck*, Wissen und juristische Person, 2001, S. 355.

123 BGH, Urt. v. 24. Januar 1992 – V ZR 262/90, BGHZ 117, 104 ff. = WM 1992, 792 = NJW 1992, 1099.

124 BGH, Urt. v. 24. Januar 1992 – V ZR 262/90, BGHZ 117, 104, 107 = WM 1992, 792 = NJW 1992, 1099.

lichen Aufgaben habe.[125] Damit begegnen uns also entscheidungserhebliche Gesichtspunkte wieder, die schon aus dem Altlasten-Urteil bekannt sind, der Verkehrsschutz, das Gleichstellungsargument[126] und die Pflicht zur ordnungsgemäßen Organisation des Informationsaustauschs. Diese Gesichtspunkte und die im Altlasten-Urteil statuierte Informationsabfragepflicht haben in der Tat für die Wissenszurechnung von rechtsgeschäftlichen Vertretern unterhalb der Organebene dieselbe Bedeutung wie für Organwalter und vertretungsberechtigte Gesellschafter.[127]

b) Scheckinkasso-Fall (BGHZ 135, 202 ff)

Der XI. Zivilsenat hat dementsprechend die im Altlasten-Urteil entwickelten Grundsätze auf die Zurechnung des Wissens gewillkürter Vertreter beim Scheckinkasso angewandt und für das Bankrecht weiterentwickelt.[128] In dem entschiedenen Fall klagte eine GmbH aus Düsseldorf, deren ungetreuer Buchhalter 18 Inhaberverrechnungsschecks entwendet und zur Einziehung und Gutschrift auf sein Gehaltskonto bei einer kleinen Bankfiliale in einem kleinen Ort in Franken eingereicht hatte. Bei dieser Filiale war ein Angestellter beschäftigt, der von dem Arbeitsverhältnis des ungetreuen Buchhalters wusste. Dieser Angestellte wurde dann in eine andere Bankfiliale versetzt. Sein Nachfolger, der die 18 entwendeten Schecks zum Inkasso hereinnahm, hatte von dem Arbeitsverhältnis des ungetreuen Buchhalters keine Kenntnis. Das Oberlandesgericht Bamberg wies die Klage der GmbH gehen die Inkassobank aus §§ 990, 989 BGB i.V.m. Art 21 ScheckG ab. Die Inkassobank müsse sich das Wissen des versetzten Bankangestellten nicht zurechnen lassen.

Der XI. Zivilsenat des BGH hat dies anders gesehen und dazu unter Anknüpfung an die Grundsatzentscheidung des V. Zivilsenats im Altlasten-

---

125 BGH, Urt. v. 24. Januar 1992 – V ZR 262/90, BGHZ 117, 104, 108 = WM 1992, 792 = NJW 1992, 1099.

126 Dagegen *Koller*, JZ 1998, 75, 77 ff.; *Baum*, Die Wissenszurechnung, 1999, S. 209; *Lin-Han Chou*, Wissen und Vergessen bei juristischen Personen, 2002, S. 72; *Faßbender/Neuhaus*, WM 2002, 1253, 1258.

127 *Hagen*, DRiZ 1997, 157, 161.

128 BGH, Urt. v. 15. April 1997 – XI ZR 105/96, BGHZ 135, 202, 205 ff. = WM 1997, 1092 = NJW 1997, 1917 = WuB I D 3.-6.97 (*Hellner*).

Fall ausgeführt: Die Zurechnung von Wissen ist nach § 166 BGB zu beurteilen. Wessen Wissen einer Bank nach § 166 BGB zuzurechnen ist, lässt sich nur in wertender Beurteilung entscheiden. Maßgeblich zu berücksichtigen ist dabei, dass die Wissenszurechnung dem Schutz des Rechtsverkehrs dienen soll. Dieser verlangt, dass derjenige, der es mit einer Organisation, wie etwa einer Bank, zu tun hat, grundsätzlich nicht schlechter, aber auch nicht besser gestellt werden darf als derjenige, der einer natürlichen Person gegenübersteht. Die Nutzung einmal erlangten Wissens steht deshalb nicht im Belieben der Bank. Informationen, deren Relevanz für spätere Geschäftsvorgänge für den konkret wissenden Angestellten erkennbar ist, müssen vielmehr dokumentiert und über einen gewissen Zeitraum verfügbar gehalten werden. Außerdem muss sichergestellt werden, dass die Informationsmöglichkeit auch genutzt wird.[129]

Die Grenzen der Wissenszurechnung, durch die eine Bank nicht schlechter gestellt werden darf als eine natürliche Person, sind unter Berücksichtigung des beschränkten menschlichen Erinnerungsvermögens und der berechtigten Erwartungen des Rechtsverkehrs zu ziehen. Dem Erinnerungsvermögen sind nicht nur zeitliche Grenzen gesetzt. Es ist vielmehr auch in erheblichem Umfang situationsabhängig. Bei der Erledigung unbedeutender Geschäfte ist es gering. Von einem Bankangestellten, der solche Arbeiten ausführt, sind keine besonderen Erinnerungsleistungen und deshalb grundsätzlich auch keine Recherchen in Karteien oder Speichern zu erwarten oder zu verlangen. Bei bedeutenderen Geschäften ist dies anders. Die Bank darf, schon um die grundsätzliche Gleichstellung mit einer natürlichen Person nicht zur inhaltsleeren Fiktion werden zu lassen, nicht dadurch besser stehen, dass mehr oder wenig zufällig an Stelle des konkret wissenden, (bisher) zuständigen, jedoch kurzzeitig abwesenden, für längere Zeit abgeordneten oder versetzten Bankangestellten ein Vertreter oder Nachfolger handelt, der über geschäftsrelevantes Wissen nicht verfügt. Es darf keinen wesentlichen Unterschied machen, ob der Geschäftsinhaber persönlich handelt oder aber ein Angestellter, der mit der Aufgabe betraut ist. Der Geschäftsverkehr erwartet vielmehr und darf erwarten, durch einen Mitarbeiterwechsel in der Bank keine Nachteile zu erleiden. Die Bank muss sich aus Gründen des

129 BGH, Urt. v. 15. April 1997 – XI ZR 105/96, BGHZ 135, 202, 205 = WM 1997, 1092 = NJW 1997, 1917.

Verkehrsschutzes vielmehr so behandeln lassen, als habe sie von der Information Kenntnis.[130]

Für die Hereinnahme eines Schecks zum Einzug bedeutet dies, dass einer Bank nicht nur das präsente Wissen der konkret mit der Bearbeitung des Schecks befassten Angestellten, sondern das in den beteiligten Bankabteilungen, in der Regel Schalterabteilung oder Posteingangsstelle und Scheckabteilung, vorhandene Wissen zuzurechnen ist. Als vorhanden anzusehen ist dabei das Wissen, das bei sachgerechter Organisation dokumentiert und verfügbar ist und zu dessen Nutzung unter Berücksichtigung der geschäftlichen Bedeutung des Vorgangs Anlass bestand.[131] Abweichend von älteren Entscheidungen[132] bestimmen sich die Sorgfaltspflichten der Bank und damit auch die Wissenszurechnung nicht nur nach den konkret getroffenen Organisationsmaßnahmen. Andernfalls könnte sie eine Haftung aus der Hereinnahme abhanden gekommener Schecks schon dadurch vermeiden, dass sie wechselnde (Schalter-)Angestellte abschließend über die Hereinnahme von Schecks entscheiden lässt und ihnen keinen Einblick in die in der Kontenabteilung bekannten Verhältnisse des Einreichers gewährt.[133]

Zum Wissen einer Bank, dessen Relevanz für spätere Geschäftsvorgänge erkennbar ist und das deshalb bei ordnungsgemäßer Organisation verfügbar gehalten werden muss, gehören bei Konten, die als Lohn oder Gehaltskonten geführt werden, auch Kenntnisse über die Berufstätigkeit und den Arbeitgeber des Kontoinhabers. Die Kenntnis über die Höhe und die Stetigkeit der Lohn und Gehaltseingänge machen sich Kreditinstitute bei der Bemessung des Rahmens, in dem sie Kontoüberziehungen zulassen, zunutze. Ihnen trotz der gebotenen grundsätzlichen Gleichbehandlung von natürlichen Personen und Organisationen bei der Zurechnung von Wissen gleichwohl zu gestatten, die in den Kontounterlagen verfügbare Information, dass der Kunde bei

---

130 BGH, Urt. v. 15. April 1997 – XI ZR 105/96, BGHZ 135, 202, 205 f. = WM 1997, 1092 = NJW 1997, 1917.

131 BGH, Urt. v. 15. April 1997 – XI ZR 105/96, BGHZ 135, 202, 206 f. = WM 1997, 1092 = NJW 1997, 1917; BGH, Urt. v. 4. November 1997 – XI ZR 270/96, WM 1997, 2395, 2396 = NJW-RR 1998, 255.

132 BGH, Urt. v. 11. Juli 1974 – II ZR 98/73, WM 1974, 1000 f.; BGH, Urt. v. 11. Juli 1974 – II ZR 48/73, WM 1974, 1040, 1041.

133 BGH, Urt. v. 15. April 1997 – XI ZR 105/96, BGHZ 135, 202, 206 f. = WM 1997, 1092 = NJW 1997, 1917.

einem bestimmten Arbeitgeber beschäftigt ist, beim Scheckinkasso ungenutzt zu lassen, besteht kein überzeugender Grund.[134]

Dieses Urteil des XI. Zivilsenats, das die Grundsatzentscheidung des V. Zivilsenats im Altlasten-Fall für das Scheckinkassogeschäft umsetzt, repräsentiert den neuesten Stand der Rechtsprechung des Bundesgerichtshofs zur Wissenszurechnung von gewillkürten Vertretern. Bei seiner Formulierung bestand die Absicht, für die Wissenszurechnung in allen Bereichen des Bankgeschäfts gültige Grundsätze aufzustellen. Diese lassen sich wie folgt zusammenfassen: Banken ist das gesamte aktuelle Wissen des handelnden Vertreters oder der wie Vertreter handelnden Angestellten und das gesamte Akten- und Speicherwissen zuzurechnen, wenn im konkreten Fall Anlass bestand, es zu aktivieren. Dem Akten- und Speicherwissen steht das Wissen von am konkreten Geschäft unbeteiligten Angestellten gleich, wenn es in Akten oder Speichern festgehalten oder an den handelnden Vertreter weitergeleitet werden musste.

3. *Würdigung der neuen Rechtsprechung*

Die neue Rechtsprechung begrenzt also einerseits die analoge Anwendung des § 166 Abs. 1 BGB auf die Fälle, in denen am konkreten Rechtsgeschäft beteiligte Hilfspersonen ohne Vertretungsmacht wie Vertreter tätig geworden sind. Das ist notwendig, weil es nach § 166 Abs. 1 BGB auf den konkret handelnden Vertreter ankommt.[135] Andererseits wendet sie in §§ 166 Abs. 1, 278 und 831 BGB enthaltene allgemeine Rechtsgedanken auf arbeitsteilig organisierte Teilnehmer des Rechtsverkehrs und das bei solchen Teilnehmern bei ordnungsgemäßer Organisation[136] vorhandene Akten- und Speicherwissen in weitem Rahmen an. Arbeitsteilig organisierte Teilnehmer des Rechtsverkehrs haben danach ohne Rücksicht auf ihre Rechtsform nicht nur für ihre tatsächliche positive Kenntnis einzustehen, sondern nach dem Prinzip der Wissensverantwortung bereits bei Kenntniserlangung die Belange Dritter zu

134 BGH, Urt. v. 15. April 1997 – XI ZR 105/96, BGHZ 135, 202, 207 = WM 1997, 1092 = NJW 1997, 1917.

135 *Taupitz*, Karlsruher Forum 1994, Beilage zum VersR, S. 16, 24.

136 So *Bohrer*, DNotZ 1991, 124, 129 f.

berücksichtigen und gewonnenes Wissen verfügbar zu halten.[137] Dies ist deshalb gerechtfertigt, weil derjenige, der mit einem Vertreter eines arbeitsteilig organisierten Teilnehmers am Rechtsverkehr Verhandlungen führt, berechtigterweise erwartet, dass dieser Vertreter die dafür relevanten, in Akten oder Speichern der Organisation festgehaltenen Fakten kennt.[138] Wollte man dies anders sehen, hätten arbeitsteilig organisierte Teilnehmer des Rechtsverkehrs die Möglichkeit, durch eine organisierte Ahnungslosigkeit ihrer handelnden Vertreter sich der Wissensverantwortung zu entziehen und sich besondere Vorteile zu verschaffen.

Bei der neuen Rechtsprechung handelt es sich bei Licht besehen um eine zulässige und m.E. gelungene Rechtsfortbildung durch wertende, normative Anwendung des § 166 Abs. 1 BGB nur insoweit, als es um positives Wissen und nicht lediglich um Wissenmüssen geht. Die Annahme eines Wissenmüssens ist das Ergebnis einer Wertung, wobei der maßgebliche Wertungsgesichtspunkt in der Zuweisung des Risikos liegt, das der Vertretene durch Einschaltung eines Vertreters geschaffen hat.[139] Dass eine unzureichende Verwertung von Speicherwissen, ein ungenügend organisierter Informationsfluss oder eine mangelhafte Dokumentation bei arbeitsteilig wirtschaftenden Rechtsträgern die Würdigung rechtfertigen, der betreffende Rechtsträger habe von einem bestimmten Umstand Kenntnis haben müssen, also § 166 Abs. 1 BGB ohne weiteres anwendbar ist, liegt auf der Hand und bedarf keiner vertieften dogmatischen Überlegungen.

Anders ist dies bei der Zurechnung von positiver Kenntnis, wenn sich reales Wissen eines bestimmten Vertreters nicht feststellen lässt. Insoweit trägt die neue Rechtsprechung das Recht fortbildend den in §§ 166 Abs. 1, 278 und 831 BGB enthaltenen Grundgedanken, nämlich der Beherrschung der von eingeschalteten Hilfspersonen und arbeitsteiliger Organisation für den Rechtsverkehr ausgehenden Gefahr[140] und dem Nutzen-Lasten-Prinzip,[141]

---

137 *Scheuch*, Festschrift Brandner, 1996, S. 121, 131.

138 *Taupitz*, Karlsruher Forum 1994, Beilage zum VersR, S. 16, 26; s. auch *Grunewald*, Festschrift Beusch, 1993, S. 301, 304; a.A. *Faßbender/Neuhaus*, WM 2002, 1253, 1258.

139 *Waltermann*, AcP 192 (1992), 181, 197.

140 BGH, Urt. v. 27. Juni 1985 – VII ZR 23/84, BGHZ 95, 128, 132 = WM 1984, 1073 = NJW 1985, 2475; s. auch *Richardi* AcP 169 (1969), 385, 396; *Waltermann*, AcP 192 (1992), 181, 200.

einem Prinzip mit Gerechtigkeitsinhalt,[142] bei Einschaltung von Hilfspersonen ebenso Rechnung wie dem Phänomen, dass in Organisationen in großem Umfang Akten- und Speicherwissen vorhanden ist, das nach der stürmischen Entwicklung der elektronischen Datenverarbeitung weitgehend problemlos aktivierbar ist. Dies geschieht denn selbstverständlich auch, wenn es der Organisation nutzt. Nichts spricht – wiederum nach dem Nutzen-Lasten-Prinzip, in dem das Gleichstellungsargument eine wesentliche Stütze findet[143] – dafür, es Organisationen und speziell Kreditinstituten zu gestatten, solches Wissen unbeachtet zu lassen, wenn es nur den Kunden nutzt, der Bank selbst aber schadet.[144] Die Wissensverantwortung verlangt vielmehr in einem solchen Fall die Nutzung verfügbarer Informationen und führt bei wertender Betrachtungsweise zur Gleichstellung von verfügbarer Kenntnis mit realer, d.h. positiver Kenntnis.[145] Denn, um noch einmal auf Francis Bacon zurückzukommen, (Akten- und Speicher-)Wissen ist nicht nur Macht, sondern Wissen ist auch Pflicht zum Handeln.[146]

Eine erhebliche Gefahr der neuen Rechtsprechung besteht freilich darin, dass die Grenzen zwischen Wissen und Wissenmüssen verschwimmen.[147] Im Rahmen des § 166 Abs. 1 BGB ist das kein Problem, weil er Wissen und Wissenmüssen erfasst, wohl aber bei einzelnen Wissensnormen, die positive Kenntnis erfordern. Indes ist dieses Problem, das im übrigen im Bankrecht kaum eine Rolle spielt, da es hier, wenn man einmal von § 819 Abs. 1 BGB absieht, nicht auf positive Kenntnis ankommt, sondern (grob) fahrlässige Unkenntnis ausreicht, keineswegs neu. Auch von natürlichen Personen verlangt die Rechtsprechung, dass sie sich eine gewisse, ohne weiteres

141 BGH, Urt. v. 26. Juni 1963 – VIII ZR 61/62, BGHZ 40, 42, 45 = WM 1963, 892 = NJW 1963, 1922; BGH, Urt. v. 8. Februar 1974 – V ZR 21/72, BGHZ 62, 119, 124 = WM 1974, 377 = NJW 1974, 692; BGH, Urt. v. 23. November 1995 – IX ZR 213/94, BGHZ 131, 200, 204 = WM 1996, 81, 82 = NJW 1996, 464; *Raiser*, JZ 1961, 26, 27; *Scheuch*, Festschrift Brandner, 1996, S. 121, 129; *Beuthien*, NJW 1999, 3585, 3587.

142 *Buck*, Wissen und juristische Person, 2001, S. 131.

143 *Kötz*, Karlsruher Forum 1994, Beilage zum VersR, S. 43.

144 *Messer*, in: Hadding/Hopt/Schimansky, Bankrechtstag 1992, S. 73, 85.

145 *Bohrer*, DNotZ 1991, 124, 130.

146 *Klingmüller*, Karlsruher Form 1994, Beilage zum VersR, S. 1, 3.

147 So schon *Medicus*, Karlsruher Forum 1994, Beilage zum VersR, S. 4, 13; *Buck*, Wissen und juristische Person, 2001, S. 439.

zumutbare Mühe machen, eine bestimmte Tatsache zur Kenntnis zu nehmen oder sich daran zu erinnern.[148] Wer dies nicht tut, wird gleichwohl als Wissender angesehen. In der Vergangenheit hat der Bundesgerichtshof in ständiger Rechtsprechung denjenigen, der sich einer Kenntnis verschlossen hat, stets so behandelt, als habe er positive Kenntnis gehabt.[149] Hierbei handelt es sich nicht um reales, sondern um konstruiertes Wissen. Der Unterschied zwischen Wissen und Wissenmüssen ist danach schon bisher vielfach nicht ein qualitativer, sondern ein quantitativer.[150]

Abgesehen davon ist reales, in einem bestimmten Zeitpunkt vorhandenes Wissen, wenn der Betreffende dies nicht einräumt, nicht direkt nachweisbar. Die Rechtsprechung ist deshalb regelmäßig gezwungen, mit Indizien und Erfahrungssätzen etwa darüber zu arbeiten,[151] ob eine bestimmte zur Kenntnis gelangte Tatsache wohl noch im Gedächtnis geblieben war und deshalb erinnert werden konnte. Wissen im Sinne positiver Kenntnis ist deshalb juristisch betrachtet selbst bei natürlichen Personen vielfach eine fiktive Größe. Nichts anderes gilt bei Organisationen. An diese Erkenntnis wird die neue Rechtsprechung zur Zurechnung positiver Kenntnis bei arbeitsteilig organisierten Teilnehmern am Rechtsverkehr anknüpfen und unter Berücksichtigung der unterschiedlichen Ziele der einzelnen Wissensnormen[152] und auch wohl von individuellen Besonderheiten der einzelnen Teilnehmer[153] bei der rechtsfortbildenden Anwendung des § 166 Abs. 1 BGB zu sachgerechten Lösungen kommen können.

---

148 *Medicus*, Karlsruher Forum 1994, Beilage zum VersR, S. 4, 13.

149 BGH, Urt. v. 22. Januar 1956 – V ZR 27/57, BGHZ 26, 256, 260 = NJW 1958, 668; BGH, Urt. v. 25. Februar 1960 – II ZR 125/58, BGHZ 20, 76, 92 = WM 1960, 570 = NJW 1960, 1105; BGH, Urt. v. 19. März 1992 – III ZR 16/90, BGHZ 117, 363, 369 = WM 1992, 1028 = NJW 1992, 1953; BGH, Urt. v. 12. Juli 1996 – V ZR 117/95, BGHZ 133, 246, 250 = WM 1996, 1505 = NJW 1996, 2652.

150 *Kieser/Kloster*, GmbHR 2001, 176, 180. Dies verkennt *Goldschmidt*, Die Wissenszurechnung: ein Problem der jeweiligen Wissensnorm, entwickelt am Beispiel des § 463 Satz 2 BGB, 2001, S. 65 ff., 81.

151 *Medicus*, Karlsruher Forum 1994, Beilage zum VersR, S. 4, 13.

152 *Canaris*, Karlsruher Forum 1994, Beilage zum VersR, S. 33, 35.

153 Vgl. *Klingmüller*, Karlsruher Forum 1994, Beilage zum VersR, S. 1, 2.

Zur Lösung des Problems der Wissenszurechnung nach dem – damit sicherlich völlig überforderten – Gesetzgeber zu rufen,[154] ist ebenso verfehlt wie eine Forderung[155] an den V. Zivilsenat, er solle sich endlich Gedanken über die dogmatische Einordnung und Rechtfertigung seiner Rechtsfortbildung machen. Hier entbinden sich Wissenschaftler von eigenen Aufgaben zur Erarbeitung dogmatischer Grundlagen, die sich nicht in einem resignierten Hinweis auf § 242 BGB erschöpfen sollte, und verkennen die der Rechtsprechung.

VI. Wissenszurechnung im Konzern

1. Rechtsprechung

Die neue Rechtsprechung des Bundesgerichtshofs zur Wissenszurechnung bei arbeitsteilig organisierten Teilnehmern am Rechtsverkehr führt zu der Frage, ob eine Wissenszurechnung auch über die Grenzen eines Rechtssubjekts hinaus bei rechtlich selbständigen, aber konzerngebundenen Unternehmen möglich, oder gar notwendig ist. Erkenntnisse des Bundesgerichtshofs zu dem damit angesprochenen Problem der Wissenszurechnung im Konzern sind sehr spärlich.

a) Versicherungs-Fälle

Bekannt geworden sind insbesondere zwei vom IV. Zivilsenat entschiedene Fälle aus der Versicherungsbranche.[156] Im ersten Fall verschwieg ein Polizeibeamter im Antrag auf Abschluss einer Berufsunfähigkeitsversicherung Vorerkrankungen und berief sich, als die Versicherung den Vertrag wegen arglistiger Täuschung anfocht, darauf, die Versicherung habe von den Vorerkrankungen Kenntnis gehabt, weil diese bei einer konzernverbundenen

---

154 So *Waltermann*, AcP 192 (1992), S. 181, 226; *ders.*, NJW 1993, 889 (895); s. auch *Beuthien*, NJW 1999, 3585, 3587.

155 *Buck*, WuB IV A. § 166 BGB 1.01.

156 BGH, Urt. v. 13. Dezember 1989 – IVa ZR 177/88, VersR 1990, 258 f. = NJW-RR 1990, 285; BGH, Urt. v. 14. Juli 1997 – IV ZR 153/92, BGHZ 123, 225 ff. = NJW 1993, 2807.

Krankenversicherungsgesellschaft gespeichert seien. Der IV. Zivilsenat hat dies für eine Wissenszurechnung allein nicht ausreichen lassen, sondern eine Wissenszurechnung davon abhängig gemacht, dass der Versicherungsnehmer entweder auf bei der konzernverbundenen Versicherungsgesellschaft vorhandene Kenntnisse verweise oder bei den konzernverbundenen Gesellschaften routinemäßig eine Abfrage der bei anderen Konzerngesellschaften gespeicherten Daten erfolge.[157]

Im zweiten Fall verwies der Versicherungsnehmer in einem Lebensversicherungsantrag in Beantwortung einer Frage nach Vorerkrankungen auf eine bei einer konzernverbundenen Gesellschaft abgeschlossenen Krankenversicherung. Im Krankenversicherungsantrag hatte er die Vorerkrankungen angegeben. Beide Versicherungsanträge enthielten die Zustimmung des Versicherungsnehmers, seine Angaben in einer beiden Konzernunternehmen zugänglichen Datenbank zu speichern. In diesem Fall hat der IV. Zivilsenat ein arglistiges Verschweigen der Vorerkrankungen verneint, wenn die vom Versicherungsnehmer in Bezug genommenen Angaben zur Krankenversicherung den Sachbearbeitern der Lebensversicherungsgesellschaft mit Hilfe einer Datenverarbeitungsanlage zugänglich gewesen seien oder sie die Krankenversicherungsakte anhand der auf dem Bildschirm erscheinenden Versicherungsnummer hätten beiziehen und sich daraus unterrichten können. Was ein Versicherer aufgrund eigener oder gemeinsam mit anderen Unternehmen gemeinsam geführter elektronischer Datensammlungen oder herkömmlicher Akten wissen könne, werde aktuelles, von ihm zu berücksichtigendes Wissen, soweit der Versicherungsnehmer sich darauf beziehe.[158]

b) Outsourcing-Fall

In einem weiteren Urteil, diesmal des V. Zivilsenats, hat der Bundesgerichtshof das Problem nur mehr en passant angesprochen. Er hat eine Zurechnung von Wissen in Erwägung gezogen, wenn die Wahrnehmung der Aufgaben der juristischen Person oder Gesamthandsgemeinschaft so organisiert ist, dass ein Teil ihres Aufgabenbereichs auf eine natürliche Person oder eine

---

157 BGH, Urt. v. 13. Dezember 1989 – IVa ZR 177/88, VersR 1990, 258, 259 = NJW-RR 1990, 285.

158 BGH, Urt. v. 14. Juli 1997 – IV ZR 153/92, BGHZ 123, 225 ff. = NJW 1993, 2807.

selbständige juristische Einheit ausgegliedert ist.[159] Angesprochen ist damit vor allem das Problem der Wissenszurechnung von Organisationseinheiten, die nach einem Outsourcing verselbständigt worden sind und für eine Bank bestimmte Dienstleistungen erbringen.

c) Eigentumswohnungs-Fall

Schließlich hat noch das Oberlandesgericht Hamm[160] in einem Fall, in dem die Verkäuferin einer Eigentumswohnung und die den Kauf finanzierende Bausparkasse zur gleichen Unternehmensgruppe gehörten, unter Bezugnahme auf einen Aufsatz von *Drexl*[161] ausgeführt, die Zugehörigkeit zur selben Unternehmensgruppe rechtfertige eine Wissenszurechnung nicht. Erst wenn die gemeinsame Konzernzugehörigkeit bei einem bestimmten Geschäft zur Erreichung eines einheitlichen Unternehmensziels bewusst im Sinne eines arbeitsteiligen Konzepts eingesetzt werde, sei eine Wissenszurechnung zu erwägen. Der XI. Zivilsenat hat das Urteil durch Nichtannahmebeschluss vom 9. Oktober 2001[162] ohne Begründung bestätigt, brauchte sich zur Wissenszurechnung im Konzern aber keine Gedanken zu machen, weil eine kapitalmäßige Verbindung der beteiligten Unternehmen in derselben Unternehmensgruppe erst nach Verkauf und Finanzierung der Eigentumswohnung erfolgt war.

2. *Würdigung der Rechtsprechung*

Die Rechtsprechung zur Wissenszurechnung im Konzern ist noch zu spärlich, als dass daraus weitreichende Schlüsse gezogen werden könnten. Unproblematisch ist eine Wissenszurechnung in direkter Anwendung des § 166 Abs. 1 BGB sicherlich dann, wenn ein Konzernunternehmen eine anderes gemäß § 164 BGB rechtsgeschäftlich vertritt.[163] Nicht problematisch sein dürfte

159 BGH, Urt. v. 13. Oktober 2000 – V ZR 349/99, WM 2000, 2515, 2516 = NJW 2001, 359 = WuB IV A. § 166 BGB 1.01 (*Buck*).

160 Urteil vom 19. Februar 2001 – 5 U 217/00, Urteilsumdruck S. 12, bisher nicht veröffentlicht.

161 ZHR 161 (1997), 491, 514 ff.

162 XI ZR 144/01.

163 Ebenso *Bork*, ZGR 1994, 237, 255.

ferner eine Wissenszurechnung in analoger Anwendung des § 166 Abs. 1 BGB, wenn ein Konzernunternehmen an der Vorbereitung eines von einem anderen Konzernunternehmen abzuschließenden Vertrages als Wissensvertreter konkret beteiligt ist,[164] wie etwa Geschäftsbank und konzernverbundene Hypothekenbank bei der sog. Finanzierung aus einer Hand.

Geboten sein dürfte eine Wissenszurechnung anknüpfend an die Ausführungen des IV. Zivilsenats im Lebensversicherungs-Fall und die des V. Zivilsenats im Outsourcing-Fall in Weiterentwicklung der Grundsätze aus dem Altlasten-Urteil ferner dann, wenn konzernverbundene Unternehmen eine gemeinsame Datenbank unterhalten oder im Zuge arbeitsteiliger Konzernorganisation bei einem bestimmten Geschäft als funktionale Einheit zusammenwirken. Es ist nicht recht einzusehen, warum in einem Fall, in dem ein Informationsaustausch etwa zwischen der Muttergesellschaft und dem verselbständigten Dienstleistungsunternehmen in ähnlicher Weise erfolgt und notwendig ist wie vor dem Outsourcing, für die Wissenszurechnung andere Grundsätze gelten sollen als bei Betriebsteilen ein und desselben Rechtsträgers. Eine unterschiedliche Behandlung beider Fälle würde insbesondere auch den berechtigten Erwartungen des Verkehrs widersprechen, denen für die Frage der Wissenszurechnung große Bedeutung zukommt.[165]

Über Outsourcing-Fälle hinaus kann eine Wissenszurechnung auch bei sonstiger arbeitsteiliger Konzernorganisation in Betracht kommen, etwa wenn Konzernunternehmen dem Vertragspartner gegenüber als Einheit auftreten, z.B. ein Autohersteller als Verkäufer und die konzerneigene Bank als absatzfördernde Kreditgeberin des Autokäufers. Allerdings wird in einem solchen Fall vielfach auch ein verbundenes Geschäft im Sinne des § 9 Abs. 1 VerbrKrG vorliegen, bei dem nach § 9 Abs. 3 VerbrKrG ein Einwendungsdurchgriff stattfindet, so dass eine Wissenszurechnung möglicherweise schon deshalb und ohne Rücksicht auf die Konzernverbundenheit von Verkäufer und Absatzfinanzierer zu erfolgen hat.

Die bloße Konzernierung von zwei Unternehmen allein oder gar nur eine in Form von Minderheitsbeteiligungen bestehende kapitalmäßige Verbindung

---

164 Ebenso *Bork*, ZGR 1994, 237, 256.

165 *Schulenburg*, Bankenhaftung bei geschlossenen Immobilienfonds, zugleich eine Untersuchung der Wissenszurechnung im Konzern, 2002, S. 55 ff.

kann kein ausreichender Grund für eine automatische Wissenszurechnung sein.[166]

VII. Ergebnisse

1. Allgemeine Grundsätze

a) Die Wissenszurechnung ist kein Sonderproblem der juristischen Person, sondern kann ohne Rücksicht auf deren Rechtsfähigkeit in gleicher Weise auch bei Personengesellschaften sowie bei von einem Einzelkaufmann betriebenen Unternehmen auftreten.

b) Im Wirtschaftsleben ist die Wissenszurechnung vor allem ein Problem der arbeitsteiligen Organisationsform von juristischen Personen, Personengesellschaften und Einzelunternehmen und der damit verbundenen Aufspaltung des Wissens bei verschiedenen Personen oder Abteilungen.

c) Die Wissenszurechnung muss deshalb bei allen arbeitsteilig organisierten Teilnehmern am Rechtsverkehr ohne Rücksicht auf die Rechtsform und ohne Rücksicht auf die Person des Wissensträgers nach gleichen Grundsätzen erfolgen.

2. Wissenszurechnung bei am konkreten Rechtsgeschäft beteiligten Wissensträgern

a) Unabhängig von der Rechtsform ist dem Geschäftsherrn das Wissen desjenigen Organwalters, gesetzlichen oder gewillkürten Vertreters in unmittelbarer Anwendung des § 166 Abs. 1 BGB zuzurechnen, der das Geschäft vornimmt, dessen Rechtsfolgen durch die Kenntnis bestimmter Umstände beeinflusst wird. Bei Beteiligung von gesamtvertretungsberechtigten Organwaltern oder Vertretern genügt das Wissen eines von ihnen.

---

166 Ebenso *Bork,* ZGR 1994, 237, 262 f.; *Drexl,* ZHR 161 (1997), 491, 508; *Schüler*, Die Wissenszurechnung im Konzern, 2000, S. 273.

b) Unabhängig von der Rechtsform ist dem Geschäftsherrn in entsprechender Anwendung des § 166 Abs. 1 BGB das Wissen von nicht vertretungsberechtigten Wissensträgern (Wissensvertretern) zuzurechnen, die an dem Geschäft etwa als Verhandlungsgehilfen, Handels- oder Vermittlungsvertreter beteiligt waren, dessen Rechtsfolgen durch die Kenntnis bestimmter Umstände beeinflusst werden.

3. *Wissenszurechnung bei am konkreten Rechtsgeschäft unbeteiligten Wissensträgern*

a) Die Möglichkeit der Wissenszurechnung bei solchen Wissensträgern gründet in dem vor allem in §§ 166 und 278 BGB zum Ausdruck gekommenen allgemeinen Rechtsgedanken des Verkehrsschutzes und der daran angeknüpften Rechtspflicht zu ordnungsgemäßer Organisation der Kommunikation bei arbeitsteilig organisierten Teilnehmern zum Schutze des Rechtsverkehrs.

b) Im Interesse des Rechtsverkehrs darf der Vertragspartner eines arbeitsteilig organisierten Teilnehmers am Rechtsverkehr nicht schlechter, aber auch nicht besser stehen als der einer einzelnen Privatperson.

c) Arbeitsteilig organisierte Teilnehmer am Rechtsverkehr müssen, gleichgültig, ob es sich um juristische Personen, Personengesellschaften oder Einzelkaufleute handelt, im Interesse des Verkehrsschutzes dafür sorgen, dass keine organisierte Ahnungslosigkeit herrscht.

d) Diese Organisationspflicht erfordert, dass – unabhängig von der Rechtsform – arbeitsteilig organisierte Teilnehmer am Rechtsverkehr erkennbar bedeutsames Wissen von Organwaltern, gesetzlichen und gewillkürten Vertretern sowie Wissensträgern, die am späteren Geschäft, dessen Rechtsfolgen durch die Kenntnis bestimmter Umstände beeinflusst waren, nicht beteiligt sind, an den für den Geschäftsherrn handelnden Organwalter oder Vertreter weitergeleitet oder akten- oder EDV-mäßig dokumentiert und verfügbar gehalten wird.

e) Die vorgenannte Organisationspflicht erfordert unter Berücksichtigung der Gleichbehandlung von Einzelpersonen einer- und arbeitsteilig organisierten Vertragspartnern anderseits weiter, dass solchermaßen weitergeleitetes oder dokumentiertes Wissen durch den für den Geschäftsherrn handelnden Vertreter vor Abschluss des Rechtsgeschäfts abgefragt und berücksichtigt wird.

f) Die Gleichstellung von einzelnen natürlichen Personen und arbeitsteilig organisierten Teilnehmern am Rechtsverkehr bildet den Maßstab für deren Organisation der internen Kommunikation durch Informationsweiterleitungs- und Informationsabfragepflichten.

g) Wird gegen die Pflichten unter d) oder e) verstoßen, so ist der Geschäftsherr so zu behandeln, als habe das betreffende Wissen vorgelegen, d.h. dieses ist ihm zuzurechnen.

4. Wissenszurechnung im Konzern

a) Ein Konzernunternehmen, das ein anderes als rechtsgeschäftlichen Vertreter einschaltet oder an der Vorbereitung eines Vertrages als Wissensvertreter beteiligt, muss sich dessen Wissen zurechnen lassen.

b) Eine Wissenszurechnung hat ferner stattzufinden, wenn konzernierte Unternehmen bei einem bestimmten Geschäft als funktionale Einheit zusammenwirken.

c) Die bloße Konzernierung allein oder gar nur eine in Form von Minderheitsbeteiligungen bestehende kapitalmäßige Verbindung ist kein ausreichender Grund für eine Wissenszurechnung.

Wissenszurechnung aus der Sicht der kreditwirtschaftlichen Praxis

Jürgen Schröter, Rechtsanwalt,
Chefsyndikus der BHF-Bank AG, Frankfurt a.M.

Nachdem Herr Prof. Drexl aus wissenschaftlicher Sicht die Möglichkeiten und Grenzen der Wissenszurechnung bei Kreditinstituten erläutert und Herr Nobbe die Anforderungen des Bundesgerichtshofs an eine ordnungsgemäße Bankorganisation geschildert hat, soll nunmehr über die Wissenszurechnung aus der Sicht der kreditwirtschaftlichen Praxis berichtet werden. Ein schwieriges Unterfangen aus mehrfachen Gründen. Erstens gehen bei Kreditinstituten mehr noch als bei anderen Unternehmen eine Vielzahl von Informationen ein und werden auch selbst Informationen geschaffen,[1] die auf vielfältige Weise zu Wissensübermittlungen führen, so dass es im Rahmen dieses Referats unmöglich ist, einen auch nur annähernd vollständigen Überblick zu geben. Zweitens ist die betriebliche Kommunikation bei den Kreditinstituten

1 *Assmann*, Insiderrecht und Kreditwirtschaft, WM 1996, 1337, 1340; *Eisele*, Insiderrecht und Compliance, WM 1993, 1021, 1022; *Faßbender*, Innerbetriebliches Wissen und bankrechtliche Aufklärungspflichten, 1998 (Diss. Universität Mainz 1997), S. 277.

unterschiedlich ausgestaltet, insbesondere wenn man Konzernsachverhalte,[2] Fragen des Outsourcing[3] und Verbundsysteme im Sparkassenbereich einbeziehen wollte, so dass sich kein einheitliches Bild einer kreditwirtschaftlichen Praxis abzeichnet. Drittens gibt die jetzt wohl vorherrschend vertretene dogmatische Grundlage für die Wissenszurechnung, nämlich der Verkehrsschutz und daran anknüpfend die Pflicht zur ordnungsgemäßen Organisation der Kommunikation[4] ebenso wie deren Konkretisierung durch die Aussage des Bundesgerichtshofs, dass „als vorhanden anzusehen (sei) das Wissen, das bei sachgerechter Organisation dokumentiert und verfügbar ist und zu dessen Nutzung unter Berücksichtigung der geschäftlichen Bedeutung des Vorgangs Anlass bestand",[5] noch keine eindeutige Antwort auf die für die Praxis unmittelbar relevant werdende Frage, wann Dokumentations- bzw. Abfrage-

---

2 *Bork*, Zurechnung im Konzern, ZGR 1994, 237; *Drexl*, Wissenszurechnung im Konzern, ZHR 161 (1997), 491; *Hartmann*, in: Bankrecht und Bankpraxis, Losebl., Stand April 1999, Rdn. 17/191 ff.; *Kilian/Scheja*, Freier Datenfluss im Allfinanzkonzern?, BB-Beilage 3 zu Heft 14/2002, S. 19; *Schüler*, Die Wissenszurechnung im Konzern, Universität Bonn 1998; *Schulenburg*, Bankenhaftung bei geschlossenen Immobilienfonds – Zugleich eine Untersuchung der Wissenszurechnung im Konzern, 2002 (Diss. Universität Bayreuth 2001).

3 Dazu *Buck*, in: WuB IV A. § 166 BGB 1.01; Handelsblatt vom 25.4.2002 zum Outsourcing des IT-Bereichs der Deutschen Bank.

4 „Grundsatzentscheidung" des V. Zivilsenats des BGH vom 2.2.1996 (Teerrückständefall), BGHZ 132, 30 = WM 1996, 594 = WuB IV A. § 166 BGB 1.96 *Medicus* = WiB 1996, 493 mit Anmerkung *v. Reinersdorff* = JZ 1996, 731 mit Anmerkung *Taupitz*; so auch bezeichnet im Urteil des XI. Zivilsenats des BGH vom 15.4.1997, BGHZ 135, 202 = WM 1997, 1092 = WuB I D 3. – 6.97 *Hellner* = NJW 1997, 1917 = ZIP 1997, 1023 = EWiR 1998, 61 *Hammen*; *Baumbach/Hopt*, HGB, 30. Aufl. 2000, § 125 Rdn. 4 und (7) Bankgeschäfte Rdn. A/16; *Habersack*, in: Großkommentar HGB, 4. Aufl. 1997, § 125 Rdn. 22; MünchKommBGB/*Schramm*, 4. Aufl. 2001, § 166 Rdn. 23 ff. Ablehnend gegenüber diesem Begründungsansatz *Baum*, Die Wissenszurechnung, 1999 (Diss. Universität Regensburg 1997), S. 210 ff.; *Faßbender*, (Fn. 1), S. 119 ff.; *Faßbender/Neuhaus*, Zum aktuellen Stand der Diskussion in der Frage der Wissenszurechnung, WM 2002, 1253, 1259; *Rohde*, Die Wissenszurechnung bei rechtsgeschäftlicher Tätigkeit einer juristischen Person, Diss. Universität Bielefeld, 1999.

5 BGH vom 15.4.1997 (Fn. 1) ; BGH vom 4.11.1997, WM 1997, 2395 = WuB I D 3. – 3.98 *Müller-Christmann* = ZIP 1998, 330.

pflichten bestehen, eine Frage deren Beantwortung vom individuellen Einzelfall abhängig ist.[6]

Es bietet sich daher an, ebenfalls anhand eines Einzelfalles, der in der kreditwirtschaftlichen Praxis gar nicht so selten ist, Problem und Reichweite der Wissenszurechnung darzustellen. Es handelt sich um folgenden Sachverhalt: Die Bank hat der börsennotierten X-AG die bisherige Kreditlinie nicht mehr prolongiert. Unmittelbar danach empfiehlt ein Anlageberater der Bank einem Privatkunden den Kauf der X-Aktie. Kurz darauf erleidet die X-Aktie einen erheblichen Kursrückgang. Kann der Wertpapierkunde von der Bank Schadensersatz verlangen? Dies ist vermutlich zu bejahen, wenn der Anlageberater von dem nicht mehr prolongierten Kredit Kenntnis gehabt hat oder hätte haben müssen. Das führt nun zu der Frage, welche Gesichtspunkte bei dem Aufbau einer ordnungsgemäßen Kommunikations-Organisation zu beachten sind.

Zunächst sind zwei gegenläufige Tendenzen festzustellen: Einmal geht es um eine Ausweitung der Wissensmöglichkeiten, gekennzeichnet durch den Begriff „Wissensmanagement", mit dem Ziel, Wissen unternehmensweit verfügbar zu machen,[7] zum anderen um eine Einschränkung der Zugriffsberechtigung auf zentral gespeicherte Daten[8] und um die Schaffung von Vertraulichkeitsbereichen.[9] Und für beide Richtungen gibt es gesetzliche Vorgaben.

---

6 *Adler*, Wissen und Wissenszurechnung, insbesondere bei arbeitsteilig aufgebauten Organisationen, Diss. Universität Mainz 1997, S. 10; *Kieser/Kloster*, Wissenszurechnung bei der GmbH, GmbHR 2001, 176, 181.

7 FAZ vom 11.2.2002.

8 *Bruchner*, in: Bankrechts-Handbuch, 2. Aufl. 2001, § 39 Rdn. 13.

9 *Assmann*, Das künftige deutsche Insiderrecht (II), AG 1994, 237, 256; *Eisele*, (Fn. 1), 1024; *Buck*, Wissen und juristische Person – Wissenszurechnung und Herausbildung zivilrechtlicher Organisationspflichten, 2001, S. 499 ff.; *Koller*, in: Assmann/Schneider, Wertpapierhandelsgesetz, 2. Aufl. 1999, § 33 Rdn. 17 ff.; *Kümpel*, Bank- und Kapitalmarktrecht, 2. Aufl. 2000, Rdn. 16.547 ff.; *Than*, Die Umsetzung der Verhaltensnormen der §§ 31 ff. WpHG in den Kreditinstituten, in: Hadding/Hopt/Schimansky, Das Zweite Finanzmarktförderungsgesetz in der praktischen Umsetzung, Bankrechtstag 1995, Schriftenreihe der Bankrechtlichen Vereinigung Band 7, 1996, S. 135, 153; *Weiss*, Compliance-Funktion in einer deutschen Universalbank, Die Bank 1993, 136, 138 f.

I. Erweiterung der Wissenszurechnung

1. Kreditzusammenfassung

Hier geht es unter dem Stichwort Risikomanagement um die Zusammenführung von Daten über die rechtliche Einheit des Kreditinstituts hinaus. Zur Bestimmung der Großkreditgrenze und der Eigenmittelausstattung von Institutsgruppen wird durch § 13 b Abs. 3 und § 10 a Abs. 6 KWG eine konzernweite Zusammenfassung der Kredite an einen Kreditnehmer gesetzlich vorgeschrieben. Entweder meldet das Tochterunternehmen Kreditnehmer, Kredithöhe und Kreditlaufzeit an die Konzernmutter oder diese hat direkten Zugriff auf die Daten bei der Tochtergesellschaft. Darüber hinaus erstreckt sich seit einiger Zeit der Datentransfer auch auf eventuell für den Kredit bei der Tochter gestellte Sicherheiten, und zwar im Hinblick auf Basel II zur Ermittlung des „exspected loss“ und des „economic capital“. Weitere Daten werden jedoch nicht übermittelt, z. B. nicht die Kreditkonditionen. Kenntnis von den genannten Kreditnehmerdaten bei der Konzerntochter erhalten bei der Konzernmutter nur die für die KWG-Meldung und für die Krediteinräumung zuständigen Abteilungen.

Der Begriff Risikomanagement wird übrigens auch in einem ganz anderen Zusammenhang gebraucht, nämlich von der Finanzverwaltung bei der effizienteren Eintreibung von Steuern durch eine Art bundeseinheitliche Rasterfahndung.[10] Die Gemeinsamkeit liegt darin, dass es in beiden Fällen darum geht, das an unterschiedlichen Stellen vorhandene Wissen zusammenzuführen.

2. Geldwäschebekämpfung

Das am 1. Juli 2002 in Kraft getretene Vierte Finanzmarktförderungsgesetz gibt der Bundesanstalt für Finanzdienstleistungsaufsicht künftig das Recht zum automatisierten Abruf von Kontoinformationen.[11] Zu diesem Zweck

---

10 Handelsblatt vom 6.5.2002.

11 Einfügung eines § 24 c KWG durch Artikel 6 Nr. 23 des Gesetzes zur weiteren Fortentwicklung des Finanzplatzes Deutschland (Viertes Finanzmarktförderungsgesetz) vom 21.6.2002 (BGBl. I S. 2010), der gemäß § 64 f Abs. 6 KWG jedoch erst am 1.4.2003 in Kraft tritt.

muss jedes Kreditinstitut eine Datei mit den Namen aller Kontoinhaber und den dazugehörigen Kontonummern führen, eine Form der Wissenszusammenfassung, die z.B. bei Pfändungsmaßnahmen eine Rolle spielen wird. Darauf wird noch zurückzukommen sein.

Darüber hinaus sieht das Vierte Finanzmarktförderungsgesetz eine Überwachung aller Konto- und Depotbewegungen auf ungewöhnliche Sachverhalte, ein sogenanntes Konten-Screening, vor.[12] Die Begründung zum Regierungsentwurf[13] bezeichnet dies als organisatorische Umsetzung des „Know-your-customer"-Prinzips entsprechend Grundsatz 15 der Baseler Aufsichtsgrundsätze. Bereits nach § 14 Abs. 2 Nr. 2 des Geldwäschegesetzes müssen Kreditinstitute interne Grundsätze, Verfahren und Kontrollen zur Verhinderung der Geldwäsche entwickeln. Nach dem mit dem Bundesaufsichtsamt für das Kreditwesen (jetzt Bundesanstalt für Finanzdienstleistungsaufsicht/ Bereich Bankenaufsicht) abgestimmten Leitfaden zur Bekämpfung der Geldwäsche hat dies anlassbezogene Recherchen im Vorfeld eines Geldwäscheverdachts zur Folge, etwa die Überprüfung der Daten und Informationen über eine Transaktion und über die zugrunde liegende Geschäftsverbindung.[14] Unklar bleibt bei der Formulierung des Vierten Finanzmarktförderungsgesetzes, ob und gegebenenfalls welche zusätzlichen personenbezogenen Daten von Kunden zu erheben und für Zwecke der Verfolgung von Geldwäsche zu speichern sind.[15] Verstanden wird das Konten-Screening als Verpflichtung der Banken, künftig alle Kundendaten im Computer permanent auf Abweichungen vom Normverhalten zu rastern.[16] Eine Umsetzung in der

---

12 Einfügung eines § 25 a Abs. 1 Nr. 4 KWG durch Artikel 6 Nr. 25 des Gesetzes zur weiteren Fortentwicklung des Finanzplatzes Deutschland (Viertes Finanzmarktförderungsgesetz) vom 21.6.2002 (BGBl. I S. 2010), mit folgendem Wortlaut: „Ein Institut muss, als übergeordnetes Unternehmen auch hinsichtlich der Gruppe, über angemessene, geschäfts- und kundenbezogene Sicherungssysteme gegen Geldwäsche und gegen betrügerische Handlungen zu Lasten des Instituts oder der Gruppe verfügen; bei Sachverhalten, die aufgrund des Erfahrungswissens über die Methoden der Geldwäsche zweifelhaft oder ungewöhnlich sind, hat es diesen vor dem Hintergrund der laufenden Geschäftsbeziehung und einzelner Transaktionen nachzugehen."

13 Regierungsentwurf vom 14. November 2001 (BT-Drucks. 14/8017).

14 ZKA-Leitfaden zur Bekämpfung der Geldwäsche, 3. Aufl. 2000, Rdn. 99 d.

15 Stellungnahme des Zentralen Kreditausschusses vom 28. September 2001 zum Diskussionsentwurf des Vierten Finanzmarktförderungsgesetzes.

16 FAZ vom 6.5.2002.

Praxis hat noch nicht stattgefunden, aber die Tendenz ist klar: es geht um eine Zusammenführung des vorhandenen Erfahrungswissens über die Methoden der Geldwäsche mit den gespeicherten Kundendaten.

II. Einschränkung der Wissenszurechnung

1. Aufsichtsrat

Die Verschwiegenheitspflicht des Aufsichtsratsmitglieds gemäß §§ 93 Abs. 1 Satz 2, 116 AktG,[17] die hinsichtlich der Weitergabe von Geheimnissen an nicht berechtigte Dritte sogar strafbewehrt ist durch § 404 Abs. 1 Nr. 1 AktG,[18] ist wohl die bekannteste gesetzliche Einschränkung der Wissensweitergabe. Ein Bankenvertreter, der in seiner Eigenschaft als Aufsichtsratsmitglied von Schwierigkeiten der Gesellschaft Kenntnis erlangt hat, darf dieses Wissen in der Bank nicht weitergeben[19] und z. B. weder der Kreditabteilung, noch der Anlageberatung der Bank mitteilen[20]. Aus dem Weitergabeverbot folgt zugleich, dass dieses Wissen der Bank nicht zugerechnet

17 Das am 26.7.2002 in Kraft getretene Gesetz zur weiteren Reform des Aktien- und Bilanzrechts, zu Transparenz und Publizität (Transparenz- und Publizitätsgesetz) vom 19.7.2002 (BGBl. I S. 2681) hat in Artikel 1 Nr. 10, dem § 116 AktG folgenden Satz angefügt: „Die Aufsichtsratsmitglieder sind insbesondere zur Verschwiegenheit über erhaltene vertrauliche Berichte und vertrauliche Beratungen verpflichtet."

18 Durch Artikel 1 Nr. 27 des TransPuG (Fn. 17) ist die Strafandrohung für den Geheimnisverrat bei börsennotierten Gesellschaften auf zwei Jahre Freiheitsstrafe verdoppelt worden.

19 Zur Einschaltung von Mitarbeitern der Bank durch das Aufsichtsratsmitglied *Lutter/Krieger*, Hilfspersonen von Aufsichtsratsmitgliedern, DB 1995, 257.

20 *Hopt*, Der Kapitalanlegerschutz im Recht der Banken. Gesellschafts-, bank- und börsenrechtliche Anforderungen an das Beratungs- und Verwaltungsverhalten der Kreditinstitute, 1975, S. 474 f.; *ders.*, Funktion, Dogmatik und Reichweite der Aufklärungs-, Warn- und Beratungspflichten der Kreditinstitute, in: Hadding/Hopt/Schimansky, Aufklärungs- und Beratungspflichten der Kreditinstitute – Der moderne Schuldturm?, Bankrechtstag 1992, Schriftenreihe der Bankrechtlichen Vereinigung Band 3, 1993, S. 1, 22; *Lutter*, Bankenvertreter im Aufsichtsrat, ZHR 145 (1981), 224, 243; *ders.*, Information und Vertraulichkeit im Aufsichtsrat, 2. Aufl. 1984, S. 201 f.; *Werner*, Aufsichtsratstätigkeit von Bankenvertretern, ZHR 145 (1981), 252, 265.

werden kann.[21] Dies gilt generell für Mandate, mit denen eine Verschwiegenheitspflicht verknüpft ist, also auch für Aufsichtsratsmitglieder oder Beiratsmitglieder bei einer GmbH.[22]

2. *Datenschutz*

Dass auch der Datenschutz einer Wissensweiterleitung und damit einer Wissenszurechnung entgegenstehen kann, ist bisher in Rechtsprechung[23] und Literatur[24] nur beiläufig erwähnt worden. Erst die Tübinger Habilitations-

---

21 *Buck*, (Fn. 9), S. 477; *Faßbender*, (Fn. 1), S. 276; *Hoffmann*, Rechtliche Schranken interner Informationsflüsse in Kreditinstituten – Vom internen Bankgeheimnis zu den Chinese Walls im Insiderrecht, 1998, S. 112; *Hopt*, Übernahmen, Geheimhaltung und Interessenkonflikte: Probleme für Vorstände, Aufsichtsräte und Banken, ZGR 2002, 333, 370.

22 *Buck*, (Fn. 9), S. 478 f.; vgl. dazu auch *Hoffmann*, (Fn. 21), S. 135 ff.

23 BGH vom 24.1.1992, BGHZ 117, 104 = WM 1992, 792 = NJW 1992, 1099: Eine Gemeinde verkauft ein mit Fehlern behaftetes Grundstück. Im Kaufvertrag versichert das Liegenschaftsamt, ihm seien verborgene Mängel nicht bekannt. Den Fehler (der Baugrund bestand teilweise aus Knollenmergel) kannte jedoch ein im Baurechtsamt als Sachbearbeiter tätiger Bauingenieur. Der BGH stellt fest, die Gemeinde sei nicht verpflichtet, zwischen dem Liegenschafts- und dem Baurechtsamt allgemein einen Informationsaustausch zu organisieren. Es gäbe Schwierigkeiten, objektive Abgrenzungskriterien dafür zu finden, welche Ämter unter Wahrung etwaiger Dienstgeheimnisse und bestehender Belange des Datenschutzes welche Informationen auszutauschen haben. BGH vom 14.7. 1993, BGHZ 123, 124 = NJW 1993, 2807 = VersR 1993, 1089 erkennt im „Knieoperations-Fall" bei der Frage der Wissenszurechnung zwischen zwei Versicherungs-Konzernunternehmen die Notwendigkeit, dass „sich der Versicherer im Antragsformular die Einwilligung des Antragstellers hat geben lassen, im Verbund mit dem anderen Versicherer die Daten des Antragstellers zu sammeln."

24 *Baum*, (Fn. 4), S. 275: „Ein gleichsam negatives Kriterium ist der Datenschutz. Sofern dieser verbietet, dass eine Information an einer Stelle verfügbar gemacht wird, kann keine Pflicht bestehen, sie dort verfügbar zu machen."; *Baumbach/ Hopt*, HGB, 30. Aufl. 2000, (7) Bankgeschäfte Rdn. A/16: „Eine allgemeine Wissenszusammenrechnung im Unternehmen wäre aber unvereinbar mit Bankgeheimnis und Datenschutz."; *Drexl*, (Fn. 2), S. 512: „So kann der Datenschutz der Wissensweiterleitung entgegenstehen."; *Kohte*, Die Kondiktionssperre nach § 814 1. Alt. BGB, BB 1988, 633, 638: „Notwendig ist bei einer solchen Informationskonzentration allerdings ..., dass der Datenschutz sowohl der Kunden als

schrift aus dem vergangenen Jahr von Petra Buck „Wissen und juristische Person" geht auf dieses Thema näher ein und kritisiert, dass es der Bundesgerichtshof in seinen beiden Bankfilial-Entscheidungen[25] an jeglichen datenschutzrechtlichen Erwägungen habe fehlen lassen.[26]

Im Zusammenhang mit einer ordnungsgemäßen Organisation der Kommunikation kommt es datenschutzrechtlich in erster Linie darauf an, ob die für die Daten verantwortliche Stelle ohne Einwilligung des Betroffenen seine personenbezogenen Daten an einen Dritten übermitteln darf, wobei Übermitteln sowohl die Weitergabe an einen Dritten bedeutet als auch, dass der Dritte die Daten einsieht oder abruft.[27] Verantwortliche Stelle ist nicht nur die tatsächlich speichernde Abteilung in der Bank, sondern auch die Bank insgesamt als juristische Person.[28] Da der Dritte in § 3 Abs. 8 Satz 2 BDSG definiert ist als jede Person oder Stelle außerhalb der verantwortlichen Stelle, sind in der Regel alle Mitarbeiter der verantwortlichen Stelle keine Dritte.[29]

---

auch der Beschäftigten der Informationszusammenfassung nicht im Wege steht."; *Römmer-Collmann*, Wissenszurechnung innerhalb juristischer Personen, 1998 (Diss. Universität Marburg), S. 195: „Gelingt es, Wissen nur zuzurechnen, weil Kenntnisse nicht ordnungsgemäß gesammelt, verwaltet oder weitergegeben wurden, stehen gerade dem aber andere Rechtsnormen (StGB, Standesrecht, Datenschutzrecht) entgegen, kann eine wertende Betrachtung nicht zur Zurechnung von Wissen führen."; *Sonnenhol*, in: Bankrecht und Bankpraxis, Losebl. Stand Februar 2000, Rdn. 1/97c: „Schon aus Gründen des Datenschutzes und des Bankgeheimnisses ist es ausgeschlossen, in großen Filialinstituten einen Informationspool zu bilden, auf den im Ergebnis von jedem Mitarbeiter zurückgegriffen werden kann."; *Taupitz*, Anmerkung zu BGH vom 2.2.1996, JZ 1996, 734,736: „Dabei ist auch (ausgehend von der jeweiligen Wichtigkeit der Information) hinsichtlich der gebotenen Dauer und Art der Speicherung zu unterscheiden, ebenso wie umgekehrt etwa die Vorgaben des Datenschutzes zu beachten sind."

25 BGH vom 1.6.1989, WM 1989, 1364 und 1368 = WuB IV A. § 166 BGB 1.89 *Obermüller* = NJW 1989, 2879 und 2881: Zwei Kredite bei unterschiedlichen Filialen desselben Instituts zum Kauf einer Eigentumswohnung in Kanada („Chinook Manor"). Die dem Käufer versprochenen Mieteinnahmen waren fingiert. Dies wusste der Filialleiter in Bad Pyrmont, nicht aber der Bankmitarbeiter in München. Dieser hatte jedoch Kenntnis von der Finanzierung desselben Wohnungskaufs in der Filiale Bad Pyrmont.

26 *Buck*, (Fn. 9), S. 492.

27 § 3 Abs. 4 Nr. 3 BDSG.

28 *Gola/Schomerus*, BDSG, 6. Aufl. 1997, § 3 Anm. 15.1.

29 *Gola/Schomerus*, (Fn. 28), § 3 Anm. 16.3.

Auf eine Bank übertragen, hätte das zur Folge, dass datenschutzrechtlich gesehen alle Mitarbeiter einer Bank auf alle Kundendaten zugreifen dürften. Dagegen bestehen jedoch erhebliche Bedenken,[30] die sich nunmehr auch unmittelbar aus dem Gesetz ableiten lassen. Das im Mai vergangenen Jahres novellierte Bundesdatenschutzgesetz[31] unterscheidet jetzt zwischen „Empfänger" und „Dritten", wobei Empfänger jede Person oder Stelle ist, die Daten erhält.[32] Nach der Gesetzesbegründung[33] umfasst der Begriff des Empfängers neben dem Dritten auch die verschiedenen Organisationseinheiten innerhalb einer speichernden Stelle.[34] Die Bank als verantwortliche Stelle hat nach § 9 BDSG Maßnahmen zu treffen, die gewährleisten, dass ihre Mitarbeiter ausschließlich auf die ihrer Zugriffsberechtigung unterliegenden Daten zugreifen können.[35] Daraus ergibt sich zwangsläufig die Notwendigkeit, die Zugriffsberechtigung zu regeln, und zwar dahingehend, dass die Mitarbeiter nur auf diejenigen personenbezogenen Daten Zugriff haben, die sie im Rahmen ihrer Aufgabenerfüllung benötigen, sogenannter funktionsbezogener Zugriff.[36]

3. *Inneres Bankgeheimnis*

Damit ist eine unmittelbare Verbindung zum inneren oder auch internen Bankgeheimnis[37] gegeben. Dieses greift jedoch weiter, weil das Bundes-

---

30 14. Jahresbericht (1993) des Bremer Landesbeauftragten für den Datenschutz, S. 54 f.; 17. Tätigkeitsbericht (Berichtsjahr 1998/1999) des Hamburger Datenschutzbeauftragten, Pkt. 21.1.

31 Gesetz zur Änderung des Bundesdatenschutzgesetzes und anderer Gesetze vom 18.5.2001, BGBl. I S. 904.

32 § 3 Abs. 8 Satz 1 BDSG.

33 BT-Drucks. 14/4329, S. 33.

34 Auch nach bisherigem Recht wurden Stellen der Bank, die kundenbezogene Daten nicht für ihre Aufgabenerfüllung benötigten, als „Dritte" angesehen; vgl. *Hoffmann*, (Fn. 21), S. 101; *Ungnade*, Datenschutz im Kreditgewerbe, 2. Aufl. 1991, S. 30; *Wohlgemuth*, Datenschutzrecht, 2. Aufl. 1993, Rdn. 90.

35 Zugriffskontrolle nach Nr. 3 der Anlage zu § 9 Satz 1 BDSG.

36 *Hartmann*, (Fn. 2), Rdn. 17/104 und Rdn. 17/334; *Hoffmann*, (Fn. 21), S. 71; *Simitis*, in: Simitis/Dammann/Geiger/Mallmann/Walz, BDSG, 4. Aufl., Losebl. Stand April 1998, § 28 Rdn. 108.

37 Eine Verschwiegenheitspflicht auch innerhalb der Bank wird bejaht von *Bruchner*, (Fn. 8), § 39 Rdn. 13; *Bruchner/Stützle*, Leitfaden zu Bankgeheimnis und Bankauskunft, 2. Aufl. 1990, S. 11; *Buck*, (Fn. 9), S. 496; *Bunte*, in: Bankrechts-

datenschutzgesetz nur die Daten natürlicher Personen schützt, so dass im eingangs gebildeten Fall die Daten der X-AG unter datenschutzrechtlichen Gesichtspunkten übermittelt werden dürften, durch das innere Bankgeheimnis aber geschützt wären.

Auch wenn Nr. 2 Abs. 1 der Banken-AGB nur das externe Bankgeheimnis anspricht, also die Verschwiegenheitspflicht der Bank gegenüber Dritten, erwartet der Kunde, dass seine Daten nur denjenigen Bankmitarbeitern bekannt werden, die mit der Erledigung eines ihn betreffenden Vorgangs befasst sind.[38] Unzulässig ist daher die Errichtung eines „Informationspools" oder einer bankweiten „Evidenzstelle" mit Kundendaten, auf die jeder Bankmitarbeiter Zugriff hat.[39] Schon dies belegt, dass das Wissen eines Mitarbeiters nicht allen anderen Mitarbeitern derselben Bank zugerechnet

---

Handbuch, 2. Aufl. 2001, § 7 Rdn. 9; *Claussen*, Bank- und Börsenrecht, 2. Aufl. 2000, § 6 Rdn. 5; *Fisahn*, Bankgeheimnis und informationelle Selbstbestimmung, CR 1995, 632, 635; *Hoffmann*, (Fn. 21), S. 37 und S. 223; *Kümpel*, (Fn. 9), Rdn. 2.151; *Mallmann/Schröter*, Aktuelle Rechtsfragen zum Datenschutz im Bankverkehr, 1988 (RWS-Skript Nr. 194), Rdn. 92; *Meincke*, Geheimhaltungspflichten im Wirtschaftsrecht, WM 1998, 749, 752; *Schulenburg*, (Fn. 2), S. 93 und S. 96 f.; *Sichtermann/Feuerborn/Kirchherr/Terdenge*, Bankgeheimnis und Bankauskunft, 3. Aufl. 1984, S. 163; *Sichtermann/Feuerborn*, Das Bankgeheimnis, 7. Aufl. 1987, S. 29; *Sonnenhol*, (Fn. 24), Rdn. 1/97c; *Weber*, in: Bankrecht und Bankpraxis, Losebl. Stand Juni 1996, Rdn. 2/851 und in Österreich vom ÖOGH, Entscheidung vom 25.2.1992, CR 1993, 737 in einer Wettbewerbsauseinandersetzung; a.A. OLG Köln vom 23.11.1984, WM 1985, 334, 336 = ZIP 1985, 209 ebenfalls in einer Wettbewerbsauseinandersetzung; *Fischer/Klanten*, Bankrecht, 2. Aufl. 1996, Rdn. 4.16 (lediglich die rechtskräftige Entscheidung des OLG Köln referierend); *Heidrich*, Das Wissen der Bank – Untersuchung dessen, was privatrechtlich das Wissen einer Bank-Aktiengesellschaft ist (Wissenszurechnung) – was sie wissen will, wissen darf (in Auswahl) und warum sie zur Organisation ihres Wissens verpflichtet ist (Wissensorganisationspflicht), Universität Erlangen-Nürnberg 2001, S. 139 ff.

38 Dies gilt generell, selbst wenn im Einzelfall dem Kunden die Grenzen nicht bekannt sind; a.A. *Heidrich*, (Fn. 37), S. 149 ff.; *Hopt*, Insiderwissen und Interessenkonflikte im europäischen und deutschen Bankrecht, Festschrift Heinsius, 1991, S. 289, 303, für Aktien oder Obligationen emittierende Unternehmen.

39 *Bruchner*, (Fn. 8), § 39 Rdn. 14; *Buck*, (Fn. 9), S. 497; *Bunte*, (Fn. 37), § 7 Rdn. 9; *Fisahn*, (Fn. 37), S. 635; *Kümpel*, (Fn. 9), Rdn. 2.151; Schulenburg, (Fn. 2), S. 96; *Sonnenhol*, (Fn. 24), Rdn. 1/97c; *Weber*, (Fn. 37), Rdn. 2/854.

werden kann.[40] Vielmehr kommt es darauf an, wie die Zugriffsberechtigung auf die vorhandenen Kundendaten geregelt ist. Eine Einteilung nach Filialen[41] ist einerseits zu weit und andererseits zu eng. Zu weit deswegen, weil keine Veranlassung besteht, dem Mitarbeiter der Kreditabteilung Einblick in die bei der Bank unterhaltenen Vermögenswerte auch desjenigen Kunden zu verschaffen, der gar keinen Kredit aufgenommen hat;[42] und zu eng deswegen, weil der Kunde die Möglichkeit haben sollte, auch bei einer anderen Filiale als der kontoführenden Stelle eine Abhebung am Schalter vornehmen zu können.[43] Praktiziert wird daher häufig eine filialübergreifende funktionsbezogene und nach Produktgruppen abgegrenzte Zugriffsberechtigung.

Gelegentlich werden Vertraulichkeitsbereiche auch durch gesonderte Vertraulichkeitsvereinbarungen geschaffen. Dies ist z. B. im M&A-Geschäft durchaus üblich. In einem sogenannten „Confidentiality Agreement" oder „Statement of Non-Disclosure" wird geregelt, dass von einer beabsichtigten Transaktion und den damit in Zusammenhang stehenden Informationen nur diejenigen Mitarbeiter Kenntnis erhalten dürfen, die unmittelbar mit der Transaktion befasst sind. Manchmal wird der Kreis sogar eingeschränkt auf einzelne namentlich aufgeführte Personen, die ihr Einverständnis mit dem Confidentiality Agreement durch dessen Unterzeichnung bestätigen müssen.[44]

---

40 *Bruchner*, (Fn. 8), § 39 Rdn. 14; *Buck*, (Fn. 9), S. 499; *Bunte*, (Fn. 37), § 7 Rdn. 9; *Nobbe*, in: Bankrechts-Handbuch, 2. Aufl. 2001, § 61 Rdn. 152.

41 So *Scharrenberg*, Compliance in Wertpapier-Dienstleistungsunternehmen, in: Claussen/Schwark, Insiderrecht für Finanzanalysten, 1997, S. 107, 116 f.

42 Für die Abschottung der Kreditabteilung von der Kundenberatung oder der Börsenabteilung *Assmann/Cramer*, in: Assmann/Schneider, WpHG, 2. Aufl. 1999, § 14 Rdn. 54c; *Buck*, (Fn. 9), S. 501; *Claussen*, Insiderhandelsverbot und Ad hoc-Publizität – Praktikerhinweise und -empfehlungen für Emittenten, Anleger, Banken, Wertpapierdienstleister und ihre Berater, 1996, Rdn. 96; *Lutter/Krieger*, (Fn. 19), S. 257.

43 Vgl. die Beispiele zum inneren Bankgeheimnis bei *Weber*, (Fn. 37), Rdn. 2/852 f. Falls die Zugriffsberechtigung nicht filialübergreifend ausgestaltet wird, muss in den genannten Fällen eine Rückfrage bei der anderen Filiale erfolgen.

44 Vgl. das Muster bei *Merkt*, Internationaler Unternehmenskauf, RWS-Skript 275, 1997, Rdn. 1041; ferner dazu *Schlitt*, in: Semler/Volhard, Arbeitshandbuch für Unternehmensübernahmen, Band 1, 2001, § 6 Rdn. 17.

Exkurs

Bevor auf den eingangs gebildeten kapitalmarktrechtlichen Fall zurückzukommen ist, sollen an dieser Stelle kurz drei andere banktypische Fallgruppen angesprochen werden, bei denen die genannten Erweiterungen und Einschränkungen der Wissenszurechnung eine Rolle spielen.

– Pfändungen

Die funktionsbezogene Zugriffsberechtigung auf zentral gespeicherte Kundendaten wird deutlich bei der Zustellung von Pfändungs- und Überweisungsbeschlüssen, die sich ausdrücklich auf die Kontoverbindungen des Pfändungsschuldners zum Gesamtinstitut erstrecken. Die bisher heftig umstrittene Frage, ob bei einer Zustellung an die Zentrale ein solcher Pfändungsbeschluss die kontoführende Filiale anzugeben hat, ist durch die technische Entwicklung und die neuen Anforderungen durch das Vierte Finanzmarktförderungsgesetz vom 21. Juni 2002, nämlich die Ermöglichung des automatisierten Abrufs von Kontoinformationen,[45] praktisch gegenstandslos geworden. Begründet wurde das Verlangen, die kontoführende Filiale im Pfändungsbeschluss anzugeben, mit dem nicht zumutbaren Aufwand, bei einer Vielzahl von Stellen Nachforschungen über das Bestehen von Geschäftsverbindungen durchführen zu müssen.[46] Heute gibt es jedoch bereits bei wohl allen Instituten zentrale Kundendateien, jedenfalls müssen sie aufgrund des neuen § 24 c KWG nunmehr geschaffen werden, so dass ein unzumutbarer Ermittlungsaufwand entfällt.[47] Pfändungen werden in den meisten von mir befragten Banken zentral bearbeitet. Die in dieser zentralen Abteilung tätigen Mitarbeiter haben eine Zugriffsberechtigung auf die Konto-

---

45 Siehe Fn. 11.

46 *Hein*, in: WuB VI E. § 840 ZPO 1.86 m.w.N; Bedenken hinsichtlich technischer Unterschiede auch *Bach-Heuker*, in: Bankrecht und Bankpraxis, Stand Januar 2000, Rdn. 2/1246, die jetzt aber mit der gesetzlich vorgeschriebenen Kundendatei entfallen. Damit entfällt auch das Argument des OLG Stuttgart, WM 1993, 2020 = WuB VI E. § 829 ZPO 1.94 *Lwowski/Bitter*, dass ein Kreditinstitut grundsätzlich frei sei, seine Unterlagen nach selbst gewählten Kriterien zu ordnen und zu erschließen.

47 Dazu *Kümpel*, (Fn. 9), Rdn. 3.213 und zur Pfändung in Auslandsguthaben Rdn. 3.226; für Entbehrlichkeit der Filialbezeichnung auch *Stöber*, Forderungspfändung, 13. Aufl. 2002, Rdn. 156 b; für Erforderlichkeit der Filialbezeichnung jedoch *Bach-Heuker*, (Fn. 46), Rdn. 2/1247.

stände aller Kunden, vielfach jedoch mit Ausnahme der in besonderen Kontenkreisen geführten Vermögensverwaltungskunden und VIP-Kunden. Sollte eine Pfändung gegen einen derartigen Kunden eingehen, kann zwar von dem die Pfändung bearbeitenden Mitarbeiter das Bestehen einer solchen Geschäftsverbindung festgestellt werden, der Kontenstand muss dann aber erst bei der Vermögensverwaltung bzw. der für die VIP-Kunden zuständigen Kontoführung abgefragt werden.

Wie sieht es nun aber aus, wenn derselbe weitgreifende Pfändungsbeschluss nicht der Zentrale, sondern einer Filiale der Bank zugestellt wird? Zwar können regelmäßig eine Vielzahl von Mitarbeitern in der Filiale feststellen, ob eine Geschäftsverbindung auch zu einer anderen Filiale besteht,[48] aber Zugriff auf den dortigen Kontostand hat – wenn überhaupt – nur ein kleinerer Personenkreis, bei Privatkunden etwa der Kundenberater, der jedoch nicht für die Bearbeitung von Pfändungen zuständig und ausgebildet ist. Stellt die Filiale eine anderweitige Geschäftsverbindung fest, wird sie den Pfändungsbeschluss – wenn er nicht sowieso einer zentralen Bearbeitungsstelle zuzuleiten ist – der kontoführenden Filiale übermitteln. Entgegen der Auffassung des Amtsgerichts Leipzig[49] ist daher ein solcher Pfändungsbeschluss wirksam und zu beachten.[50]

– Bankauskunftsverfahren

Ein weiterer Fall denkbarer Wissenszusammenführung ist das Bankauskunftsverfahren. Nach Nr. 2 Abs. 2 der AGB-Banken bzw. Nr. 3 Abs. 1 der AGB-Sparkassen enthält eine Bankauskunft allgemein gehaltene Feststellungen und Bemerkungen über die wirtschaftlichen Verhältnisse des Kunden, seine Kreditwürdigkeit und Zahlungsfähigkeit, jedoch ohne betragsmäßige Angaben über Kontostände, Vermögenswerte und Kreditinanspruchnahmen. Bankauskünfte werden nur aufgrund von Erkenntnissen erteilt, die der Auskunft gebenden Stelle vorliegen. Dies ist geregelt in Nr. II.3 des gemeinsamen Kommuniqués der Spitzenverbände der Kreditwirtschaft und der Vertreter der Datenschutzaufsichtsbehörden des Bundes und der Länder vom

48 So auch die Einschätzung von *Welsch/Schloemann*, in: WuB VI E. § 840 ZPO 1.98.

49 AG Leipzig vom 7.10.1997, WM 1998, 812 mit ablehnender Anmerkung von *Welsch/Schloemann*, in: WuB VI E. § 840 ZPO 1.98.

50 So auch *Stöber*, (Fn. 47), Rdn. 501a.

17. Oktober 1984[51] und in Nr. 7 der von den Spitzenverbänden der Kreditwirtschaft neu gefassten und am 1. Mai 1987 in Kraft getretenen „Grundsätze für die Durchführung des Bankauskunftsverfahrens zwischen Kreditinstituten".[52] Da Bankauskünfte regelmäßig dezentral von der kontoführenden Stelle erteilt werden, kommt es bei einem Filialinstitut nur auf den aktuellen Kenntnisstand der jeweils Auskunft gebenden Filiale an, nicht auf einen eventuell weitergehenden Informationsstand der Gesamtbank.[53] Die Auskunft gebende Stelle hat jedoch im Rahmen ihrer Zugriffsberechtigung zu bankinternen Informationssystemen festzustellen, ob eine andere Filiale der Bank mit dem angefragten Kunden ebenfalls in Geschäftsverbindung steht.[54] Ist dies der Fall, wird sie sich mit dieser Stelle in Verbindung setzen, damit auch deren Wissensstand in der Auskunft berücksichtigt werden kann, oder sie wird in ihrer Auskunft auf die andere Geschäftsverbindung hinweisen und dem Anfragenden anheim stellen, sich unmittelbar an die andere Filiale zu wenden.[55]

– Scheckinkasso

In der Rechtsprechung des Bundesgerichtshofs zur Wissenszurechnung bei Kreditinstituten geht es vor allem um die Einziehung sogenannter disparischer Schecks durch die erste Inkassobank, also von Schecks, bei denen der Einreicher nicht mit dem im Scheck benannten Begünstigten übereinstimmt (Disparität).[56] Von Interesse ist insbesondere die Entscheidung vom 15. April

---

51 Abgedruckt bei *Rehbein*, Rechtsfragen zum Bankgeheimnis, ZHR 149 (1985), 139, 149; *Weber*, Bankauskunftsverfahren neu geregelt, Die Bank 1984, 530, 531; *ders.* in: Bankrecht und Bankpraxis, Losebl. Stand Februar 2000, Rdn. 1/30.

52 Abgedruckt bei *Canaris*, Bankvertragsrecht, 3. Aufl. 1988, Rdn. 99a; *Weber*, Neue Grundsätze für das Bankauskunftsverfahren, Die Bank, 1987, 324, 327; *ders.* in: Bankrecht und Bankpraxis, Losebl. Stand Juni 1996, Rdn. 2/962 sowie in ZIP 1987, 608.

53 *Bruchner*, (Fn. 8), § 40 Rdn. 5 und Rdn. 40; *Bruchner/Stützle*, (Fn. 37), S. 97; *Kümpel*, (Fn. 9), Rdn. 2.200; *Weber*, (Fn. 51), Rdn. 1/58; *ders.*, (Fn. 52), Rdn. 2/989.

54 *Kümpel*, (Fn. 9), Rdn. 2.204.

55 *Bruchner*, (Fn. 8), § 40 Rdn. 6 und Rdn. 51; *Bruchner/Stützle*, (Fn. 37), S. 98.

56 BGH vom 19.1.1993, WM 1993, 541 = WuB I D 3. – 8.93 *Irmen* = NJW 1993, 1066 = ZIP 1993, 337 = EWiR 1993, 489; BGH vom 12.12.1995, WM 1996, 248 = WuB I D 3. – 4.96 *Hadding*; BGH vom 15.4.1997, BGHZ 135, 202 =

1997.[57] Dabei handelt es sich um folgenden Sachverhalt: Ein Buchhalter reichte von ihm unterschlagene disparische Schecks zur Gutschrift auf seinem Konto ein, auf das auch sein Gehalt überwiesen wurde. Einem Angestellten der beklagten Bank war bekannt, dass der Kontoinhaber als Buchhalter bei der Klägerin beschäftigt war. Die Scheckeinreichungen erfolgten aber erst, nachdem der Bankangestellte in eine andere Filiale versetzt worden war.

Der Bundesgerichtshof bejaht eine Zurechnung des Wissens des bereits versetzten Mitarbeiters mit folgender Begründung:

> „Die Bank muss ... dafür sorgen, dass das für spätere Geschäftvorgänge relevante Wissen eines abwesenden oder versetzten Bankangestellten an den Vertreter oder Nachfolger weitergegeben wird oder für ihn in einer Kartei oder auf einem elektronischen Speichermedium zur Verfügung steht. ... Als vorhanden anzusehen ist dabei das Wissen, das bei sachgerechter Organisation dokumentiert und verfügbar ist und zu dessen Nutzung unter Berücksichtigung der geschäftlichen Bedeutung des Vorgangs Anlass bestand. ... Zum Wissen einer Bank, dessen Relevanz für spätere Geschäftsvorgänge erkennbar ist und das deshalb bei ordnungsgemäßer Organisation verfügbar gehalten werden muss, gehören bei Konten, die als Lohn- oder Gehaltskonten geführt oder – wie hier – benutzt werden, auch Kenntnisse über die Berufstätigkeit und den Arbeitgeber des Kontoinhabers."

Der Bundesgerichtshof und ihm folgend Nobbe[58], beide unter Berufung auf Canaris[59], fordern also, dass bei allen Lohn- und Gehaltskonten die Berufstätigkeit und der Arbeitgeber des Kontoinhabers gespeichert werden. Dabei sind die Ausführungen von Canaris in sich widersprüchlich, weil er an anderer Stelle betont, die Bank sei nicht verpflichtet, den Scheckeinreicher nach der Person seines Arbeitgebers zu befragen;[60] wobei der Widerspruch

---

WM 1997, 1092 = WuB I D 3. – 6.97 *Hellner* = NJW 1997, 1917 = ZIP 1997, 1023 = EWiR 1998, 61 *Hammen*; BGH vom 4.11.1997, WM 1997, 2395 = WuB I D 3. – 3.98 *Müller-Christmann* = ZIP 1998, 330.

57 BGHZ 135, 202 = WM 1997, 1092 = WuB I D 3. – 6.97 *Hellner* = NJW 1997, 1917 = ZIP 1997, 1023 = EWiR 1998, 61 *Hammen*.

58 *Nobbe*, (Fn. 40), § 61 Rdn. 154 a, allerdings fälschlicher Weise im Zusammenhang mit der Einlösung eines Schecks durch die bezogene Bank, statt bei der Einziehung eines Schecks durch die Inkassobank.

59 *Canaris*, (Fn. 52), Rdn. 811.

60 *Canaris*, (Fn. 52), Rdn. 802: „Voraussetzung für eine Haftung der Bank ist dabei die positive Kenntnis, dass der Einreicher ein Angestellter des im Scheck

auch nicht dadurch aufgehoben wird, dass Canaris selber auf ihn hinweist.[61] Hellner[62] hat zu dem Urteil angemerkt, die Pflicht zur Dokumentation dürfe nicht zu weit gespannt werden; dies gelte auch für die Angabe über den Arbeitgeber, zumal es nicht gerade nahe liege, dass der Kunde ein ungetreuer Angestellter sei oder einmal werde und somit die Gefahr bestehe, dass er Schecks unterschlägt. Für die Eröffnung eines Girokontos benötigt die Bank keine Angaben über den Arbeitgeber ihres Kunden.[63] Erst bei Einräumung eines Dispositionskredits kann das Erfragen oder Ermitteln und anschließende Festhalten des Arbeitgebers ihres Privatkunden von Bedeutung sein, muss aber auch nicht, weil derartige Kredite teilweise in pauschalierten Beträgen, unabhängig von Gehaltseingängen eingeräumt werden. Daher wird eine derartige Datenerfassung zwar durchaus vorkommen,[64] entspricht aber keineswegs allgemeiner kreditwirtschaftlicher Praxis. In einer Dissertation aus dem vorigen Jahr[65] heißt es im Hinblick auf das Scheckinkasso, ohne Judikatur des BGH würden auch sehr sorgfältige Banken nicht berücksichtigen, ob ein Scheckeinreicher Angestellter des im Scheck genannten Begünstigten ist,[66] eine Aussage, die auf Grund der Befragung einer Reihe von Banken dahingehend berichtigt werden muss: sie berücksichtigen den Arbeitgeber des Scheckeinreichers nicht, trotz der BGH-Judikatur. Koller[67] hat dafür den zutreffenden Grund genannt: „Zweckrational arbeitende Unternehmen treiben den Aufwand für ihr Informationssystem nur bis zu dem Punkt, an dem der Informationsaufwand teurer wird als die ihm drohenden

---

benannten Zahlungsempfängers ist. Eine Nachforschungspflicht hat die Bank in dieser Hinsicht nicht; sie braucht also grundsätzlich weder die Angaben des Kunden über seinen Beruf zu überprüfen noch bei Angestellten einen entsprechenden Warnvermerk auf der Kontokarte anzubringen oder diese auch nur nach der Person ihres Arbeitgebers zu befragen."

61 *Canaris*, (Fn. 52), Rdn. 811.

62 *Hellner*, in: WuB I D 3. – 6.97.

63 *Hülsken*, in: Bankrecht und Bankpraxis, Losebl. Stand Mai 1998, Rdn. 6/1008.

64 So im Fall des BGH vom 4.11.1997 (Fn. 39).

65 *Heidrich*, Das Wissen der Bank – Untersuchung dessen, was privatrechtlich das Wissen einer Bank-Aktiengesellschaft ist (Wissenszurechnung) – was sie wissen will, wissen darf (in Auswahl) und warum sie zur Organisation ihres Wissens verpflichtet ist (Wissensorganisationspflicht), Diss. Universität Erlangen-Nürnberg 2001.

66 *Heidrich*, (Fn. 65), S. 274.

67 *Koller*, Wissenszurechnung, Kosten und Risiken, JZ 1998, 75, 78.

Schadensersatzansprüche." Und was machen nun die Inkassobanken mit disparischen Schecks? Teilweise wird keine Kenntnis davon genommen und der disparische Scheck wie jeder andere behandelt; teilweise erfolgt ab bestimmten Betragsgrenzen der Versuch, den Grund für die Disparität aufzuklären; teilweise wird der Scheck unter Hinweis auf die Disparität außerhalb des Inkassowegs der bezogenen Bank vorgelegt und dem Einreicher Gutschrift erst nach Eingang des Gegenwerts erteilt; und von einer der Großbanken wird ein disparischer Scheck zum Inkasso gar nicht mehr angenommen. Dies bedeutet dann das Ende des Inhaberschecks[68]. Die Tage des Schecks sind aber sowieso gezählt. Denn aus Kostengründen haben die Spitzenverbände der europäischen Kreditwirtschaft bereits beschlossen, bis zum Jahr 2010 sämtliche Schecks abzuschaffen[69].

4. Chinese Walls nach § 33 WpHG

Nun zu einer weiteren und für den eingangs gebildeten Fall ganz wesentlichen Einschränkung der bankinternen Kommunikation.

Wertpapierdienstleistungsunternehmen sind bei der Anlageberatung zivilrechtlich zu anleger- und objektgerechter Beratung verpflichtet[70] und aufsichtsrechtlich nach § 31 Abs. 2 Nr. 2 WpHG verpflichtet, ihren Kunden alle zweckdienlichen Informationen mitzuteilen. Andererseits dürfen nach § 14 WpHG Insidertatsachen nicht unbefugt weitergegeben und Insiderpapiere nicht zum Kauf oder Verkauf empfohlen werden, Verbote, die nach § 38 WpHG unter der Androhung von bis zu fünf Jahren Freiheitsstrafe stehen. Wertpapierdienstleistungsunternehmen haben sich außerdem nach § 31 Abs. 1 Nr. 2 WpHG um die Vermeidung von Interessenkonflikten zu bemühen und müssen nach § 33 Abs. 1 Nr. 2 WpHG so organisiert sein, dass Interessenkonflikte zwischen ihnen und ihren Kunden oder zwischen verschiedenen Kunden möglichst gering sind. Das Bundesaufsichtsamt für den Wertpapierhandel (jetzt Bundesanstalt für Finanzdienstleistungsaufsicht/

---

68 *Bülow*, Scheckprüfungspflicht der Kreditinstitute im Umbruch, WM 1997, 10, 11; *Hadding*, in: WuB I D 3. – 4.96; *Hülsken*, (Fn. 63), Rdn. 6/985.

69 FAZ vom 5.4.2002.

70 BGHZ 123,126 = WM 1993,1455 = ZIP 1993,1148 (Bond-Urteil).

Bereich Wertpapieraufsicht) hat in einer Compliance-Richtlinie[71] die sich aus § 33 Abs. 1 WpHG ergebenden Organisationspflichten erläutert und die Schaffung von Vertraulichkeitsbereichen, sogenannten Chinese Walls, sowie die Führung einer Beobachtungsliste (Watch List) und einer Sperrliste (Restricted List) als geeignete Maßnahmen bezeichnet. Compliance-relevante Tatsachen dürfen den Bereich, in dem sie angefallen sind, nicht verlassen. Compliance-relevant sind nach der Verlautbarung des Amtes insbesondere Insidertatsachen gemäß § 13 WpHG, sonstige nicht öffentlich bekannte kursbeeinflussende Tatsachen gemäß § 15 WpHG und die Kenntnis von Großorders;[72] dazu zählen aber auch weitere potentiell kurserhebliche Informationen, wie Corporate Finance-Geschäfte (Aktienemissionen, M&A-Mandate). Ist die Einschaltung von Mitarbeitern anderer Bereiche erforderlich, dann ist ein bereichsüberschreitender Informationsfluss (Wall Crossing) zulässig, wobei sich jedoch die Informationsweitergabe auf das erforderliche Maß beschränkt (Need-to-know-Prinzip).[73] Alle compliance-relevanten Informationen sind unverzüglich der Compliance-Stelle zu melden,[74] die darüber entscheidet, ob der gemeldete Wert auf die Watch List oder die Restricted List genommen wird. Die Watch List ist ein rein internes Kontrollinstrument, von der Compliance-Stelle streng vertraulich zu führen und hat daher auch keine Handels- oder Beratungsbeschränkungen zur Folge.[75] Demgegenüber ist die Restricted List in der Bank zu veröffentlichen, damit die mit dieser Liste verbundenen Handels- und Beratungsbeschränkungen beachtet werden können; der Grund für die Aufnahme des Wertes wird allerdings nicht genannt.[76]

Da die Restricted List in der Bank publik gemacht werden muss und somit eine „Signalwirkung" von ihr ausgeht,[77] selbst wenn offen bleibt, ob die im

71 Richtlinie zur Konkretisierung der Organisationspflichten von Wertpapierdienstleistungsunternehmen gemäß § 33 Abs. 1 des Wertpapierhandelsgesetzes vom 25. Oktober 1999, abgedruckt bei *Kümpel/Ott*, Kapitalmarktrecht, Losebl., Kennz. 633/2.

72 Nr. 3.2 der Compliance-Richtlinie (Fn. 71).

73 Nr. 3.3.1 und 3.3.2 der Compliance-Richtlinie (Fn. 71).

74 Nr. 3.3.1 letzter Satz der Compliance-Richtlinie (Fn. 71).

75 Nr. 3.3.3.1 der Compliance-Richtlinie (Fn. 71).

76 Nr. 3.3.3.2 der Compliance-Richtlinie (Fn. 71).

77 *Koller*, in Assmann/Schneider, (Fn. 9), § 33 Rdn. 30; Hoffmann, (Fn. 21), S. 157; ähnlich auch *Irmen*, in: Bankrecht und Bankpraxis, Losebl. Stand Mai

Haus vorliegende Information kurssteigernde oder kurssenkende Wirkung haben wird, hat diese Liste in Deutschland zunächst kaum Anwendung gefunden.[78] Inzwischen ist sie aber auch in Deutschland weit verbreitet.[79] In der Praxis der Kreditinstitute gibt es hinsichtlich der Restricted List jedoch keine einheitliche Handhabung. Das fängt mit der teilweise schwierigen Abgrenzung an, ob ein Wert auf die Watch List oder auf die Restricted List zu nehmen ist. Es wird die Ansicht vertreten, die Aufnahme in die Restricted List erfolge dann, wenn die compliance-relevanten Informationen eine Qualität erlangt haben, dass deren Veröffentlichung zu sofortigen wesentlichen Kursänderungen bei dem betreffenden Wert führen könnte.[80] Die Aufnahme erfolgt z.B. kurz vor Veröffentlichung von Neuemissionen und Übernahmeverhandlungen[81] oder unmittelbar, bevor eine erhebliche kursrelevante Tatsache einer bereits angekündigten Entwicklung veröffentlicht wird. Teilweise wird deutlich enger gefasst darauf abgestellt, dass Tatsachen vorliegen, die derart sensibel und marktrelevant sind, dass im Falle ihres öffentlichen Bekanntwerdens eine Aussetzung des börslichen Handels zu erwarten wäre.[82] Weitere Fragen stellen sich dann aber auch zu den Folgen einer Aufnahme in die Restricted List. Meistens wird das Verbot von Mitarbeiter- und Eigengeschäften in diesen Werten damit verbunden sein, ebenso das Verbot der aktiven Beratung und Empfehlung im Rahmen der Anlageberatung.[83] Zulässig

---

1998, Rdn. 7/822; *Stafflage*, Die Anlageberatung der Banken – Das Kreditinstitut im Spannungsverhältnis zwischen Informationspflicht und Insiderhandelsverbot, 1996 (Diss. Universität Düsseldorf 1996), S. 83; *Süßmann*, Die befugte Weitergabe von Insidertatsachen, AG 1999, 162, 172.

78 *Irmen*, (Fn. 77), Rdn. 7/822 und 7/824; *Stafflage*, (Fn. 77), S. 82.

79 Eine Befragung ergab, dass es die Restricted List jedenfalls bei folgenden Banken gibt: Baden-Württembergische Bank, Bayerische Hypo- und Vereinsbank, Commerzbank, Deutsche Bank, Dresdner Bank, Hauck & Aufhäuser, HSBC Trinkaus & Burkhardt, ING BHF-BANK, M.M. Warburg, Sal. Oppenheim, SEB.

80 *Kümpel*, (Fn. 9), Rdn. 16.562.

81 *Claussen*, (Fn. 42), Rdn. 98.

82 *Irmen*, (Fn. 77), Rdn. 7/822; *Koller*, in: Assmann/Schneider, (Fn. 9), § 33 Rdn. 30.

83 *Assmann*, (Fn. 9), S. 256 [siehe aber nachstehend auch die inzwischen abweichende Ansicht]; *Claussen*, (Fn. 42), Rdn. 78; *Eisele*, (Fn. 1), S. 1024; *ders.*, in: Bankrechts-Handbuch, 2. Aufl. 2001, § 109 Rdn. 87; *Kümpel*, (Fn. 9), Rdn. 16.562; *Irmen*, (Fn. 20), Rdn. 7/822, der allerdings anmerkt, dass die Situation

bleiben dagegen Käufe und Verkäufe auf Initiative des Kunden[84] und das („passive") Market Making in einem solchen Wert.[85] Uneinheitlich ist insbesondere die Auffassung über die Auswirkungen auf die Vermögensverwaltung. Während teilweise Dispositionen im Rahmen der Vermögensverwal-

---

für den Anlageberater problematisch ist, wenn er von einem Kunden nach seiner Meinung zu einem auf der Restricted List befindlichen Wert gefragt wird. *Hoffmann*, (Fn. 21), S. 218 will in diesem Fall dem Anlageberater erlauben, die Restricted List zu ignorieren und eine Beratung auf Grund der schon vorher vorhandenen „erlaubten" Informationen zu erteilen; auf diese Problematik schon früher hinweisend *Schlaus*, Die Insiderregeln der §§ 12 ff. WpHG aus der Sicht der Praxis, in: Hadding/Hopt/Schimansky, Das Zweite Finanzmarktförderungsgesetz in der praktischen Umsetzung, Bankrechtstag 1995, Schriftenreihe der Bankrechtlichen Vereinigung Band 7, 1996, S. 35, 42; er will einem Berater mit Insiderwissen eine Kaufempfehlung erlauben, wenn das Papier auch ohne die Insidertatsache aufgrund allgemein zugänglicher Kenntnisse „ein buy" ist. Für eine Berechtigung der Bank, auf Grund bei ihr vorhandener Insiderkenntnisse von einer bestimmten Anlage abzuraten, solange nicht die Insidertatsache selbst mitgeteilt wird, *Assmann*, (Fn. 1), S. 1352; *ders.*, Rechtsanwendungsprobleme des Insiderrechts, AG 1997, 50, 58; *Assmann/Cramer*, in: Assmann/Schneider (Fn. 42), § 14 Rdn. 64 und Rdn. 72; *Meincke*, (Fn. 37), S. 756; in diesem Sinne auch *Hopt*, (Fn. 38), S. 303; *ders.*, Zum neuen Wertpapierhandelsgesetz – Stellungnahme für den Finanzausschuss des Deutschen Bundestages –, in: Festgabe für Thorwald Hellner, WM-Sonderheft 1994, S. 29, 31, der jedenfalls im Falle schwerwiegender Missstände bei der Gesellschaft eine Schutzpflicht der Bank gegenüber ihrem Anleger-Kunden annimmt.

84 *Assmann*, Das neue deutsche Insiderrecht, ZGR, 1994, 494, 518 f.; *Caspari*, Die geplante Insiderregelung in der Praxis, ZGR, 1994, 530, 543, mit Hinweis auf die Gesetzesbegründung (BT-Drucks. 12/6679, S. 47); *Claussen*, Das neue Insiderrecht, DB 1994, 27, 29; *Eisele*, (Fn. 1), S. 1024; *Hoffmann*, (Fn. 21), S. 217; *Hopt*, (Fn. 38), S. 298; *Kümpel*, (Fn. 9), Rdn. 16.562; *zur Megede*, in: Assmann/Schütze, Handbuch des Kapitalanlagerechts, 2. Aufl. 1997, § 14 Rdn. 45.

85 *Assmann*, (Fn. 84), S. 518; *Caspari*, (Fn. 84), S. 543 f.; *Eisele*, (Fn. 1), S. 1024; *ders.*, Bankrechts-Handbuch, 2. Aufl. 2001 § 109 Rdn. 87; *Kümpel*, (Fn. 9), Rdn. 16.562; *Irmen*, (Fn. 27) Rdn. 7/822, der jedoch die Frage aufwirft, ob der Händler im Rahmen des Market Making eine größere Eigenhandelsposition der Bank eingehen soll, obwohl er ohne genaue Kenntnis der Hintergründe negative Tatsachen vermutet. Die Antwort kann nur lauten, dass die Market-Maker-Lizenz die Verpflichtung enthält, auf Anfrage in dem betreuten Wert verbindliche Geld- und Briefkurse zu stellen und der Händler nur versuchen kann, sich durch Stellung eines breiteren Spreads vor dem vermuteten Schaden zu schützen.

tung als zulässig erachtet werden,[86] erscheint es andererseits konsequent, dass die Bank, wenn sie keine Eigengeschäfte in dem Wert tätigen und auch keine aktive Anlageempfehlung geben darf, solche Geschäfte auch nicht für Dritte ausführt.[87] Eine Zwischenposition einnehmend, wird auch der Standpunkt vertreten, dass die Vermögensverwaltung den Umstand, dass ein Wert auf der Restricted List steht, im Interesse des Kunden nur zur Schadensvermeidung berücksichtigen darf. Sie wird also den Wert, von dem sie annimmt, negative Umstände hätten zu seiner Aufnahme auf die Liste geführt, aus dem Kundendepot verkaufen oder von einem etwa beabsichtigten Kauf absehen und umgekehrt den Wert, von dem sie annimmt, positive Umstände hätten zu seiner Aufnahme auf die Liste geführt, unverändert lassen, also auf eine mögliche Gewinnsteigerung verzichten.[88]

Festzuhalten ist also eine im Wertpapierhandelsgesetz angelegte Pflichtenkollision, nämlich der Widerstreit zwischen der Pflicht zur Mitteilung zweckdienlicher Information einerseits und der Pflicht zur Einhaltung insiderrechtlicher Anforderungen andererseits. Es gilt also abzuwägen, welches der hinter den widerstreitenden Pflichten stehende Interesse den Vorrang hat, das Interesse des einzelnen Anlegers an umfassender und für ihn optimaler Beratung oder das Interesse aller Anleger an der Chancengleichheit in einem funktionierenden Kapitalmarkt.[89] Dieser Konflikt ist zu Lasten des einzelnen Kunden und zu Gunsten der die Interessen des Marktpublikums schützenden Handels-, Weitergabe- und Empfehlungsverbote zu entschei-

---

86 *Eisele*, (Fn. 1), S. 1024 mit dem Zusatz: „natürlich nur, solange der ausführende Mitarbeiter nicht selbst ‚Insider' bezüglich der noch nicht öffentlichen compliance-relevanten Information ist"; *ders.*, in: Bankrechts-Handbuch, 2. Aufl. 2001, § 109 Rdn. 87 mit dem Zusatz: „freilich vorausgesetzt, dass keine Insiderinformationen dieses Handeln beeinflusst"; *Kümpel*, (Fn. 9), Rdn. 16.562; *Hopt*, (Fn. 38), S. 300 ff. hält den Vermögensverwalter in gravierenden Fällen für verpflichtet, im Interesse des Kunden Insidergeschäfte vorzunehmen; dagegen mit Recht *Schäfer*, in: Assmann/Schütze, Handbuch des Kapitalanlagerechts, 2. Aufl. 1997, § 28 Rdn. 42.

87 *Irmen*, (Fn. 77), Rdn. 7/824; *Koller*, in Assmann/Schneider, (Fn. 9), § 33 Rdn. 30.

88 So offenbar auch *Süßmann*, (Fn. 77), S. 172.

89 Schutzzweck der Insiderregeln im WpHG ist die Funktionsfähigkeit der Wertpapiermärkte, wozu die Chancengleichheit der Investoren an den Wertpapiermärkten gehört; siehe dazu Caspari, (Fn. 84), S. 532 und S. 542.

den.[90] Die Schaffung von Vertraulichkeitsbereichen durch Chinese Walls zur Abschottung von Insiderwissen verletzt daher nicht die Pflicht zur ordnungsgemäßen Organisation der Kommunikation, so dass eine Zurechnung des in einer Abteilung oder der Compliance-Stelle vorhandenen Insiderwissens auf andere Abteilungen nicht stattfindet.[91]

Wie steht es nun mit Informationen, die zwar kurssensibel und damit compliance-relevant, aber nicht insider-relevant sind, also Informationen, bei deren öffentlichen Bekanntwerden zwar mit Auswirkungen auf den Kurs, aber nicht mit einer erheblichen Kursbeeinflussung zu rechnen wäre? In diesen Fällen besteht kein strafbewehrtes Handels-, Weitergabe- und Empfehlungsverbot. Damit stellt sich die Frage, ob die Kreditabteilung oder Corporate Finance derartige Informationen an Private Banking weiterzugeben hat, damit sie in die Anlageberatung einfließen können. Bei funktionierenden Chinese Walls lässt sich dies nicht verwirklichen. Die Abgrenzung zwischen nur kurssensibler und insider-relevanter Tatsache ist dermaßen schwierig, dass der Gesetzgeber bewusst darauf verzichtet hat, in den §§ 13 und 15 WpHG das Merkmal der erheblichen Kursbeeinflussung zu konkretisieren.[92] Chinese Walls würden ihre Wirkung verlieren, wenn in den Abteilungen mit noch nicht öffentlich bekannten Informationen danach unterschieden werden müsste, ob die eine Tatsache der Anlageberatung, die andere dagegen der Compliance-Stelle zu melden wäre. Die unterhalb der

---

90 *Assmann*, (Fn. 1), S. 1352; *Assmann/Cramer*, in Assmann/Schneider, (Fn. 42), § 14 Rdn. 63; *Cahn*, Grenzen des Markt- und Anlegerschutzes durch das WpHG, ZHR 162 (1998), 1, 42; *Claussen*, (Fn. 42), Rdn. 78 und Rdn. 98; *Cramer*, Strafrechtliche Probleme des Insiderhandelsverbots, AG 1997, 59, 62; *Schäfer*, in Assmann/Schütze, (Fn. 86), § 28 Rdn. 42; *Tippach*, Das Insider-Handelsverbot und die besonderen Rechtspflichten der Banken, 1995, S. 290.

91 *Buck*, (Fn. 9), S. 506; *Eisele*, in: Bankrechts-Handbuch, 2. Aufl. 2001, § 109 Rdn. 42; *Ertel*, Die Wissenszurechnung im deutschen und anglo-amerikanischen Zivilrecht, Diss. Universität Mannheim 1998, S. 210; *Irmen*, (Fn. 24), Rdn. 7/824 und Rdn. 7/830; *Schlaus*, (Fn. 83), S. 42. *Tippach*, (Fn. 90), S. 290 ist jedoch der Ansicht, dazu bedürfe es de lege ferenda der legislativen Klarstellung.

92 *Assmann*, (Fn. 84), S. 514; *Caspari*, (Fn. 84), S. 540; *Hopt*, Grundsatz- und Praxisprobleme nach dem Wertpapierhandelsgesetz, ZHR 159 (1995), S. 135, 154; *Schäfer*, in: Dreyling/Schäfer, Insiderrecht und Ad-hoc-Publizität – Praxis und Entwicklungstendenzen, RWS-Skript 314, 2001, Rdn. 411 ff. führt sechs Theorien zur Bestimmung einer erheblichen Kursbeeinflussung an.

Schwelle der Insiderrelevanz liegende Pflichtenkollision zwischen der Pflicht zur umfassenden Beratung des Wertpapierkunden einerseits und der Pflicht zur Beachtung des Datenschutzes und der Wahrung des Bankgeheimnisses andererseits[93] ist daher ebenfalls im Interesse eines funktionierenden Kapitalmarkts zugunsten der Chinese Walls zu entscheiden. Eine Organisation der innerbetrieblichen Kommunikation, die dem Anlageberater derartige Informationen nicht zukommen lässt, ist ordnungsgemäß, weswegen eine Wissenszurechnung ausscheidet.[94]

Die dargestellten Schwierigkeiten zeigen, dass den Banken daran gelegen ist, die genannten Pflichtenkollisionen zu vermeiden. Dies geschieht am einfachsten durch möglichst rasche Veröffentlichung compliance-relevanter Tatsachen, weil dann die Chancengleichheit der Investoren an den Wertpapiermärkten am besten gewahrt ist. Zwei Wege kommen in Betracht: Zum einen wirken Banken auf die mit ihnen in Geschäftsverbindung stehenden Emittenten ein, kursbeeinflussende Tatsachen so bald wie möglich zu veröffentlichen. So ist es im M&A-Geschäft durchaus üblich, in Unternehmenskaufverträgen eine Regelung über den Zeitpunkt und häufig auch über den genauen Wortlaut einer Ad-hoc-Mitteilung zu treffen. Zum anderen kann die Veröffentlichung durch eine in der Bank erstellte Research-Studie erfolgen,[95] die entweder von der Compliance-Stelle angeregt wird oder von derjenigen Abteilung in der Bank, der die compliance-relevante Tatsache bekannt ist, in beiden Fällen natürlich ohne Erwähnung der betreffenden Tatsache. Eine weitere Methode, die genannten Pflichtenkollisionen zu vermeiden, besteht darin, sie erst gar nicht entstehen zu lassen. Dazu hilft eine Conflict List, die in der Compliance-Stelle neben der Watch List und der Restricted List geführt wird und in der konfliktträchtige Sachverhalte, wie wesentliche Kreditengagements, Mandatierungen für Finanztransaktionen und Beratungsmandate bei Fusionen und Übernahmen, festgehalten werden.[96] Bei unüber-

---

93 *Faßbender*, (Fn. 1), S. 284 f. weist auf diese Pflichtenkollision hin.

94 *Irmen*, (Fn. 77), Rdn. 7/831; *Faßbender/Neuhaus*, (Fn. 4), S. 1256; *Hoffmann*, (Fn. 21), S. 223; a.A. *Buck*, (Fn. 9), S. 509, die für Fälle außerhalb des Wertpapierhandelsgesetzes eine gesetzliche Festlegung der zurechnungsbeschränkenden Wirkung von Chinese Walls für erforderlich hält.

95 *Claussen*, (Fn. 42), Rdn. 83.

96 *Eisele*, (Fn. 91), § 109 Rdn. 103. Mandate zur Beratung oder die Mitwirkung bei Unternehmenskäufen oder -verkäufen sind als compliance-relevante Umstände auch auf der Watch List zu erfassen, vgl. *Irmen*, (Fn. 77), Rdn. 7/819.

brückbaren gegenläufigen Interessen wird von einem Mandat Abstand genommen oder die Konfliktsituation gegenüber beiden Seiten offengelegt,[97] ähnlich wie es große Anwaltskanzleien handhaben.

Zurück zum eingangs gebildeten Fall und der Frage, ob der Anlagekunde Schadensersatz verlangen kann. Die Antwort lautet: Es kommt drauf an! Und zwar kommt es darauf an, warum der Kredit nicht prolongiert wurde und in welchem Verhältnis dieser Kredit zu den gesamten Kreditlinien des Kreditnehmers steht. Folgende zwei extreme Varianten – mit natürlich einer Reihe von Zwischenstufen – sind denkbar:

1. Der Kredit wurde nicht prolongiert, weil eine konzernweite Kreditobergrenze für diesen Kreditnehmer erreicht war; außerdem handelte es sich um eine im Verhältnis zu den offenen Kreditlinien bei den anderen Banken relativ kleine Linie.

Ergebnis: Aus Gründen des inneren Bankgeheimnisses durfte der Umstand der abgelehnten Kreditverlängerung den Bereich der Kreditabteilung nicht verlassen. Der spätere Kurseinbruch hatte mit der verweigerten Kreditverlängerung auch nichts zu tun. Es besteht keine Schadensersatzverpflichtung der Bank.

2. Der Kredit wurde nicht prolongiert, weil die Kreditabteilung bei der Vorbereitung des den zuständigen Gremien vorzulegenden Kreditantrags erhebliche Bilanzmanipulationen aufgedeckt hat;[98] außerdem handelte es sich bei dem Kredit um die mit Abstand größte Kreditlinie im Verhältnis zu den Kreditlinien der anderen Banken.

Ergebnis: Die Kreditabteilung hätte die aufgedeckte Bilanzmanipulation und die deswegen verweigerte Kreditprolongation zwar nicht unmittelbar dem Wertpapierhandel mitteilen dürfen,[99] jedoch der Compliance-Stelle melden müssen.[100] Diese hätte daraufhin die Aktie auf die Restricted List

97 *Weiss*, (Fn. 9), S. 138.

98 Ähnliche Beispiele bei *Hopt*, (Fn. 38), S. 300; *Stafflage*, (Fn. 77), S. 109; *Süßmann*, (Fn. 77), S. 171; vgl. auch den Fall Slade v. Shearson, Hammill & Co. aus dem Jahr 1973, wiedergegeben bei Hoffmann, (Fn. 21), S. 207.

99 *Assmann/Cramer*, in: Assmann/Schneider, (Fn. 42), § 14 Rdn. 54c; *Claussen*, Die vier aktienrechtlichen Änderungsgesetze des 12. Bundestages, AG 1995, 163, 166; *ders.*, (Fn. 42), Rdn. 96; *Than*, (Fn. 9), S. 153.

100 *Stafflage*, (Fn. 77), S. 124; *Süßmann*, (Fn. 77), S. 172.

gesetzt,[101] was die Anlageempfehlung verhindert hätte. Der Kunde wird die Bank mit Aussicht auf Erfolg schadensersatzpflichtig machen können.

101 *Assmann*, (Fn. 9), S. 255; *Eisele*, (Fn. 91), § 109 Rdn. 44; *Koller*, in: Assmann/Schneider (Fn. 9), § 31 Rdn. 44.

Tagungsbericht*

I. Einleitung

Zwei hochaktuelle Probleme beschäftigten den diesjährigen Bankrechtstag der Bankrechtlichen Vereinigung – Wissenschaftliche Gesellschaft für Bankrecht e.V., der am 28. Juni 2002 in Leipzig stattfand: zum einen die Auswirkungen der Schuldrechtsmodernisierung auf das Recht der Bankgeschäfte („Neues Schuldrecht und Bankgeschäfte") und zum anderen die „Wissenszurechnung bei Kreditinstituten".

Am 1. Januar 2002 ist das Schuldrechtsmodernisierungsgesetz[1] in Kraft getreten. Damit hat das BGB die gravierendsten Veränderungen seit seiner Normierung vor 100 Jahren erfahren. Notwendig wurde die Schuldrechtsreform zur Umsetzung der EU-Richtlinien zum Verbrauchsgüterkauf, zum Zahlungsverzug und zum E-Commerce.[2] Der Gesetzgeber ist aber weit über die bloße Umsetzung dieser EU-Richtlinien hinausgegangen und hat außerdem das Verjährungsrecht, das Recht der Leistungsstörungen, das Kauf- und Werkvertragsrecht sowie das Darlehensrecht zum Teil grundlegend reformiert. Spezialgesetzliche Verbraucherschutzgesetze wie das Gesetz über Allgemeine Geschäftsbedingungen, das Verbraucherkreditgesetz, das Fernabsatzgesetz, das Haustürwiderrufgesetz und das Teilzeitwohnrechtegesetz wurden in das BGB integriert. Ferner trat zum 1. Januar 2002 die zweite Stufe des seit dem 14. August 1999 geltenden Überweisungsgesetzes[3] in Kraft. Damit gilt dieses Gesetz nun auch für Inlandsüberweisungen und für Überweisungen in Drittländer, während der Anwendungsbereich zuvor auf grenzüberschreitende Überweisungen in Mitgliedstaaten der EU und in Vertragsstaaten des EWR beschränkt war. Höchste Aktualität gewann diese Abteilung des Bankrechtstags aus den jüngsten gesetzgeberischen Aktivitäten

* Auszüge aus *A. Bornemann*, Bankrechtstag 2002 der Bankrechtlichen Vereinigung e.V. am 28. Juni 2002 in Leipzig, ZBB 2002, 342-355, *J. Hellmann/ G. Thomas*, Neues Schuldrecht und Bankgeschäfte – Wissenszurechnung bei Kreditinstituten – Bericht zum Bankrechtstag am 28. Juni 2002 in Leipzig, WM 2002, 1665-1673.

1 BGBl. I 2001, S. 3138.

2 Der „E-Commerce von Kreditinstituten" war Gegenstand des letzten Bankrechtstags 2001 in Kiel.

3 BGBl. I 1999, S. 1642.

zur punktuellen Revision des Schuldrechtsmodernisierungsgesetzes: Am Veranstaltungstag verabschiedete der Bundestag eine tags zuvor vom Vermittlungsausschuss vorgelegte Beschlussempfehlung[4] zum OLG-Vertretungsänderungsgesetz, dessen Artikel 25 die „Änderung von verbraucherrechtlichen Vorschriften im Bürgerlichen Gesetzbuch" betraf.[5] Damit sollten die (haustür-)widerrufsrechtlichen Regelungen an die durch die Heiniger-Entscheidung des EuGH[6] konkretisierten europarechtlichen Vorgaben angepasst werden. Daneben enthielt das Gesetz auch Änderungen verbraucherdarlehensrechtlicher Vorschriften, die einen der Schwerpunkte der Beiträge zur ersten Abteilung bildeten.

Als übergreifende Problematik war die Wissenszurechnung in Teilbereichen schon Thema des Bankrechtstags 1992 gewesen. *Hopt* und *Messer* hatten damals Probleme der Wissenszurechnung im Zusammenhang mit Aufklärungspflichten der Kreditinstitute, den sog. „Chinese Walls" sowie der sich entwickelnden Rechtsprechung erörtert.[7] Bei der Wissenszurechnung geht es um das Problem, dass eine Person, die die Rechtsfolgen eines Schuldverhältnisses treffen, selbst unwissend ist, während eine andere Person über das entscheidende Wissen verfügt. Wann darf einem unwissenden Rechtssubjekt das Wissen eines anderen Rechtssubjekts zugerechnet werden? Dieses Problem stellt sich vor allem in arbeitsteiligen Organisationen und damit insbesondere bei den Kreditinstituten. Anders aber noch als der Bankrechtstag 1992 kann sich der diesjährige Bankrechtstag 2002 auf eine um-

4 Beschlussempfehlung des Vermittlungsausschusses zu dem Gesetz zur Änderung des Rechts der Vertretung der Rechtsanwälte vor den Oberlandesgerichten (OLG-Vertretungsänderungsgesetz – OLGVertrÄndG), BT-Drucks. 14/9633; teilweise abgedruckt in ZBB 2002, 358.

5 Das OLG-Vertretungsänderungsgesetz vom 23. Juli 2002 ist mittlerweile verkündet, BGBl. I 2002, S. 2850, und gemäß seines Art. 34 S. 1 am 1. August in Kraft getreten.

6 EuGH, Slg. 2001, I-9945 – „Heiniger".

7 S. *Hopt*, Funktion, Dogmatik und Reichweite der Aufklärungs-, Warn- und Beratungspflichten der Kreditinstitute, und *Messer*, Einleitende Bemerkungen zur Diskussion (2), in: Hadding/Hopt/Schimansky, Aufklärungs- und Beratungspflichten der Kreditinstitute – Der moderne Schuldenturm?, Bankrechtstag 1992, Schriftenreihe der Bankrechtlichen Vereinigung, Band 3, S. 21 f. und 80 ff.

fassende Erörterung der Thematik in der Rechtsprechung und im Schrifttum stützen.[8]

II. Begrüßung

Die Begrüßung der 239 Teilnehmer des diesjährigen Bankrechtstags erfolgte durch Prof. Dr. Dr. Dr. h.c. mult. *Klaus J. Hopt*, Direktor am Max-Planck-Institut für ausländisches und internationales Privatrecht, Hamburg, als Mitglied des Vorstandes der Bankrechtlichen Vereinigung. Sein Dank galt insbesondere Rechtsanwalt *Cristof Reiser*, Mitglied der Geschäftsleitung Region Ost der Deutsche Bank AG, Leipzig, und Prof. Dr. *Franz Häuser* und Prof. Dr. *Reinhard Welter*, Direktoren des Instituts für Deutsches und Internationales Bank- und Kapitalmarktrecht der Universität Leipzig, für die organisatorische Unterstützung bei der Ausrichtung der diesjährigen Tagung.

Hopt verwies auf den tiefgreifenden Einschnitt, den die Schuldrechtsmodernisierung in der Geschichte des BGB darstelle. Es gelte nun, mit dem neuen Recht umzugehen und Lösungen in den umstrittenen Fragen zu erarbeiten. Dabei seien vor allem die praktischen Auswirkungen der Reform zu klären. Bei dem weiteren Thema der Wissenszurechnung zeichne sich mittlerweile ein Grundkonsens in der eingehenden wissenschaftlichen Diskussion zwischen Rechtsprechung und Lehre ab, wobei aber Einzelheiten nach wie vor noch streitig seien.

In seinem Grußwort betonte *Reiser*, dass Leipzig zwar auch Geld, insbesondere aber „intellektueller Aufmerksamkeit" bedürfe: Zum einen sei die Universität Leipzig, und im Rahmen des Bankrechtstags besonders interessierend das Institut für Deutsches und Internationales Bank- und Kapitalmarktrecht, ein Zentrum der Wissenschaft. Zum anderen beherberge Leipzig seit nunmehr 10 Jahren die Deutsche Strombörse und die Landeszentralbank. Intellektuell sei zu betonen, dass Leipzig die Stadt der „Montagsdemonstrationen" gewesen sei, die den friedlichen Umsturz angetrieben und damit entscheidend zur Öffnung der deutsch-deutschen Grenze beigetragen habe.

---

8 S. dazu die Nachweise in dem den Bankrechtstag 2002 begleitenden Aufsatz von *Faßbender/Neuhaus*, WM 2002, 1253.

III. Neues Schuldrecht und Bankgeschäfte (1. Abteilung)

Die Einführung in den ersten Tagungsabschnitt übernahm Prof. Dr. *Wolfgang Wiegand*, Direktor des Instituts für Bankrecht der Universität Bern und Mitglied des Kuratoriums der Bankrechtlichen Vereinigung.

1. Prof. Dr. *Mathias Habersack*, Johannes-Gutenberg-Universität, Mainz, erörterte die „Auswirkungen der Schuldrechtsmodernisierung auf das Recht der Bankgeschäfte" aus der Sicht der Wissenschaft. Nach der Erläuterung der bankrechtsrelevanten systematischen und inhaltlichen Neuerungen ging er auf eine Reihe von Unzulänglichkeiten der neuen Regeln ein, für die er die unzureichende Diskussion im Vorfeld der Schuldrechtsreform verantwortlich machte. Bei seinen Ausführungen konzentrierte er sich auf das allgemeine Darlehens- und Verbraucherdarlehensrecht (inklusive der Regelungen über die verbundenen Geschäfte gemäß § 358 III BGB).

[Beitrag *Habersack*, S. 3 ff.]

In der anschließenden Diskussion verteidigte Prof. Dr. *Peter O. Mülbert*, Direktor am Institut für deutsches und internationales Recht des Spar-, Giro- und Kreditwesens an der Johannes-Gutenberg-Universität, Mainz, seinen Standpunkt zur Entmaterialisierung des Darlehensrechts. Aus der Regierungsbegründung könne abgeleitet werden, dass der rechtliche Schwerpunkt der Erfüllung der Valutierungsverpflichtung nicht wie nach altem Recht auf der Übereignung liege. Jedenfalls die Überlassung von Buchgeld und die Einräumung von Kreditlinien taugten zur Erfüllung der Valutierungspflicht des Darlehensgebers. *Mülbert* sprach sich für eine Erstreckung auf alle üblichen Formen der Wertverschaffung aus, worunter unter Umständen auch aufgeladene Geldkarten fallen könnten. Hierzu erwiderte *Habersack*, dass es gerade für Grenz- und Zweifelsfälle wie der Geldkarte besser sein Bewenden mit der Verpflichtung zur Zahlung von Geld haben sollte, wenn eine – möglicherweise auch konkludent getroffene – Vereinbarung fehle.

Prof. Dr. *Johannes Köndgen*, Institut für Internationales Privatrecht und Rechtsvergleichung, Universität Bonn, stimmte *Habersack* in seiner Kritik zu, dass eine Abdingbarkeitsregelung zur neuen Vorfälligkeitskündigung des Darlehensnehmers in § 490 II BGB fehle. Verfehlt sei insbesondere, die Vorfälligkeitsentschädigung als Schadensersatz zu konzipieren, weil es bei diesen Sachverhalten nicht um eine Pflichtverletzung des Darlehensnehmers gehe. Auch bei der Regelung der Verbundgeschäfte habe der Gesetzgeber die wirtschaftlichen Realitäten nicht berücksichtigt. Die heutzutage de facto bestehende enge Zusammenarbeit beim Vertrieb von finanzierten Produkten (insbesondere von finanzierten Immobilienanlagen) lasse Zweifel aufkommen, ob die Trennungstheorie heute überhaupt noch vertretbar sei.

Rechtsanwalt *Matthias Schatz*, Göttingen, kritisierte, dass der nunmehr in § 495 II BGB normierte Widerrufsausschluss bei verzögerter Rückgewähr der Valuta auch nach der Schuldrechtsmodernisierung noch existiere. Wegen der ersatzlosen Streichung dieser Regelung zum 1. Juni 2005 wird sich diese Kritik allerdings zukünftig erledigen. *Wiegand* merkte in diesem Zusammenhang an, dass das neue Konsumkreditgesetz der Schweiz vorsehe, dass der Darlehensgeber die Valuta bei fehlerhafter oder unterbliebener Widerrufsbelehrung für die gesamte Vertragslaufzeit zinslos beim Darlehensnehmer zu belassen habe.

Privatdozent Dr. *Günter Reiner*, Universität Konstanz, bezweifelte die von *Habersack* vertretene These, wonach die Regelungen des Einwendungsdurchgriffs beim Finanzierungsleasing nicht anwendbar seien. Nach seiner Meinung müsste der Einwendungsdurchgriff angesichts des Wortlauts des § 500 BGB auch auf das Finanzierungsleasing Anwendung finden. *Habersack* erwiderte hierzu, dass § 500 BGB ebenso wie die §§ 499 und 501 BGB betrachtet werden müssten. Es sei unstreitig, dass die Vorschriften über verbundene Geschäfte hier nicht passten. Es sei auch nicht erkennbar, dass die Vorgängervorschrift des VerbrKrG insoweit geändert werden sollte.

2. *Herbert Schimansky*, Vorsitzender Richter am BGH a.D., begann seinen Vortrag „Das Recht der Überweisung ab 1. Januar 2002“ mit dem Hinweis, dass der Gesetzgeber im Bemühen um die Einheitlichkeit des Überweisungsrechts sich nicht damit begnügt habe, die Vorgaben der Überweisungsrichtlinie[9], die auf grenzüberschreitende Überweisungen innerhalb der EU beschränkt ist, umzusetzen. Darüber hinaus habe er mit den §§ 676a ff. BGB ein Regime geschaffen, dass grundsätzlich alle Überweisungen erfasst. Seit dem 1. Januar 2002 gelte das Überweisungsrecht nun auch für den Inlandszahlungsverkehr und für Überweisungen in Drittstaaten (außerhalb der EU und der Vertragsstaaten des EWR). *Schimansky* analysierte das schon seiner äußeren Gestalt nach komplizierte Regelungssystem und kritisierte es in inhaltlicher, dogmatischer und systematischer Hinsicht. Im Schwerpunkt

9 Richtlinie des Europäischen Parlaments und des Rates über grenzüberschreitende Überweisungen vom 27.1.1999 (97/5/EWG), ABl. Nr. L 43/25.

befasste er sich mit der Bankenhaftung nach dem neuen Überweisungsrecht und den Möglichkeiten zur Kündigung eines Überweisungsvertrags.

[Beitrag *Schimansky*, S. 49 ff.]

Zum Auftakt der anschließenden Diskussion stellte *Mülbert* die Frage, ob die in § 676a BGB beschriebenen Hauptleistungspflichten jenseits der durch die Norm gezogenen Grenzen, insbesondere bei Überweisungen mit einem Gegenwert von über 75.000 €, zur Disposition der Vertragsparteien stünden oder ob § 676a BGB hier entgegenstehe. *Schimansky* wies daraufhin, dass diese Frage wegen der Abdingbarkeit aller werk- und garantievertraglichen Vorschriften (§ 676c III BGB) praktisch nicht relevant werden dürfte.

Als einen wesentlichen Vorteil des neuen Überweisungsrechts bezeichnete *Köndgen* die gesetzlich geregelten Höchstfristen für die Ausführung einer Überweisung. Auch in der Schweiz gelte seit Jahren eine gesetzliche Regelung, wonach eine Überweisung binnen eines Tages auszuführen sei. Dass dies in Deutschland in der Praxis bis heute noch nicht üblich sei, erstaune um so mehr, als technisch wesentlich komplexere Aufträge wie etwa Börsenorders binnen weniger Minuten abgewickelt würden.

Aus Österreich berichtete Prof. Dr. *Peter Bydlinsky*, Institut für Zivilrecht, Ausländisches und Internationales Privatrecht, Universität Graz, dass die Überweisungsrichtlinie sehr viel enger umgesetzt worden sei. Deshalb seien hier weniger Abstimmungsschwierigkeiten zu erwarten. Anschließend warf er die Frage auf, ob in dem Fall, dass der Überweisungsbetrag vertragswidrig gekürzt werde, neben der Entrichtung des garantierten Zinses auch eine Pflicht zur Zahlung von Verzugszinsen in Betracht komme, was von *Schimansky* bejaht wurde. Zu der weiteren Frage von *Bydlinky*, inwieweit eine Verlängerung der gesetzlich vorgesehenen Höchstfristen möglich erscheine, meinte *Schimansky*, dass bei etwaigen Fristverlängerungen stets die gesetzliche Maßgabe zu berücksichtigen sei, wonach Überweisungen baldmöglichst zu bewirken seien.

3. Dr. *Ahrend Weber*, Direktor im Bundesverband deutscher Banken e.V., Berlin, ging, nach einer Kritik an der Hast, mit der die Schuldrechtsreform vorangetrieben sei, auf einzelne für die Kreditwirtschaft bedeutsame Regelungsbereiche und deren Auswirkungen auf die kreditwirtschaftliche Praxis ein.

[Beitrag *Weber*, S. 67 ff.]

Rainer Metz, Bundesministerium für Verbraucherschutz, Ernährung und Landwirtschaft, Bonn, erklärte, dass trotz aller berechtigter Kritik an den gesetzgebungstechnischen Fehlleistungen des Gesetzgebers die eigene Verantwortung für die Gestaltung der Rechtswirklichkeit nicht in Vergessenheit geraten solle. An die Verbände appellierte er, die anstehenden Probleme konstruktiv im Wege der Selbstverpflichtung und Verständigung anzugehen anstatt auf Hilfe vom Gesetzgeber zu warten und sich auf eine Kritik an den gesetzgeberischen Aktivitäten zu beschränken.

Rechtsanwalt *Johann Becher*, HypoVereinsbank AG, München, fragte, inwieweit der in § 288 II BGB geregelte Zinssatz von 8 % über dem Basiszinssatz und die Ansicht des Bundesjustizministeriums, wonach diese Regelung bei Unternehmenskrediten nicht zur Anwendung auf den Anspruch von Tilgungs- und Zinsleistungen komme, im Verhältnis zur EU-Richtlinie zur Bekämpfung von Zahlungsverzug im Geschäftsverkehr[10] stünden. Nach Ansicht von *Habersack* stehe im Vordergrund die nationale Gesetzgebung, nicht aber die EU-Richtlinie. *Weber* bestätigte diese Ansicht.

Rechtsanwalt *Klaus Kratzer*, Nürnberg, kritisierte das mangelnde Engagement der Kreditwirtschaft bei Gesetzgebungsverfahren. Aufgrund dieser Äußerung sah sich Prof. Dr. *Walther Hadding*, Direktor am Institut für deutsches und internationales Recht des Spar-, Giro- und Kreditwesens an der Johannes-Gutenberg-Universität, Mainz, zu der Schilderung veranlasst, dass Prof. Dr. *Horst Ehmann*, Universität Trier, und er seinerzeit einen Alternativentwurf zum Überweisungsgesetz[11] entwickelt und beim Bundesjustizministerium eingereicht hätten, der dort bemerkenswerterweise überhaupt nicht berücksichtigt worden sei.

Alexander Bornemann, Wissenschaftlicher Mitarbeiter, Universität Bonn, äußerte, dass nach seiner Meinung, an der vorgeschriebenen Form einer Vollmacht zum Abschluss eines Verbraucherdarlehensvertrags (§ 493 IV BGB) nichts auszusetzen sei. Hierzu erwiderte *Weber*, dass nicht das Formerfordernis, sondern der Umstand, dass eine solche Vollmacht nun auch Pflichtangaben enthalten müsse, zu fragwürdigen Ergebnissen führe.

---

10 ABl. EG Nr. L 200/35.

11 *Ehmann/Hadding*, EG-Überweisungs-Richtlinie und Umsetzung – Regierungsentwurf und Gegenentwurf, WM 1999, Sonderbeilage Nr. 3.

IV. Wissenszurechnung bei Kreditinstituten (2. Abteilung)

In das Thema der 2. Abteilung führte Dr. *Herbert Messer*, Rechtsanwalt beim BGH und Mitglied des Kuratoriums der Bankrechtlichen Vereinigung, ein. Er rief in Erinnerung, dass bereits auf dem Bankrechtstag 1992 in Bad Godesberg bankrechtliche Aspekte der Wissenszurechnung im Rahmen der damals auf dem Programm stehenden Aufklärungspflichten diskutiert worden waren.[12] Seit damals sei diese Problematik jedoch ausgiebig in Wissenschaft und Rechtsprechung diskutiert worden.[13] Diese Diskussion auf einen aktuellen Stand zu bringen, sei Aufgabe der 2. Abteilung.

1. Prof. Dr. *Josef Drexl*, Lehrstuhl für Internationales Recht, Europäisches und Internationales Wirtschaftsrecht an der Universität München, präsentierte in seinem Vortrag „Wissenszurechnung im unabhängigen und Konzernunternehmen – Zivil-, gesellschafts- und bankrechtliche Überlegungen" seine Überlegungen zu den zivilrechtlichen Grundlagen der Wissenszurechnung und zu den Konkretisierungen bzw. Modifikationen dieser Grundsätze in konzern- und bankrechtlichen Kontexten.

[Beitrag *Drexl*, S. 85 ff.]

Auf die Frage von *Bornemann*, ob nicht auch eine Wissenszurechnung zu Lasten des abhängigen Unternehmens erfolgen könne, weil die daraus resultierenden Nachteile im Wege des Konzernrechts vom herrschenden Unternehmen wieder ausgeglichen werden müssten, so dass die Folgen letztlich wieder das herrschende Unternehmen träfen, erwiderte *Drexl*, dass nur das Unternehmen mit den Rechtsfolgen der Wissenszurechnung belastet werden dürfe, dass zur Wissensorganisation verpflichtet sei. Wenn man diesbezüglich nicht trennen würde, würde die rechtliche Vielheit zugunsten der Wissenszurechnung aufgehoben werden. Es sei widersprüchlich, zunächst die rechtliche Vielheit zu gestatten, dann aber eine konzernrechtliche Ersatzpflicht zu schaffen. Es sei auch nicht unbillig, dass der Schaden bei einem Dritten verbleibe, da er schließlich wisse, mit wem er kontrahiere.

2. *Gerd Nobbe*, Vorsitzender Richter des XI. Zivilsenats am BGH und Mitglied des Vorstands der Bankrechtlichen Vereinigung, skizzierte in seinem Vortrag „Wissenszurechnung in der Rechtsprechung des Bundesgerichts-

---

12 S. oben: Fn. 7.
13 S. die Nachweise bei *Bornemann*, ZBB 342, 350 (Fußn. 44-48).

hofs" zunächst die Grundzüge der früheren Rechtsprechung, die sich einerseits an der Organtheorie und andererseits an Überlegungen über den Charakter von Personengesellschaften in Abgrenzung zu juristischen Personen orientiert hatte.[14] Diese Betrachtungsweise sei in der mittlerweile gefestigten neueren Rechtsprechung vor allem des V. Zivilsenats[15] aufgegeben worden. Die neue Rechtsprechung des BGH zur Wissenszurechnung war dann der Schwerpunkt dieses Vortrags. Dabei konnte *Nobbe* die vorausgegangenen Ausführungen *Drexls* zur Wissenszurechnung mit einigen Rechtsprechungsbeispielen unterlegen.

[Beitrag *Nobbe*, S. 121]

In der Diskussion äußerte Privatdozent Dr. *Tim Drygala*, Universität Leipzig, Bedenken in Bezug auf die Pflicht zur ordnungsgemäßen Organisation, wenn die einschlägige Wissensvorschrift positives Wissen verlange und nicht lediglich Wissenmüssen ausreichen lasse. Denn bei der Pflicht zur ordnungsgemäßen Kommunikation werde der Organisation (grob-)fahrlässige Unkenntnis vorgeworfen. Auch die von *Nobbe* herangezogene Gleichsetzung von Wissen mit dem bewussten Verschließen vor der Kenntnis einer Tatsache helfe nicht weiter, weil sich im Kontext von Organisationen die kaum zu beantwortende Frage stelle, ab welchem Grad der fehlerhaften Wissensorganisation von einem solchen Sich-Verschließen die Rede sein könne. *Nobbe* stimmte *Drygala* in seiner Problemanalyse bei. Er sah jedoch für die weitere Entwicklung der Rechtsprechung die Möglichkeit, an die Grundsätze anzuknüpfen, die für das bewusste Verschließen vor der Kenntnis einer naheliegenden Tatsache entwickelt worden seien. Im Bereich des Bankrechts stelle sich dieses Problem aber ohnehin nicht, da hier in den meisten Fällen eine fahrlässig Unkenntnis ausreiche.

Schatz stellte an *Nobbe* die Frage, ob der XI. Zivilsenat in dem „Chinook Manor"-Fall hinsichtlich der Zurechnung des Wissens einer Filiale zu einer anderen Filiale vor dem Hintergrund der heutigen Rechtsprechung ebenso wie der III. Senat entschieden hätte. *Nobbe* bejahte, dass der XI. Senat im Ergebnis ebenso entschieden hätte, allerdings mit einer anderen Begründung. Der III. Senat habe mit der Zurechnung von Wissen eines am konkreten

---

14 Beispielhaft: BGH ZIP 1995, 1082.

15 S. BGHZ 132, 30 – Altlasten-Fall; 109, 327 – Schlachthof-Fall; BGH ZIP 2001, 26; NJW 2001, 2535.

Geschäftsabschluss Unbeteiligten gearbeitet, während der XI. Senat die Pflicht zur ordnungsgemäßen Kommunikation heranziehen würde.

3. Im letzten Vortrag ging Rechtsanwalt *Jürgen Schröter*, Chefsyndikus der BHF-Bank AG, Frankfurt a.M., auf die „Wissenszurechnung aus der Sicht der kreditwirtschaftlichen Praxis" ein. Einleitend betonte er die Fülle und Vielfalt der im bankwirtschaftlichen Bereich erzeugten und verarbeiteten Informationen. Angesichts der unterschiedlichsten Unternehmensstrukturen und der damit verbundenen unterschiedlichen organisatorischen Ausgestaltung des Wissensmanagements, könne von einer einheitlichen kreditwirtschaftlichen Praxis der Wissensorganisation und -kommunikation nicht gesprochen werden. Trotz der Entwicklung dogmatischer Grundlagen durch die Rechtsprechung, bestehe insoweit in der kreditwirtschaftlichen Praxis eine erhebliche Unsicherheit, wie die vom BGH und der herrschenden Lehre geforderte Pflicht zur ordnungsgemäßen Wissensorganisation in den vielfältigen Geschäftsbereichen und Fallkonstellationen erfüllt werden könne. Vor diesem Hintergrund beschränkte *Schröter* seine weiteren Ausführungen zu den Grundproblemen der Wissenszurechnung darauf, sie an einem Beispielsfall zu veranschaulichen.

[Beitrag *Schröter*, S. 163 ff.]

Stichwortverzeichnis